向警予思想研究

袁玉梅　著

A RESEARCH OF
XIANGJINGYU'S THOUGHT

社会科学文献出版社
SOCIAL SCIENCES ACADEMIC PRESS (CHINA)

序

向警予（1895～1928）是无产阶级革命家，中国共产党创始人和早期领导人之一，中国早期妇女解放运动领导人之一，中国共产党历史上第一位女中央委员，中国共产党中央妇女部首任部长。她一生致力于妇女解放和广大劳动人民的解放，在教育、妇女解放以及报刊宣传等方面做出了卓越成绩，是中国共产党探索革命道路的伟大先驱者。1928年3月20日，向警予在汉口被捕，同年5月1日英勇就义，年仅33岁。毛泽东对向警予有很高的评价，认为"她是我党惟一的女创始人"，是"模范妇女领袖"，"她为妇女解放、劳动大众解放、为共产主义事业奋斗了一生"，并号召全党特别是广大妇女学习向警予的革命精神。1978年，为纪念向警予英勇就义五十周年，党和人民在武汉市著名的龟山西部山顶上，重建了向警予烈士墓，邓小平亲笔手书"向警予烈士墓"六个大字，铭刻着党和人民对向警予烈士的怀念和景仰。

向警予的一生是奋斗的一生、战斗的一生、奉献的一生，也是颇具传奇色彩的一生。学习和研究向警予烈士的思想和精神，是我们后来者的责任。袁玉梅的这本《向警予思想研究》，不仅表达了当代女性对向警予这位女革命家的怀念、景仰和致敬，而且有利于进一步挖掘向警予的革命思想及其当代价值，弘扬其革命精神，有利于拓展对早期共产党人的思想和生平研究。

袁玉梅在考入武汉大学马克思主义中国化研究专业博士研究生之前，曾先后就读河南师范大学思想政治教育专业、陕西师范大学马克思主义中国化研究专业。她能考进武汉大学是很不容易的，因为在2014年春季报考我的考生中，仅过学校学院初试分数线的就有 8 人，袁玉梅的初试成绩并不排在最前列。但在复试中，她以出色的表现在众多考生中脱颖而出。入学后，她勤奋好学，刻苦钻研。在攻博的三年间，她不仅顺利完成了学业，也顺利完成了结婚、生子等人生大事，确实很不简单，也很不容易。

袁玉梅的这本《向警予思想研究》，是在我指导的博士学位论文基础上修改而成的。本书以《向警予文集》为文献依据，参阅《向警予传》《向警予：传记·纪念与回忆·论述·资料》等大量历史资料，借鉴学界已有研究成果，对向警予短暂一生中留下来的丰富思想做了比较全面、系统、深入的研究，着重对向警予在教育、妇女解放以及宣传等方面的思想进行深入研究，取得明显的成果。

《向警予思想研究》一书，对向警予思想的形成发展、主要内容、鲜明特征、独特地位、当代启示和局限性进行了较好的归纳和分析，特别是对向警予在其革命生涯中所提出的教育救国思想、妇女解放思想、报刊宣传思想进行了提炼和概括。该书指出，在教育救国方面，向警予主张坚持个体发展与服务社会相结合；要强化国家意识教育和科学文化知识普及；应坚持男女共学，运用"教育取重自动"和榜样示范法进行教育，注重学生自治管理。在妇女解放方面，向警予认为，妇女受压迫的根源在经济制度，只有实行政治革命才能从根本上实现妇女解放。妇女解放是一项巨大的历史工程，必须以劳动妇女为主体，联合最广大范围的妇女，着眼于民族解放和女性自身解放，采取灵活多样的方式。在报刊宣传方面，向警予认为，报刊是"改造思想、滋养思想"的有力武器；报刊宣传要坚持以马克思主义为指导，围绕党的中心任务，坚持理论联系实际，密切联系群众，以事实为准绳，为民族解放大业而服务，等等。该书在对向警予思想进行比较全面系统概括、提炼、分析和阐述的同时，还运用比较的方法，对向警予和秋瑾这两位英勇献身的女革命家的思想与经历进行了一定程度的比较研究。该书阐述了向警予思想以及研究这一思想的意义，指出，向警予在教育、妇女解放以及宣传的思想与实践方面进行的艰苦探索展现了早期觉醒的女性对自身的发现和认识以及对社会的感知和责任。向警予在文化启蒙、社会救亡、妇女解放与人的解放以及马克思主义与中国实际相结合的道路上，做出了有益探索，是中国共产党早期理论探索的一部分。

该书没有刻意拔高向警予的思想，而是在充分肯定这一思想的历史意义及其当代价值的同时，实事求是地指出了向警予思想的局限性。该书认为，由于向警予牺牲较早，她的很多思想没有得到进一步展开，因而不可避免地具有不成熟性；同时，受制于整个社会历史宏大叙事的影响和制约，向警予思想也不可避免地具有一些不完善的地方。

深入研究向警予思想，对于拓展中国共产党创建史研究，拓展马克思主义在中国传播史研究，拓展中国妇女解放运动史研究，以及拓展早期共产党人和女干部的研究，均具有重要的理论和现实意义。袁玉梅的《向警予思想研究》一书，在这方面做出了积极尝试和有益探索。

由于种种原因，本书不可避免地存在一些不足，还有一些值得进一步完善的地方。例如，关于向警予与其他早期女共产党人的思想比较研究，关于向警予与其他国际共产主义运动史上著名的女共产党人的思想比较研究，本书显然关注不够；关于向警予思想在当时的社会反响及其对中国妇女解放思想与实践发展的影响，本书也未能加以充分考察和阐述。相信本书作者会在今后的研究中进一步努力，从而将这一研究不断引向深入，不断取得新的研究成果。

中国的妇女解放是一个值得更多学者关注的大题目，中国革命历程中众多女革命家的思想与实践还是一个有待挖掘的丰富资源。相信会有更多的学者加入这一研究，女性学者尤其应该为之做出自己的贡献。

是为序。

丁俊萍

2018 年 10 月 12 日于珞珈山

目录

第一章　绪论

向警予（1895～1928），是中国共产党早期著名的妇女运动领导人之一，是中国共产党中央妇女部首任部长，是中国共产党历史上第一位女中央委员。向警予的一生虽然短暂，但是从她遗留下来的文章、著述来看，她本人的思想历程、社会实践却是那个时代的缩影。研究向警予的重要思想，在理论上，有助于我们厘清马克思主义理论与中国具体实际结合的历史过程与历史必然性；在实践中，有助于我们把握马克思主义理论在中国具体传播过程中所遭遇的碰壁，尤其是在实践中如何中国化。

一　本选题的价值和意义

向警予，作为中国共产党早期女性革命家，不仅参与了中国共产党旅欧支部的创建，领导赴法勤工俭学的学生开展革命运动，积极传播马克思主义，而且是中国共产党内较早开展妇女解放运动的女革命家，是党中央第一任妇女部长，为妇女解放运动做了大量基础工作。向警予是中国革命先驱探索马克思主义与中国实际相结合的早期女性革命家的杰出代表，对推动革命前进和马克思主义中国化的发展做出了奠基性贡献。对向警予思想开展研究，有助于拓展中国共产党的创建史、马克思主义在中国的传播史、妇女解放运动史的研究，同时还可以加强对早期共产党人和女干部的研究。

（一）拓展中国共产党创建史研究

党的创始人问题是中国共产党创建史研究中的重要问题。长期以来，学术界对为党的创建做出重要贡献的陈独秀、李大钊、毛泽东、李达等进行了深入研究，但缺乏对各地组织共产党的负责人和参与人的研究。实质上，向警予不仅是中国共产党旅欧支部的参与人和组织者，而且积极策划、领导了革命活动，是中国共产党的创始人之一。

1918年，毛泽东、蔡和森等在长沙成立进步团体新民学会，第二年，向警予加入，成为该会最早的女会员之一。毛泽东、蔡和森等提倡青年去法国勤工俭学，向警予、蔡畅等积极响应，并发起"周南女子留法勤工俭学会"。1919年12月，向警予同蔡和森、蔡畅及蔡母葛健豪等30余人远涉重洋，赴法勤工俭学。这一时期，向警予接触到马克思主义并深受影响，从民主主义者转变为马克思主义者，从教育救国转变为以暴力推翻政权推动无产阶级的解放。1920年7月6日至10日，在法的新民学会会员在蒙达尼开了5天会，对于"改造中国与世界"的方法展开了激烈的讨论。会上出现了两种对立的观点：一派主张实行蒲鲁东式革命，即温和革命——以教育为工具，以工会、合作社为实行改革的办法，而不以俄式（马克思式）革命为正当；一派以蔡和森、向警予为首，他们明确提出："应用俄国式的方法去达到改造中国与世界"① 的目的，即主张走俄式革命道路，实行无产阶级革命和无产阶级专政，并"旗帜鲜明地提出成立共产党"，"认为共产党是无产阶级运动的神经中枢"，是革命运动的"发动者、宣传者、先锋队、作战部"②。1920年11月1日，毛泽东给蔡和森及在法诸友的信中，对蔡和森、向警予的主张表示"深切的赞同"和充分的肯定。

1920~1921年，向警予不但与蔡和森共同提出"中国共产党"的名

---

① 《中国共产党一大代表早期文稿选编1917.11 – 1923.7》（上），上海人民出版社，2011，第951页。

② 湖南省妇女联合会：《怀念向警予同志》，湖南人民出版社，1979，第61~62页。

称与计划，同时向国内宣传、陈诉建党之急。之后向警予与周恩来、李立三在法国成立中国共产党，几乎与国内的中国共产党同时建立。1922年初，向警予回国后即加入中国共产党，成为党的早期领导人之一。1941年，毛泽东在延安同美国记者斯诺谈话时说："在法国，许多勤工俭学的人也组织了中国共产党，几乎是同国内的组织同时建立起来的。那里的党的创始人之中有周恩来、李立三和向警予。向警予是蔡和森的妻子，惟一的一个女创始人，罗迈和蔡和森也是法国支部的创始人。"[①]

向警予作为中国共产党的唯一的女创始人，她的活动经历与党的创建息息相关；她与蔡和森在法国蒙达尼同萧子升等代表的改良派的争论反映了早期马克思主义者对中国革命道路的艰难探索。对向警予进行研究，有助于拓展党的创建史，更清晰地把握党的创建历程。

（二）拓展马克思主义在中国传播史研究

向警予出生、成长时期，正是中国社会内忧外患、动乱不安的时期，同时也是各种社会思潮在中国活跃的时期，无政府主义、改良主义、社会主义等纷纷传入中国，凡是外国的先进思潮统统被中国的爱国志士拿来救中国。在纷繁复杂的社会思潮中，向警予的经历是早期马克思主义者如何下定决心选择马克思主义的一个时代缩影。

向警予原本是一个民主主义者，少年时期笃信教育救国，并身体力行践行之。她在溆浦创办男女共学的学校，以启蒙女子智识、提升女子觉悟，进而提升国民素质为宗旨。然而她在溆浦创办学校的两年实践中，屡遭碰壁。经费不足、学生家长的不支持、当地官员的掣肘、百姓的不理解……尤其是学生在学校教育好之后，进入社会后仍然深受封建礼教束缚，与没有受过先进教育的女子一样。这正是学校教育十年而不足，社会破坏一朝而有余。向警予逐渐对教育救国的信念丧失了信心。1919年向警予离开溆浦赴长沙，加入"新民学会"，成为该会最早的女会员

---

① 〔美〕埃德加·斯诺：《西行漫记》，董乐山译，解放军文艺出版社，2002，第118页。

之一。在毛泽东、蔡和森等的影响下,向警予转而学习马克思主义。1919 年底,向警予同蔡和森、蔡母葛健豪、蔡畅等共同赴法勤工俭学。在法国求学期间,她开始用马克思主义的立场、方法研究中国社会问题,认为所有制如果不解决,那么无产阶级的解放就无法实现。她主张暴力推翻政权,建立无产阶级自己的政权,进而实现无产阶级的解放,通过无产阶级专政进而实现妇女解放。

向警予从教育救国的民主主义者逐渐转变为暴力推翻政权的马克思主义者的思想历程,反映了那个时代很多中国共产党人的价值路径选择。从懵懂的少年到坚定的马克思主义者是很多共产党人共同的成长经历,从相信教育救国、实业救国、无政府主义、自由民主主义等非马克思主义思潮到最终选择马克思主义,从多元混杂到一元指导,向警予的思想转变历程只是其中的一个个例。深化对共产党人物群体中的个例研究,有助于在细节上把握人物思想历程的变化,同时在整体上能拓展中国共产党早期思想史研究。

(三) 深化中国妇女解放运动史研究

从大的历史背景上来讲,五四运动时期也正是中国的妇女解放运动高涨时期;从人物个体的经历来看,向警予在党内主要负责妇女运动的工作,起草党关于妇女运动的相关决议等;从她遗留的文章著述上来看,对妇女解放事业也有颇多论述。向警予在领导中国妇女解放运动过程中,做出了重要贡献。

向警予在常德女子师范学校读书时,即立下誓言:"振奋女子志气,励志读书,男女平等,图强获胜"①。在她此后的求学生涯中,皆以此来勉励自己。1916 年,向警予回家创办溆浦女校,号召学生"为我女界呵,大放光明"②。在思想上,她鼓励学生学习先进思潮,倡导自由、民主、平等;在实践中,她鼓励女学生不缠足、争取婚姻自由。在法国勤

---

① 《向警予文集》,人民出版社,2011,第 1 页。
② 《向警予文集》,人民出版社,2011,第 313 页。

工俭学期间，她撰写《女子解放与改造的商榷》，确立了马克思主义妇女观。回国后，她积极投入中国妇女解放运动事业，撰写了一系列关于妇女解放的文章，起草了许多党的决议，领导上海妇女运动向前发展。向警予将妇女解放事业与无产阶级的解放联系起来，指出只有推翻政权建立无产阶级专政，妇女解放才能真正实现。向警予从事的妇女工作处于无产阶级妇女解放运动的早期，既有中国共产党早期领导人对妇女解放运动的积极探索，如对妇女解放运动的方向、目标、途径等进行了比较深刻的分析，但同时也有时代、思想、理论的时代局限。向警予本身即为一名女性，在革命的历史洪流中，向警予本身的实践经历和思想历程，反映了时代背景下，中国妇女解放的艰辛和挫折，同时也反映了女性解放运动的不彻底，如在家务劳动尚未完全社会化的情况下，妇女在家庭与工作的两难选择中，无法实现真正的解放。

向警予是中国共产党内从事妇女解放运动中理论文化水平较高的，实际开展妇女解放运动较早的女革命家，她在马克思主义妇女观与中国实际相结合的过程中，做了大量基础性工作，进行了积极探索，产生了较大影响。继任的妇女部长杨之华、张金保等都深受其影响。

（四）加强早期共产党人和女干部的研究

向警予是早期共产党人和女干部中比较具有代表性的女革命家。一方面，她积极从事妇女解放运动，宣传无产阶级妇女解放思想，帮助妇女解脱思想束缚。另一方面，作为无产阶级妇女解放运动先驱的向警予，在党内，因女革命家的身份受到工作分配上的不公正待遇，从内心来讲，她想跟其他男性革命家一样从事工农解放运动；在家庭中，无法摆脱家务劳动的束缚。在思想与实践中，在工作与家庭中，向警予实质上始终面临着无奈的选择与挣扎。

1921年底，向警予回国后，开始从事无产阶级的解放事业。在党的二大上，她当选为第一个女中央委员，党中央第一任妇女部长，开始领导中国最早的无产阶级妇女运动。1923年6月，中国共产党三大在广州召开，向警予当选为中央委员，担任妇女运动委员会第一任书记。1925年1月，在中国共产党第四次全国代表大会上，再次连任中国共产党中央妇女部部长。1925年5月，向警予任中国共产党中央妇女部主任。可以说，向警予既是中国共产党的早期创始人之一，也是中国共产党的主要女性领导干部。

作为中国共产党的早期女性领导干部之一的向警予，她起草过《中国共产党第三次全国代表大会妇女运动决议案》，主编过《妇女周报》；发动了女权运动同盟会、全国学生总会、闸北市民协会等团体声援女工的斗争；培养了一批女性领导干部，如杨之华、舒劲秋、王一知、陈恒乔等。向警予作为一名女性领导干部，反映了党在妇女解放、男女平等方面的历史进步性；同时，向警予在党内工作职位的变动也反映了党在任用干部时无可避免地受到传统思想的影响，对男女平等在实践中的落实并不彻底，在女性领导干部的培养、选拔、任用等方面受到诸多限制。诚如蔡和森所说："以警予的能力说，本来可以担任一般党的指导工作，这是从前党的组织上的分配工作的缺点"①。在家庭中，为了更好地从事革命工作，向警予不得不把孩子送回老家，交由婆婆照看。以至于多年后，向警予回到家乡，孩子见到亲生母亲，竟不敢拉妈妈的手。向警予个人的选择与经历，实质上反映了中国共产党内大量女干部为了革命工作选择放弃生孩子或孩子由家人、老乡抚养的普遍现象。

对向警予进行系统性、整体性研究，有助于拓展早期共产党人和女干部的研究，同时对当今时代女干部的选拔、任用亦能有所助益。历史就是一面镜子，现实中的问题、矛盾从历史中可以挖掘其根源，在历史中可以发现今天的不足。因此，对向警予一生中重要思想的研究，在理论中可以深化学术研究，加深对马克思主义理论的认识；在现实中，更可以推进新问题、新矛盾根源性解决的进程，助推中华民族的伟大复兴。

---

① 刘茂舒主编《向警予：传记·纪念与回忆·论述·资料》，武汉出版社，1995，第4页。

二　国内外研究现状述评

改革开放以来，随着中共党史研究热潮的兴起，学术界对向警予的研究日渐深入，对向警予遗留的文章、书信等进行搜集整理并出版，为学术研究提供了基本的文献资料；同时暨纪念向警予诞辰召开学术研讨会，开展学术交流，深化学术研究。近年来，围绕向警予思想研究，学术界取得了丰硕成果。

（一）国内研究现状

向警予作为中国共产党的早期领导人，虽然牺牲较早，但是留下了较为丰富的革命论述。自1928年牺牲后，国内学术界对向警予相关思想的研究一直没有间断。对向警予的研究主要划分为以下四类。

第一类，搜集整理向警予的文章、书信。如中国妇女杂志社1958年出版的《烈士向警予》，收入了蔡畅、王一知等回忆向警予的8篇悼念文章和向警予的5篇遗著。1978年，人民出版社出版的《纪念向警予同志英勇就义五十周年》，增补了部分向警予与家人的通信以及刊发在《妇女周报》上的文章。1980年，湖南人民出版社出版了由戴绪恭、姚维斗主编的《向警予文集》。这本书是迄今为止，对向警予的文稿、书信、作文、日记整理最全的一部文集，2011年，人民出版社对此书重新翻印。《向警予文集》收入了向警予从1911年至1928年牺牲前的132篇文字资料，是研究向警予思想的珍贵文献。

第二类，关于向警予的笔名、民族等考证类文章。如戴绪恭、姚维斗写的《"振宇"为向警予笔名考》，日本学者仁木富美子与之商榷的《"振宇"是向警予的笔名吗?》，柯秦、谷茨撰写的《笔名、年代及其他——与戴绪恭同志商榷》等文章，对署名"振宇"的文章进行了考证。戴绪恭、姚维斗从署名本身、写作时间、文章内容与风格等方面进行考证，认为"振宇"是向警予的笔名，发表在《向导》上的36篇署名"振宇"的文章是向警予撰写的。日本学者仁木富美子以及柯秦、谷茨等从发表时间、友人回忆等分析,认为"振宇"应该是蔡和森、向警予的共同笔名。从目前学术界的研究来看,由于没有确凿证据"振宇"到底是向警予个人署名还是夫妻双方共同署名,《向警予文集》和《蔡和森文集》都收入了这 36 篇文章。此外,刘茂舒写的《向警予法语庭辩之我见》,彭官章、朴永子写的《向警予族属刍议》等对向警予研究中的其他问题进行了考证。

第三类,关于向警予生平的研究。这类研究主要分为两部分,一部分是向警予牺牲后,她的亲人、战友等撰写的回忆类文章,对向警予的生平以及革命功绩进行了比较系统的回顾与总结。在向警予牺牲后,她的亲人、战友等回忆了她们与向警予相处的时光,并对向警予的革命活动进行了科学总结。如李立三的《悼向警予同志》、蔡畅的《妇女运动的杰出领导者——向警予》、罗章龙的《怀念向警予》、刘昂的《忆模范妇女领袖向警予》、丁玲的《向警予烈士给我的影响》、蔡博的《怀念母亲 倍觉党亲》、向仙良的《回忆九妹警予》、刘清扬的《三次会见》、钟复光的《妇女运动的杰出领袖》、施益生的《忆向警予在莫斯科东方大学》等,对向警予在溆浦的求学生涯、在法国勤工俭学、在国内从事妇女解放以及赴莫斯科求学等革命活动进行了回忆。蔡和森于 1929 年以战友和爱人的身份写的《向警予同志传》,对向警予的革命生涯进行了全面总结,称赞"她是'五四'运动中有力的煽动者组织者之一,她是党的妇女工作的负责者……她的工作成绩,她的忠实,她的责任心,她的过度的刻苦耐劳,她的思想行动、生活之无产阶级化,为党及一般同志所通晓"①。李立三认为向警予之所以成为中国妇女界的先觉,主要在于她对妇女问题的深刻认识,指出了妇女解放中的两个最重要的问题,"第一,她说明妇女解放是整个政治运动的一部分,是整个中国人民解放运动的一部分,妇女只有参加政治运动,只有在中国人民整个解放之

---

① 刘茂舒主编《向警予:传记·纪念与回忆·论述·资料》,武汉出版社,1995,第 4～5 页。

中，才能争取自己的解放……第二，她指明中国妇女解放运动必须唤起最受压迫的千百万妇女群众的参加，这是针对着当时少数妇女解放运动者企图把妇女解放运动，限于少数知识界妇女的运动，变成为贵族式的妇女运动"①。他热烈颂扬了向警予在妇女解放运动中的杰出贡献，认为正是由于向警予有这样的见解，"就使她不只成为中国妇女解放运动的先进的战士与领袖，而且成为中国解放斗争最坚决最先进的阶级，无产阶级；成为中国解放斗争最坚决最先进的政党，中国共产党的光荣的干部"②。

另一部分是改革开放前后，国内一批研究早期中共党史人物的专家，根据向警予遗留的文稿，同时访查向警予烈士的亲属、战友、同学等，对向警予的生平活动和革命思想进行系统研究。如戴绪恭撰写的《向警予传》，何鸽志撰写的《向警予传》，田景昆等主编的《中国妇女领袖传》，胡华主编的《中国共产党党史人物传》（第六卷）等，在新民主主义革命史以及中国共产党发展史的视域下，全面刻画了向警予的成长过程，真实撰写了向警予的生平活动。

第四类，向警予相关思想的研究。向警予作为中国妇女觉醒的先驱，自幼即具有敏感的性别意识，求学时就具有男女平等的思想。参加革命工作后，是中央妇女部部长，主要负责妇女解放运动的开展。因而，关于向警予思想的研究，主要围绕向警予的妇女解放思想展开。从目前的研究现状来看，学术界对向警予思想的研究主要集中在以下三个方面。

1. 女性教育思想

诚如蔡和森所评价的"她相信所谓'教育救国'，她抱'独身主义'，要终身从事于教育来改造中国"③。以教育求妇女解放进而改变整个中国的面貌是向警予在去法国勤工俭学之前的一个重要思想倾向。向警予关于女子教育问题的论述集中表现在 1920 年前，这一阶段，向警予

---

① 刘茂舒主编《向警予：传记·纪念与回忆·论述·资料》，武汉出版社，1995，第 21 页。
② 刘茂舒主编《向警予：传记·纪念与回忆·论述·资料》，武汉出版社，1995，第 22 页。
③ 刘茂舒主编《向警予：传记·纪念与回忆·论述·资料》，武汉出版社，1995，第 3 页。

思想以教育救国为主，她对女性教育尤其关注。

向警予关于女性教育思想的形成原因。学者们普遍认为家庭背景、教师引导、时代环境、近代社会思潮以及向警予自身的刻苦努力是她女性教育思想形成的主要原因。李惠康、朱海认为"家庭环境给了向警予入学读书的机会，学校诸多良师的教导和指引给了向警予开阔的眼界和求新的思维，时局和社会背景督促她承启新的教育理念，而自身的刻苦努力和爱国思想铸就了她以教育拯救国家的早期思想，并身体力行付诸实践"①。陈朝霞认为，具有新思想的杨昌济、朱剑凡等进步教师，在人生观、价值观的确立方面对向警予的影响是巨大的，他们渊博的知识界面和高尚的道德情操，"成为向警予的师德以及素质教育思想的重要来源"②。

向警予关于女性教育思想的主要内容。这部分内容主要散见于她现存的、在周南女校读书期间撰写的作文、日记以及创办溆浦女校时期撰写的文稿。有学者从整体上对向警予的教学实践与教育思想进行研究，如晓晖在《呼唤民族觉醒的启蒙之声——论向警予早期的教育思想》中，通过对向警予遗留著述的研究，指出她的教育思想主要为"第一，她继承前辈为复兴民族而兴学的思想，认为教育的主要任务在于培养改造社会、全面发展的人才"③。文章指出，向警予以"社会进化"的观点为指导，秉承"发挥个人创造之能力"的教育理念，革除陈旧、僵化、被动的教育法则，倡导新式学校教育方法，坚持因人施教，培养儿童完全的人格。"第二，为造就为社会服务的人才，她（向警予——笔者注）认为对师资必须高标准、严要求。"④ 文章认为，向警予实质上从四个方面对教师提出了高标准：注重道德品行，强调为人师表，必须以身作则；追求真理，有强烈的求知求学欲望；具有强烈的社会担当，有为国为民奉献教育事业的决心；注重实践，参与实践，深入面对群众和劳动者。

---

① 李惠康、朱海：《论向警予的早期教育救国思想与实践》，《江西社会科学》2012 年第 10 期。
② 陈朝霞：《向警予的师德及其素质教育思想研究》，《求索》2014 年第 1 期。
③ 刘茂舒主编《向警予：传记·纪念与回忆·论述·资料》，武汉出版社，1995，第 227 页。
④ 刘茂舒主编《向警予：传记·纪念与回忆·论述·资料》，武汉出版社，1995，第 229 页。

"第三，为实现她的理想，回溆浦办女校。"① 作者认为，向警予在创办溆浦女校的实践中，对教育进行了大刀阔斧的改革，以反对封建礼教、解放思想为中心，提倡男女共学，改革考核制度和学习内容，"她在溆浦女校便废除了经学课……是对千百年来我国的传统教育进行勇敢的挑战"②。

　　还有学者从教育研究角度出发，对向警予的女性教育思想进行深入探讨，对向警予女性教育的主张持两方面说、三方面说乃至多方面说。黄新宪在《向警予的女子教育实践和主张探讨》中认为，向警予关于女性教育的观点主要有两方面：一是"强调女子应和男子一样，享有受教育的权力，提出了男女同学，从平民教育中划分女子教育，女子参与留法勤工俭学，建立女子教育经费借贷银行、由国家对女子教育予以补贴等主张，并将女子教育与女子的解放紧密地联系在一起"③。二是"在抨击女子教育存在的腐朽现象的同时，向警予揭示了女子教育变革的内在关系并希望知识妇女能够努力学习社会科学，积极投身社会实践，在社会变革的洪流中真正把握自己的命运"④。李沂靖认为向警予的女子教育主张主要有三方面，即"'准备改造社会的工具'的教育目标；女子教育必须革新的教育理念；'从平民教育中划分女子平民教育'的教育宗旨"⑤。戴安林在《论向警予的妇女教育思想》一文中，认为向警予在赴法勤工俭学前的教育主张主要体现在四方面："妇女读书的目的是要做新国民拥有新思想'为女界大放光明'；妇女教育要破除封建思想和旧习俗的束缚；提倡学习新知识、灌输新思想、弘扬新风尚；必须重视女校的师资队伍建设。"⑥ 张萍认为向警予的女性教育主张有六方面："重视女子教育改造社会的作用，认为女子教育可促使自身的解放与改造；

---

① 刘茂舒主编《向警予：传记·纪念与回忆·论述·资料》，武汉出版社，1995，第231页。
② 刘茂舒主编《向警予：传记·纪念与回忆·论述·资料》，武汉出版社，1995，第234页。
③ 黄新宪：《向警予的女子教育实践和主张探讨》，《松辽学刊》1990年第2期。
④ 黄新宪：《向警予的女子教育实践和主张探讨》，《松辽学刊》1990年第2期。
⑤ 李沂靖：《向警予女子教育思想评析》，《中华女子学院山东分院学报》2003年第3期。
⑥ 戴安林：《论向警予的妇女教育思想》，《湘潮》2016年第4期。

主张男女享有平等的教育权，倡导男女同校；提倡教育内容要社会科学与自然科学并举，重视教学方法改革；主张实施新的女子学校管理方法；倡导女子留学教育的新观念；张扬女子平民教育。"①

以上研究，是从向警予一生的教育实践经历出发，在整体上对女性教育思想的研究。向警予女性教育思想在抨击封建腐朽教育，改革传统教育模式，重视女性教育等方面的研究已经取得了学者们的共识。学术界普遍认为在教学理念上，向警予融入了深厚的爱国主义感情，反对传统的贤妻良母教育观念，主张妇女通过教育成为新国民；在教学内容上，剔除传统的经学教育，授以新思想新文化，如历史学、社会学、经济学、政治学等；注重体育锻炼，开展丰富多彩的体育活动，如哑铃、田径、舞蹈等；在教学方法上，她主张"在教学上要求进行直观教学，启发学生思考"②；在师资力量上，她从长沙选聘具有进步思想的教员，如任培道、易焕秋、吴家瑛等。其中，男女共学的观点是向警予教育思想中最为重要的闪亮的一点，很多学者对此做出了极高评价。认为"此见解是其他教育人士所不及的"③，尤其是在创办溆浦女校时，她主张在女校招男生，"这已不仅是立足点的不同，而且把女生看成是主体；这种见解可谓独到，为其他人士所不及"④。

1920 年底，向警予随蔡和森等去法国勤工俭学，路途中，向警予"开始放弃'教育救国'的幻想而相信共产主义"⑤。向警予在救国道路途径上的转变，证明了她从民主主义者转向马克思主义者，开始尝试用马克思主义方法论考虑中国问题。那么，向警予对女性教育的观点是否有所转变呢？有学者根据向警予价值观的转变，对向警予的女性教育思想进行阶段性研究。如周亚平将向警予女性教育思想分为三个阶段，以

---

① 张萍：《试论向警予女子教育思想》，《深圳大学学报》2001 年第 4 期。
② 张萍：《试论向警予女子教育思想》，《深圳大学学报》2001 年第 4 期。
③ 李惠康、朱海：《论向警予的早期教育救国思想与实践》，《江西社会科学》2012 年第 10 期。
④ 张萍：《试论向警予女子教育思想》，《深圳大学学报》2001 年第 4 期。
⑤ 刘茂舒主编《向警予：传记·纪念与回忆·论述·资料》，武汉出版社，1995，第 4 页。

五四运动和赴法勤工俭学为界限，前期向警予主张教育救国，中期以争取男女平权为主要内容，超越以往盲目的"教育救国"思想，积极从事男女共学运动，后期以改造社会、革新教育为主要内容的教育思想。还有学者以1919年为界限，将向警予的女性教育思想划分为两个阶段。张萍认为，五四运动前，向警予的女性教育思想深受资本主义民主思想影响，主张教育救国，创办新式溆浦女校，"从1919年到1928年这一时期，向警予女子教育思想完成了由学校式向革命的社会式转变；女子教育的内容完成了由谋生技能向启发阶级觉悟、开展革命斗争的转变；女子教育的目标，不再是过去简单的知书达理、受教育权利平等，而是与中国的革命斗争一致"①。两者虽然对阶段的划分略有不同，但鉴于中期阶段的时间较短，从五四运动到向警予赴法勤工俭学这一时期，本身就属于向警予思想变化的过渡时期，因而，两种学术观点从本质上来讲，是相似的。

综合来看，无论是整体性研究还是分阶段式研究，学者们普遍认为随着向警予价值观的转变，她对女性教育问题的主张也随之发生了变化。但是从总体来看，前期的教育主张侧重于新式教育模式改革和男女共学的提倡，具有普遍性的历史意义；后期旗帜鲜明地强调了教育服务于社会的价值目标，更加符合社会诉求和国家需求，是马克思主义教育观、妇女解放观在中国的具体运用。因而，多数学者侧重于向警予女性教育思想的整体性研究。但由于篇幅所限，学术界对向警予女性教育思想的研究并不全面，缺乏时代背景的探寻以及形成原因的追根溯源，使得该项研究比较单薄。学者们对向警予女性教育思想给予了积极肯定的评价，李国忠在《向警予女子教育思想述论》中肯定了向警予从整体的、联系的观点看待女性教育问题，在教育教学活动中，坚持以学生为主体，充分发挥学生的能动性和创造性，重视理论和实践相结合。李沂靖认为"向警予的女子教育思想与其革命生涯相吻合，打上了鲜明的阶级和时

---

① 张萍：《试论向警予女子教育思想》，《深圳大学学报》2001年第4期。

代烙印，革命性和进步性是显而易见的，但同时也存在着某些局限性"①。肖逸夫、曹心宝等撰文《向警予早期教育思想与实践述评》对其局限性进行了具体而历史的分析，文章认为，向警予的女性教育思想虽然先进，但在半殖民地半封建社会的旧中国，却是行不通的。她忽视了教育的发展是以经济基础和上层建筑为支撑的，而这在当时的中国是完全不具备的。当然，向警予关于教育改革等进步思想，"不仅在当时具有先进性，就在当今也值得我们好好继承并加以弘扬"②。

2. 妇女解放思想

国内对向警予妇女解放思想的研究大多是从革命角度出发，强调向警予的妇女解放与民族解放之间的统一性。在革命视域下，对向警予妇女解放思想的研究是分阶段、分阶层的。刘婕的《浅析向警予妇女解放思想的发展历程》和夏蓉的《向警予的妇运观》都对向警予的妇女解放思想进行了分阶段研究，两人都认为从 1911 年到 1919 年，是向警予妇女解放思想"以教育求解放"为主要特征的阶段，通过提高女子教育，进而实现妇女解放；从 1920 年到 1921 年，也就是向警予在法国勤工俭学，初步接受马克思主义期间，逐步将妇女解放与人类解放、社会改造相结合，从社会改良转变为暴力革命；从 1922 年到 1925 年，刘婕认为向警予的妇女解放思想是以建立妇女统一战线为核心的。李惠康、朱海等撰写的《论向警予妇女运动之阶层分析》一文，运用马克思主义的阶级观点，对向警予的妇女解放思想进行了深入研究，他们认为向警予在从事妇女解放运动中，对劳动妇女运动、女权及参政运动、基督教妇女运动进行了具体考察和科学分析，"从而奠定了向警予中国妇女运动的方法论基础"③。

还有学者从整体上对向警予的妇女解放思想进行研究，指出了向警

---

① 李沂靖：《向警予女子教育思想评析》，《中华女子学院山东分院学报》2003 年第 3 期。
② 肖逸夫、曹心宝：《向警予早期教育思想与实践述评》，《遵义师范学院学报》2016 年第 3 期。
③ 李惠康、朱海等《论向警予妇女运动之阶层分析》，《湖南科技大学学报》2010 年第 6 期。

予对中国妇女解放运动的贡献。苏平从四个方面阐述了向警予的妇女解放思想，"一、深刻揭示妇女受压迫的根源，提出妇女运动必须同整个革命结合的理论；二、阐明中国妇女运动的性质，提出劳动妇女是妇女运动的主力军；三、批判少数人做官的女权主义思潮，提出妇女运动要争妇女普遍的权利；四、论证妇女运动团结统一的重要性，在国民革命运动中促进各界妇女大联合。"① 刘华清认为向警予的妇女解放思想是一个完整的科学体系，它比较系统地回答和解决了在社会动荡不安的旧中国，如何开展妇女运动，如何实现妇女解放等一系列问题。她认为向警予妇女解放思想的根本出发点是为了改变中国妇女悲惨的社会地位和个人命运，它的根本目标在于建立一个自由平等的社会制度，达到目标的根本方法在于政治革命，革命的依靠力量只能是最广大的劳动妇女。从目前的研究现状来看，目前学术界对向警予妇女解放思想的研究主要集中在以下几个方面。

第一，向警予对妇女解放根本目标的探讨。所谓目标就是通过一场运动想要达到什么样的效果。有学者认为，当时社会上从事妇女解放运动的有很多进步女性，有的主张将妇女从旧家庭中解放出来到一夫一妻的新家庭，有的主张女子参政议政等。而向警予从事妇女解放运动的根本目标则是"二十世纪的新人生观，是以社会主义的互助协进来代替个人主义的自由竞争，这是可以深信无疑的"②。也就是说，向警予"已明确提出了妇女解放运动的目标就是要消灭资本主义，建立公有制的社会主义制度"③。还有学者站在人的发展和性别的角度，指出："就妇女自身而言，妇女解放运动的目的是将人的一切归还给女性，使全体妇女成为'解放的妇女'；就妇女运动与男女两性、社会的关系而言，妇女解放运动的目的更是为了实现两性和谐发展、推动社会的全面进步"。④

① 刘茂舒主编《向警予：传记·纪念与回忆·论述·资料》，武汉出版社，1995，第215~221页。
② 《向警予文集》，人民出版社，2011，第12页。
③ 陈文联：《向警予在妇女解放运动中的理论贡献》，《船山学刊》2003年第2期。
④ 陈文联：《向警予在妇女解放运动中的理论贡献》，《船山学刊》2003年第2期。

第二，向警予对妇女解放根本途径的认识。学术界关于向警予妇女解放思想根本途径的研究基本上是一致的，普遍认为向警予已认识到实行政治革命是妇女解放的根本途径。刘华清从妇女解放和政治斗争的关系、妇女解放运动的历史以及国际妇女运动的经验等三方面论述了要解决妇女问题，必须实行政治革命。陈德諟分析向警予妇女解放思想后得出："中国妇女求解放，绝不能采取十八世纪欧美妇女运动的旧程式，更不应依附外国资本，而应仿效俄罗斯妇女，在中国共产党领导下，与劳工和绝大多数男子一起，参加打倒帝国主义与封建军阀的国民革命，这就是中国妇女解放的必由之路。"①

第三，向警予对妇女解放具体途径的探讨。在对妇女解放的根本途径的研究基础上，学术界还对向警予关于妇女解放的具体途径做了分析。对于具体途径的分析，学术界的观点并不一致，这也是学术研究的常态。有学者提出了四条：一、充分利用宣传的作用，启发劳动妇女觉悟；二、发挥女子自主精神，提高妇女整体素质；三、将知识妇女与劳动妇女结合起来，形成妇女力量的大团结，实现妇女的自身解放；四、组建妇女运动组织，重视培养妇女干部。② 还有学者提出两点：一、大力发扬"自觉、自决、自动"精神，提高妇女整体素质；二、提出和阐述了建立妇女联合战线的主张。③ 在妇女解放具体路径的探讨中，统一战线问题是学术界关注的重点。张利民的《向警予对中国妇女解放运动的理论贡献》、孙晓芹的《向警予——中国妇女的楷模》、曹关平的《向警予对马克思主义妇女解放理论中国化的贡献》等相关学术文章对向警予投身妇女统一战线建设的理论和实践贡献进行了深入研究，他们认为向警予"在中国共产党关于民主革命的同盟军思想以及联合阵线策略在妇女运动具体化的过程中"④ 做出了重要贡献。

---

① 陈德諟：《试论向警予关于妇女运动的思想》，《贵州师范大学学报》1986 年第 2 期。
② 高辉、张枝叶：《五四时期向警予对争取妇女解放的途径的探索》，《湘潮》2015 年 3 月。
③ 宋艳丽：《向警予的妇女解放思想》，《北京党史》2004 年第 2 期。
④ 张利民：《向警予对中国妇女解放运动的理论贡献》，《西南交通大学学报》2002 年第 2 期。

第四，向警予妇女解放思想的特点。刘华清认为它具有"开拓性"和"深刻性"，即"把唯物史观贯穿于整个体系之中，从而使妇女解放理论走出资产阶级唯心主义的误区……同时它对妇女解放的目标和途径都有独到的见解"[①]。刘霞认为："与同时代的早期马克思主义者相比，向警予对妇女解放的探索具有实践性和女性特色"[②]。

整体来看，学术界对向警予的妇女解放思想的研究比较全面和深刻，从革命角度探求妇女解放的研究比较成熟；但在性别视域下，探讨两性平等以及女性解放的文章较少，贺正时的《论当今中国实现男女平等的三大要素——纪念向警予诞生100周年》和宋少鹏的《向警予的女性主义思想》进一步挖掘了向警予妇女解放思想中女性自我解放思想，对家务劳动社会化和女性特殊利益的维护进行了深入研究。但这还不够，还需要进一步研究和深化。

3. 报刊宣传的实践和思想

在向警予的革命生涯中，她曾先后参与过多家报纸杂志的创办、编辑，协助蔡和森主编《向导》；国共合作期间，担任《妇女周报》的主编；大革命失败后，她在湖北省委宣传部工作，兼任《大江报》的主笔。在多年的革命生涯中，向警予积累了丰富的办报经验。学术界对向警予报刊宣传的实践和思想的研究主要围绕向警予主编《妇女周报》和《大江报》的革命活动。郑保卫主编的《中国共产党新闻思想史》在研究中国共产党早期报刊活动家的办报业绩及其新闻思想一节中，对向警予从小学时代阅读《民报》《新民丛报》到五四运动时期参与创办《女界钟》，从主编《妇女周报》到主笔《大江报》的革命经历进行了系统回顾，认为向警予在报刊宣传中，积极开拓妇女解放的宣传阵地，倡导女性多读新书报刊，展现了妇女报刊工作者的优秀品质。李惠康等撰写的《向警予报刊宣传的理念与实践探析》、刘顺利的《向警予和她的新闻评论》以及李瑞生的《向警予与上海〈民国日报〉副刊〈妇女周

---

① 刘华清：《试论向警予妇女解放思想的体系》，《中华女子学院学报》1997年第1期。

② 刘霞：《向警予对妇女解放的探索》，《党史文苑》2006年第3期。

报〉》等都对向警予在《妇女周报》期间的革命活动和办报经历进行了历史考察，学者们认为向警予以《妇女周报》为阵地，坚持贯彻和宣传党在妇女问题上的方针政策，深刻剖析了中国的妇女解放运动，指出了妇女解放的科学道路，"进一步完善和发展了中国共产党关于报刊功能和妇女解放运动的重要理论"①。另有一部分研究是以《大江报》为核心，研究向警予在大革命失败后的革命实践活动及其思想。由于《大江报》是油印报纸，革命战争环境恶劣，仅有十二期保存于中央档案馆，受查阅条件的限制，仅有少数学者得以有条件对其开展研究。从中国知网查询的情况来看，中央档案馆的马红、中共"一大"会址纪念馆的任武雄、武汉市妇联的刘茂舒等对向警予在主笔《大江报》期间的革命活动和刊发文章进行了初步研究。刘茂舒认为向警予以《大江报》为武器，揭露敌人的反动面貌和政治派系斗争，刊登全国各地工农斗争的信息，鼓舞群众斗志，宣传党的路线方针，指导各地开展积极有效的革命斗争。"这些论文像投向敌人的匕首，又是教育群众的教科书。"②

从以上分析来看，学术界对向警予的报刊宣传的实践及其思想的研究尚处于初始阶段，数量少，质量高的文章也较少。大多数的文章着重于向警予报刊实践活动的研究，缺乏对其思想的深入研究。

总体来看，国内学术界对向警予的研究比较多，主要集中在向警予的教育救国思想、妇女解放思想等，但缺乏对向警予思想的系统性、完整性研究；另外，纵向来看，对向警予思想的各个组成部分的研究挖掘尚浅，缺乏时代背景下的研究，局限于向警予个人经历的研究，只是单纯地就向警予而言向警予，最多将向警予与蔡和森联系起来，而缺乏思想深度的挖掘以及对现今时代的意义研究。事实上，应该将向警予个人的时代经历与整个历史背景的研究结合起来，将向警予作为一名女性的成长历程与中国妇女解放运动的利弊局限联系起来，既要看到大的革命

---

① 李惠康、朱海：《向警予报刊宣传的理念与实践探析》，《内江师范学院学报》2011年第11期。
② 刘茂舒主编《向警予：传记·纪念与回忆·论述·资料》，武汉出版社，1995，第245页。

环境下，中国女性的成长，同时还要看到妇女解放的不彻底。在以往的研究中，对教育救国、实业救国等多持批判态度，但是站在今天的角度来看，各种思潮的形成既是历史发展的使然也是中国现实的需要，教育救国未必是完全错误的。因而在对向警予思想的研究中，本文拟跳出传统的价值评判，结合时代背景，重新审视向警予思想的历史价值和现实意义。

（二）国外研究现状

与国内研究相比，国外对向警予的研究较为薄弱。对向警予进行专门研究的有柯临清教授写的 *Engendering the Chinese Revolution：Radical Women，Communist Politics，and Mass Movements in the 1920s*，Andrea McEldrry 教授写的 *Woman Revolutionary：Xiang Jingyu*，Xiang，JY 等写的 *A plan for women's development-A letter from Xiang Jingyu to Tao Yi*（December 20，1919），其余的对向警予的研究主要是内涵于 20 世纪初中国妇女解放运动之中。

在两类研究中，学者们都充分肯定了向警予在 20 世纪初期中国的妇女解放运动中发挥的巨大作用。戴丽亚·达文在她的《妇女与工作——革命中国的妇女与党》中认为："在向警予 1928 年就义之前，她一直是共产党内主要理论家之一，是党在妇女问题上的权威。"[1] Christina Gilmartin 认为妇女权益组织的建立与向警予等杰出的共产主义女性之间具有密切联系。罗珊·威特基认为："作为思想家和劳工组织者，向警予同时献身于女权主义和无产阶级事业……虽然她被杀害时还远没有到达她政治生活的顶峰，但她的生活方向和著作指明了激进女知识分子在 20 年代开始的道路。"[2] 国外学者对向警予在中国革命中领导妇女开展解放运动中做出的杰出贡献给予了相当高的评价。

柯临清教授在 1984 年曾撰文指出，在国外学者对向警予的妇女工作

---

① 刘茂舒主编《向警予：传记·纪念与回忆·论述·资料》，武汉出版社，1995，第247页。
② 刘茂舒主编《向警予：传记·纪念与回忆·论述·资料》，武汉出版社，1995，第247页。

纲领的目标的研究中有两种不同观点，一是"强调向警予鼓励女知识分子参加建设一个具有广泛基础的妇女运动的观点"①，二是"向警予是以组织工人运动为首要任务，对许多女权主义组织有很强的反感"②。但柯临清教授也指出这仅仅是基于对《烈士向警予》（1958）一书中的五篇文章所做的不同解释，并且"从这些西方学者的作品中表现出来的迥然不同的见解在于他们企图从极不全面的资料中得出结论，推测的成分太多。"③ 从目前西方学术界的研究来看，学者们通过较为丰富的资料，认为知识妇女是工人运动的起重机，同时要联合资产阶级女性，利用各种组织发动工人运动。但是学者们大都认为在 20 世纪初期开展的妇女解放运动在中国共产党的革命运动中所占比重远远低于宣传的分量。也就是说在中国共产党看来，首要任务是开展工人运动尤其是男性工人，而女性工人运动和儿童运动则处于次要地位，这实质上也是一种性别不平等。Andrea McElderry 认为造成这种性别歧视的原因不仅仅是政治、思想的原因，更多的是因为文化传统④。关于向警予在文章中对资产阶级女权运动的指责，Louise Edwards 认为女性选举在中国的复苏是对向警予当初批评女权运动的一个大大的讽刺，因为它掩盖了关于治理和领导在当代中国的合法性问题，因此有必要对女性选举运动开展深入思考⑤。

国外学者对向警予的研究不是孤立的，而是结合对蔡和森以及中国革命历史的研究，对向警予本身作为女性角色在中国革命中的作用开展了横向研究和纵向研究，横向研究要比纵向研究更为深入。一方面肯定了向警予在妇女解放运动中的巨大作用，另一方面对向警予本身作为女性所开展的妇女解放运动工作的局限进行了深入剖析，无法回避的是，

---

① 刘茂舒主编《向警予：传记·纪念与回忆·论述·资料》，武汉出版社，1995，第 248 页。
② 刘茂舒主编《向警予：传记·纪念与回忆·论述·资料》，武汉出版社，1995，第 248 页。
③ 刘茂舒主编《向警予：传记·纪念与回忆·论述·资料》，武汉出版社，1995，第 249 页。
④ Andrea McElderry, "Woman Revolutionary: Xiang Jingyu," *The China Quarterly*, No. 105 (1986): 95 – 122.
⑤ Louise Edwards, "Coopting the Chinese women's suffrage movement for the Fifth Modernisation-Democracy," *Asian Studies Review*, No. 3 (2002): 285 – 307.

向警予等杰出的共产主义女性开展的妇女解放运动是服务于中国共产党的共产主义事业的，而不是仅仅为了妇女解放。

另外还有日韩学者等对向警予做的研究，如日本学者仁木富美子发表在《近代史研究上》的《"振宇"是向警予的笔名吗？——兼与戴绪恭、姚维斗先生商榷》，韩国学者尹美英发表的《论向警予妇女解放思想》等。

综合来看，国外学者对向警予的研究比较薄弱，而对整个人物的关注点主要在于向警予的妇女解放思想。国外学者在向警予的研究中，一方面肯定了向警予在中国妇女解放运动中做出的巨大贡献，另一方面也看到了向警予作为一名女性领导干部在党内受到的不平等待遇。近些年来的研究，更是对向警予当年批判的各种资产阶级倾向重新做出了审视。但是，国外学者在对向警予的部分妇女解放思想做出批判的同时，忽略了向警予所处的时代背景，尤其是中国的时代需要。矫枉必然过正，这是任谁也无法改变的，向警予的妇女解放思想正是对几千年来受封建压迫的中国传统妇女思想的矫枉过正。因而，本文在对向警予的某些重要思想进行重新审视时，一方面结合时代需要，肯定其进步性；另一方面结合今日中国的需要，对某些思想进行反思。

三　研究思路和研究方法

（一）研究思路

本论文以时代环境为背景，以中国现实需要为参照，以《向警予文集》为主要依据，以向警予的个人经历为主线，围绕向警予思想展开全面、系统的研究。在研究中，首先对向警予的思想发展从总体上进行历史考察，其次对向警予教育救国思想、妇女解放思想以及报刊宣传思想的形成、主要内容、特征、社会影响以及历史局限和现实启示等进行深入研究。在此基础上，对向警予思想进行整体、系统性分析评价，阐述这一思想的特征、历史作用以及历史局限。

(二) 研究方法

1. 唯物辩证法和历史唯物主义。分析和研究向警予的有关重要思想，应该坚持辩证唯物主义和历史唯物主义的方法。以客观严谨的态度和马克思主义的立场、观点和方法，进行分析和研究，才能对向警予的有关思想做出实事求是的分析。

2. 文献研究法。本文注重对历史文献的深入研究，重视从第一手资料中提炼观点，如《向警予文集》以及向警予纪念馆馆藏的一手资料，是本文立论和分析的基础，应仔细研读。同时，鉴于本文是对其思想进行研究评析，也尽量借鉴其他学者的研究成果，例如何鹄志写的《向警予传》、胡华主编的《中国共产党党史人物传》（第六卷）等。

3. 比较研究法。为进一步深化向警予思想研究，本文将向警予思想与资产阶级革命家秋瑾的思想进行比较。在比较中揭示她们两人思想的异同，同时，进一步剖析无产阶级妇女观与资产阶级妇女解放思想的异同。

四 研究内容、重点、难点及创新点

(一) 研究内容

向警予的一生虽然短暂，但留下了较多的文章著述，内容丰富、思想深刻。本文的研究，以向警予个人的革命实践为主线，对向警予的教育救国思想、妇女解放思想以及报刊宣传思想进行深入研究，在对各方面具体思想进行研究的基础上，加强对向警予思想的整体性研究和系统性研究。

(二) 研究重点

1. 向警予的妇女解放思想。向警予是中国共产党首任妇女部部长，是近代中国妇女觉醒的先驱，从向警予一生的革命经历来看，她主要从事妇女解放运动；在对向警予思想进行研究的过程中，向警予对妇女问题的关注贯穿其思想的各个组成部分。因而，向警予的妇女解放思想是本文研究的一个重点，尤其是妇女如何实现真正的独立自主，捍卫女性的权利以及如何在家庭与工作中把握平衡。

2. 向警予思想的总体把握。向警予思想主要包括教育救国、妇女解放以及报刊宣传思想，这些思想一方面属于向警予思想的组成部分，另一方面，其自身呈现出鲜明的历史性特征和历史性局限。从总体上对各个组成部分进行宏观把控是本文研究的重中之重。

（三）研究难点

1. 目前学术界对向警予的研究比较多，关于向警予的一手文献基本上发掘完毕，因而如何在已有研究的基础上进一步深化、拓宽研究是本论文的难点。

2. 本文不仅需要区别已有研究，而且要对向警予的教育思想、妇女解放思想、报刊思想进行深入的整体研究，结合我国实际，探讨在马克思主义中国化的过程中，如何以史为鉴。

3. 国内学术界对向警予的报刊宣传思想研究较少，在现有资料的基础上，如何进行深入挖掘、精准提炼向警予的报刊宣传思想是本文的另一难点。

（四）创新点

1. 对向警予思想做了比较全面系统深入的研究。纵向上对向警予思想进行深入挖掘，结合历史与现实，对某些问题进行深入思考；横向上，对向警予的教育救国思想、妇女解放思想、报刊宣传思想进行重点研究。

2. 研究方法的创新。本文对向警予和秋瑾这两位近代中国女革命家的思想进行了比较研究。向警予和秋瑾具有相似的革命经历，相似的革命主张，又有不同的阶级立场和不同的理想信念。她们为推动妇女解放和民族解放而献出了年轻的生命，因此两者具有对比研究的可行性。两人思想的差异性，反映了资产阶级革命家和无产阶级革命家对解决当时中国社会问题的不同见解。

3. 部分观点有新意。其中，在对向警予妇女解放思想研究中，家务劳动社会化的思想研究较为薄弱。本文认为，家务劳动社会化是向警予作为一名女性革命家站在性别视角提出的一个极富现实意义与长远意义的策略。从中国妇女解放运动的历史进程来看，向警予是较早提出家务劳动社会化的妇女运动领导人之一，但学界对此关注较少。又如对向警予妇女解放思想特征的归纳总结，本文认为，向警予妇女解放思想在主体上表现为求同存异，目标上两位一体，方法上多元并举等。

第二章　向警予思想发展的历史考察

向警予是早期中国共产党人从事妇女解放运动的先驱，为民族解放和妇女解放做出了杰出贡献。1938 年 3 月 8 日，在延安召开纪念国际"三八"妇女节时，毛泽东曾号召妇女："要学习大革命时代牺牲了的模范妇女领袖、女共产党员向警予，她为妇女解放、为劳动大众解放、为共产主义事业奋斗了一生"①。本文以《向警予文集》为蓝本，参阅《向警予传》《向警予：传记·纪念与回忆·论述·资料》等历史资料，对向警予思想进行探索、研究。向警予在教育、妇女解放以及报刊宣传的实践和思想上进行了艰苦探索，展现了早期觉醒的女性对自身的发现和认识以及对社会的感知和责任。

一　反对封建束缚，主张教育救国

向警予出生于 19 世纪末 20 世纪初，湖南溆浦人，原名向俊贤。向警予兄妹共十人，她排行第九，乳名"九九"，深得父母喜爱。出生时，正值中国社会内忧外患、动乱不安时期，是各种社会思潮争相交汇时期，是先进中国人探寻中国出路的最迷茫时期，"救亡"成为时代的最高主题。

向警予的父亲向瑞龄自幼家贫，年轻时曾以打豆腐、贩卖陶瓷等为

---

① 陈家新：《中华女杰》（近代卷），四川人民出版社，2013，第 63 页。

生，靠做小生意逐渐成为富商。母亲邓玉贵，也是一位贫苦农民家庭的女儿，她一生勤恳朴实，为邻居所称道，在向警予十七岁时病逝。

向瑞龄曾在溆浦著名的"鼎盛昌"商店做经理，负责往返常德、溆浦之间的货物调运，在当地颇有影响。向瑞龄虽然是一位商人，但他在政治上渴望国家富强，反对帝国主义侵略，"对于社会公益，尤能挺身以当大难，个人厉害素不计及"①。他是一位民主贤达人士，在经商过程中认识到知识的重要性，因而对子女教育尤为重视。向警予的大哥向仙钺，中过秀才，后考取日本官费留学生，肄业于日本早稻田法制经济科，后在常德西路师范学堂任教，是同盟会会员。五哥向仙良，留学于日本京都府立医科大学，毕业回国后一直从事医务工作，曾参加中国留日医药学生救护队，获红十字纪念章。六哥向仙铜，毕业于湖南西路师范学堂，后任小学教师。七哥向仙钟，毕业于日本明治大学商科，毕业回国后从事财经工作。十弟向仙锞毕业于日本京都千叶医学专科学校，回国后从事医药卫生工作。向家子女众多，文化水平高，形成了浓厚的读书求知氛围。

向警予自幼求知好学，在开明家庭的培养下，成为溆浦第一位女学生。向警予五岁时即在父兄影响下开始认字，"七八岁时，她开始读《三字经》《孝经》《增广贤文》等书。她喜欢听故事，尤其喜欢木兰从军的故事，并能背诵《木兰辞》"②。1903年，向警予的大哥和地方上的开明人士一起在城西文昌阁创办了一所小学，向警予在父兄的支持下考入该校，开创了溆浦女孩儿入校读书的先声。"她会做热烈的民族色彩的小论文，会做体操，尤其会'翻杠子'。"③向警予幼时就具有强烈的爱国主义情感，常听在长沙读书的大哥向仙钺给她讲国内外形势和法国大革命。1907年，向警予随母亲到常德居住，受大哥向仙钺影响，她开

---

① 转引自戴绪恭《向警予传》，人民出版社，1981，第3页。
② 刘茂舒主编《向警予：传记·纪念与回忆·论述·资料》，武汉出版社，1995，第86页。
③ 《向警予文集》，人民出版社，2011，第341页。

始关心国事，经常阅读《民报》《新民丛报》等期刊。

《民报》是同盟会的机关报，是孙中山领导的革命派的主要宣传阵地。孙中山在该报的发刊词中首次宣传了"三民主义"：以宣传反清复汉为中心的民族主义、以建立共和政体为中心的民权主义、以平均地权为中心的民生主义。同时，《民报》还大力介绍世界各国的资产阶级革命运动和民族解放运动，传播西方的新思想新文化，其中包括社会主义思潮和无政府主义思潮等各种进步思潮。《民报》以鼓吹资产阶级革命思想为主旨，使民主革命思想在国内进步知识分子中间广为流传，成为辛亥革命前中国国内最有影响力的期刊。它一出版，立刻得到广泛拥护，创刊时出版 6000 册，仍供不应求，最高发行量达 1.7 万份，创造了中国近代期刊史上空前的发行量。《民报》的创刊，对于民众觉悟的提升和革命运动的发展起到了重要作用。《新民丛报》是以梁启超为首的资产阶级改良派创办的重要刊物，从 1902 年创刊到 1903 年 2 月，该刊以抨击清王朝的腐朽统治，揭露帝国主义侵略罪行，传播西方资产阶级进步思想为主要内容，在一段时期内，对广大青年知识分子产生了振聋发聩的影响。毛泽东晚年回忆时说，他曾经十分崇拜康有为和梁启超，深受《新民丛报》的影响，甚至可以把里面的文章背诵出来。但自 1903 年 2 月，梁启超去美洲游历后，该刊逐渐开始宣传君主立宪，反对民主革命，《新民丛报》日渐走下坡路。

1905－1907 年，资产阶级改良派和革命派分别以《新民丛报》和《民报》为阵地，对革命与保皇、民主立宪与君主立宪等进行了激烈论战。《民报》第 3 期以号外的形式，公布了《〈民报〉与〈新民丛报〉辩驳之纲领》，列举了双方在 12 个议题上的重大分歧，展开了长达 3 年之久的论战。论战主要围绕共和与专制、民权立宪与君主立宪、国民革命与政府专制、政治革命是否必要、革命道路是否必须等议题展开，论战的实质是关于中国革命道路的选择：革命还是改良？"一方为同盟会之喉舌以宣传主义，另一方则力辟当时保皇党劝告开明专制、要求立宪之谬说，使革命主义如日中天……学校之内，市肆之间，争相传写"①。这次论战使民主革命思想广为传播，影响了大量进步学生和知识分子。向警予的大哥向仙钺就是康梁变法的追随者，戊戌变法失败后，加入同盟会，是湘西同盟会的负责人，是具有民主革命思想的积极活动分子，他曾在常德西路师范学堂任教。"西路师范学堂附近有启智书局，专门贩卖港沪出版的新书，还有古刹祇圆寺，为革命党人结社之地。该寺有两间房子存放着各种革命的书报……当时西路师范学堂师生思想甚为活跃，有志的革命之士甚多。"② 向警予随母亲到常德居住时期，正值《民报》和《新民丛报》论战激烈之时，向警予在大哥的影响下，经常阅读这两份报纸，参与大哥他们关于国内政治形势的讨论，民主革命思想开始萌芽，对向警予以后的革命实践产生了深远影响。

1910 年，向警予考入由一批留日法政学生创立的常德女子师范学校。在校期间，她刻苦学习，"学问道德可谓全校之冠"③。在这里，向警予结识了一群志同道合的朋友，如丁玲之母蒋胜眉，翦伯赞的姑姑翦万容，以及许友莲、余紫敏等，姐妹七人在蒋胜眉弟弟家结拜时，誓言"男女平等，图强获胜，以达教育救国之目的"④。这是《向警予文集》中最早可见的，反映其男女平等的女权思想和教育救国思想的文字记录。

两年后，常德女子师范学堂停办。向警予、蒋胜眉等以优异的成绩考入湖南省立第一女子师范学校。在学校，向警予发奋学习，常常五更读书，深夜才就寝。各科成绩都十分优异，"她的作文不但文笔好，思想又新颖，常常被传观和展览，几乎每篇都被评为'甲'或'甲上'。老师的评语为：'析理入微'、'持论绝大'、'横空发议'、'华实并茂'、'言简意赅'、'精透无比'等。"⑤ 向警予不仅学问好，而且品德也为全校学生之冠，稻田女师有个著名的学生自治组织——乐群会，向警予经常被该组织选举为道德部长。她重视道德修养，坚持"吾日三省吾身"，

① 黄彦：《孙文选集》（下），广东人民出版社，2006，第 219～220 页。
② 何鹃志：《向警予传》，上海人民出版社，1990，第 14 页。
③ 何鹃志：《向警予传》，上海人民出版社，1990，第 16 页。
④ 向警予：《向警予文集》，人民出版社，2011，第 1 页。
⑤ 何鹃志：《向警予传》，上海人民出版社，1990，第 24 页。

"觉烦闷，则且平心静气"①，偶尔"随众嬉笑，偶不检点"②，即对照宋代理学家程颐程颢的主敬论反思自己，严格要求自己小心谨慎，奉诸葛亮的遇事谨慎为"吾人处世圭臬"③。

不久，第一女子师范学校校长朱剑凡因思想进步被免职，新校长则是一位腐朽的封建老教育者，向警予遂和陶毅、任培道等进步同学毅然退学，转入朱剑凡创立的长沙周南女子师范学校。从1914年秋入学，到1916年6月毕业，在周南女子师范学校学习的这两年时间，是向警予民主革命思想发展的重要阶段，是向警予教育救国思想的确立时期。周南女校以"救亡图存，启迪民智，解放妇女"为宗旨，借鉴日本女子教育办学模式，除开设文化课程外，还开设了音乐、体育、缝纫、烹饪等技能课，以培养社会所需要的人才。学校师生思想活跃，积极进步，向警予在此求学期间，得遇良师益友，并在他们的影响下走上了教育救国的道路。周南女子师范学校当时汇聚了一大批教育界知名人士，如杨昌济、徐特立、李士元等，他们不仅具有深厚学识，而且思想进步，倾向变法维新。除陶毅、任培道外，向警予还结识了熊淑彬、吴家瑛、易焕秋等同学，她们后来大部分成为向警予创办的溆浦女校的教师。在周南女校，向警予和蔡畅结下了深厚的友谊，两人对中国妇女解放运动都做出了巨大贡献。向警予虽身处宁静的校园，但对社会动荡、国家变化时刻关注，具有强烈的爱国主义意识。"民国"四年国庆纪念日时，教师对民国缔造之艰难，国家形势之日陷漩涡深感悲痛，向警予亦有感而发，"心目中顿觉我大有可以作少年中华之望，而其杌陧亦当以我之心血解免之，同时忧去奋心生矣"④。渴望通过自身的力量为国分忧解难。当她登高岳麓山游玩时，更是感叹"学绝道丧，沧海横流，发扬先绪，以茂其德，封而植之。既生于斯，当无玷斯"⑤。强烈的爱国之情激起了向警予报国

---

① 向警予：《向警予文集》，人民出版社，2011，第275页。
② 向警予：《向警予文集》，人民出版社，2011，第280页。
③ 向警予：《向警予文集》，人民出版社，2011，第283页。
④ 向警予：《向警予文集》，人民出版社，2011，第280~281页。
⑤ 向警予：《向警予文集》，人民出版社，2011，第271页。

之志。在周南女校学习期间，她先后撰写了《教育取重自动说》《参观城区国民学校纪要》《致体操音乐专科毕业赠辞》等作文，对教育原理、教育目的、教学方法、教学考核、教师素质等进行了详细论述，表达了"我中华之前途，我卓尔之诸君不自负之，其孰负之?"[①] 的救国情怀，为日后践行教育救国之志准备了理论基础。

1916 年，向警予从周南女校毕业后，响应校长号召："每个学生毕业后，至少要服务小学教育两年，然后再考虑升学或其他工作。"[②] 向警予回到家乡后，在溆浦创办男女共学的学校，以启蒙女子智识、提升女子觉悟，进而提升国民素质为宗旨，践行她的教育救国志向。

学校校址选在县文昌阁，原本是一座庙宇，后被县士绅舒鉴渊、周启明等借用办学校，但学校仅开办一年就遭遇水灾，校舍变成汪洋大海，无法继续使用。因而，当向警予决定接办溆浦女校时，"文昌阁波涛之余，崩圮散坏，举目皆是"[③]。学校房屋东倒西歪，教学设备残次不全，整个学校尘土飞扬，教师、学生纷纷解散，全校只有一个叫张妈的传达守在学校里。面对破烂不堪的校舍，向警予坦诚道，"虽属接办，无异新创。"[④] 她带领女学生修葺校舍，把文昌阁里的菩萨移至偏房，腾出地方供学生学习；自己和学生一起打扫教室，有不少女学生看见凶神恶煞的神像，深感害怕，同时担心搬移菩萨会惹上不好的事情，向警予便拿着木棍在文昌帝君的脑袋上敲了敲，说："这是木头做的，有什么可怕?"[⑤] 同学们见此，也就扫除了心中戒备，把教室打扫得干干净净。

校舍整修完备后，向警予着手招生的事情。溆浦县城闭塞落后，男子读书的尚少，更何况女子。学校开学一周，仅有寥寥可数的几个女生前来读书。但向警予并不因此而气馁，她深知鼓动女生求学是一件十分艰难的事情，为此，她与同事进行了多方面努力。向警予一面请求县知

---

① 向警予：《向警予文集》，人民出版社，2011，第 273 页。
② 转引自刘茂舒《向警予：传记·纪念与回忆·论述·资料》，武汉出版社，1995，第 88 页。
③ 向警予：《向警予文集》，人民出版社，2011，第 287 页。
④ 向警予：《向警予文集》，人民出版社，2011，第 287 页。
⑤ 戴绪恭：《向警予传》，人民出版社，1981，第 22 页。

事发布《令各区送女子就学文》的布告，督促百姓送自家子女上学求知；另一方面，向警予与同事在县城万寿宫演出新戏进行劝学。向警予在演出前发表了热情洋溢的讲话，宣传男女平权及兴办女校的必要性等，动员家长送子女入学读书。① 同时，她跋山涉水，穿行于溆浦县大大小小的村子，深入各家各户动员劝学。在她的不懈努力下，家长们纷纷把自己家的女孩儿送到学校读书，有的甚至把自己 20 多岁的姑娘送到学校。学校的学生慢慢地达到了几十人。

向警予根据她在常德、长沙读书时对教育的研究，主张从儿童的本性出发，以学生为本位，充分发挥儿童的兴趣，摒弃传统的重管理重灌输的教育方式，代之以引导、启发的新型教育方法。同时摒弃落后的经学学习，对所谓"国粹"不甚注意，相反她和教师们不断向学生传播新思想新文化。为给予学生更好的教育，她用高薪邀请周南女校的同学前来任教，如任培道、熊季光、吴家瑛、蒋竹如等，三年来到溆浦任教的周南女生有十多人。她们同向警予一道致力于女子教育的提升，为溆浦风气的改善做出了重要贡献。为帮助贫困学生入学读书，学校不仅开设了语文、算数、图画等基础性课程，还开办了缝纫、刺绣等女工课程，家境困难的学生可以半工半读。向警予不仅在学习上严格要求学生，在生活上对他们也十分照顾。尽管学校距离她家很近，但向警予仍然每天都住在学校，与学生同吃一锅饭，千方百计改善学生的伙食，夜里巡视学生宿舍，给学生盖被子，披蚊帐。冬天她给学生生火取暖；夏天为学生驱蚊，甚至帮学生缝补破衣裳，深为学生们所敬爱。②

向警予和教师们的努力很快取得了有目共睹的成绩，学生越来越多。但与此同时，校舍掣肘、经费不足等问题也日益凸显。为缓解这一困难，向警予的父亲把自家的橘园捐献出来，以扩建校园；经费不足，由父亲"垫支"；向警予的六哥向仙铜也在学校任职，但从不领工资；五哥向仙良义务为女校全体学生检查身体。尽管向警予的一家为学校的创办及发

---

① 何鸽志：《向警予传》，上海人民出版社，1990，第 52 页。
② 何鸽志：《向警予传》，上海人民出版社，1990，第 55 页。

展做了重大努力和帮扶，但经费不足仍然困扰着学校的发展。向警予几次三番上书县知事，请求给予经费支持。然而政治动荡、社会不稳，各级政府的税收都被各个军阀招兵买马了，没有人会关注教育的发展。县知事即便有心帮忙，也无力出钱。虽然向警予多次上书县知事，仍无济于事。对此，向警予深感"自惭菲薄，续学情殷，祇缘桑梓无人，勉力承乏"①。

经费不足，牵绊了学校的发展，使向警予深感无奈。更为严重的是向警予的新式教育方法与溆浦的官方和民间发生了较大冲突，新思想与旧伦理、新教育与旧传统的撕裂越来越严重。县督学潘封礼对溆浦女校的改革大为不满，斥责向警予"离经叛道"的教学改革，尽管向警予对此据理力驳，仍不免遭受打击。向警予见溆浦街道"垢秽山积"，遂带领学生清扫街道，本应受到百姓欢迎的一件事，却引来了轩然大波、冷嘲热讽。办学过程中的诸多问题与困难使向警予感到痛心疾首。

"在一县之中，尽其'上说下教'之能事，废寝忘食是她生活中的经常状况。"② 即便如此，她在溆浦创办学校的两年实践中，仍屡遭碰壁。经费不足、学生家长的不支持、当地官员的掣肘、百姓的不理解……尤其是学生在学校教育好之后，进入社会后仍然深受封建礼教束缚，与没有受过先进教育的女子一样。这正是学校教育十年而不足，社会破坏一朝而有余。向警予逐渐对教育救国之路丧失了信心。

1918年底，驻守溆浦的湘西镇守副使兼第五区司令周则范派人到向家说媒，要纳向警予为妾。周则范属南方桂系军阀，政治上主张反对以袁世凯为代表的北洋军阀；但在湖南地方军阀之间的矛盾中，又拥护谭延闿，反对孙中山为代表的国民党。③ 周则范对溆浦的稳定做出过一定的贡献，同时也热心公益事业，曾捐款800元做溆浦女校的经费。向警予的家人并不赞同这门婚事，但碍于周则范的权势，无奈只得同意。已经成长为新青年的向警予是绝对不会愿意这门婚事的。为了不连累家庭，

① 《向警予文集》，人民出版社，2011，第298页。
② 《向警予文集》，人民出版社，2011，第341~342页。
③ 戴绪恭：《向警予传》，人民出版社，1981，第35页。

她独自一人来到周家，当面拒绝了周则范的求婚，同时表示"以身许国，终身不婚"。这既表明了向警予以身报国的远大志向，又委婉拒绝了周则范的求婚，但向警予也无法继续在溆浦待下去了。

二　反对婚姻制度，主张自由结合

传统婚姻不是男女双方的自由结合，而是男女双方家庭的挑选，即男女两性没有自由选择婚姻伴侣的权利，必须遵从父母之命、媒妁之言，讲究门当户对、婚姻论财。社会上经常发生父母包办婚姻、买卖婚姻、交换婚姻以及童养媳婚姻等状况，由于传统封建社会，在伦理制度、风俗文化以及社会生产上构建了完备的父权中心体系，使男性在家庭中拥有至高权利，女性处于依附地位。不幸的婚姻制度和三从四德的奴性文化，又进一步加深了对女性的束缚和管制，使女性毫无自主权。面对繁重的家务劳动，和姑婆的虐待、打骂，大多数女性如沉默的羔羊。向警予对这种婚姻制度深恶痛绝，她崇尚自由、民主，追求两性自由结合。在五四运动期间，她和新民学会会员毛泽东等对传统婚姻制度进行了猛烈抨击，号召女性追求自由结合。

1918年，毛泽东、蔡和森等在长沙成立进步团体新民学会，在新民学会会员的影响下，向警予、蔡畅、魏璧、周敦祥等周南女校的活跃分子纷纷加入新民学会。她们以周南女校为据点，以学校原有的学生组织——南化会为核心，开展了很多活动。影响最大的是她们主办的进步刊物《女界钟》，以反帝反封建为宗旨，反对传统婚姻制度，提倡妇女解放，深受女性欢迎。1919年11月14日，长沙女生赵五贞因不满"父母之命、媒妁之言"的包办婚姻，在花轿中自杀，这件事在社会上引起了强烈反响。毛泽东在《大公报》上先后撰发九篇评论文章，对赵五贞自杀深感痛心，对封建宗法制度进行了猛烈抨击。向警予和毛泽东商议，在周南女校召开纪念赵五贞大会。向警予在会上发表演说，对吃人的社会制度和遏制女性发展的宗法伦理进行了无情控诉。

1916 年，蔡元培、吴玉章等在法国组织华法教育会，希望国内贫苦的学生可以在法国一边工作一边学习。该组织得到了国内进步青年的积极响应。在湖南，蔡和森和毛泽东等发起湖南留法勤工俭学运动。1919 年 9 月 5 日，在社会各界的努力下，华法教育会湖南分会正式成立。向警予、蔡畅等联合周南女校的同学发起女界留法勤工俭学运动，她们以周南女校为据点，建立"周南女校女子留法勤工俭学会"，颁布《湖南女子留法勤工俭学会简章》，积极号召进步女性出国留学。在她们的努力下，"当时湖南全省各地加入女子留法勤工俭学会的人数很多，仅周南女师就有 10 多名"①。1919 年 12 月，向警予同蔡和森、蔡畅及蔡母葛健豪等 30 余人远涉重洋，赴法勤工俭学。

在赴法途中，向警予与蔡和森多次深谈，"开始抛弃教育救国的幻想，而倾向于共产主义"②，与此同时，两个人的感情也逐渐升温，据蔡畅回忆："就是那时候，警予还是发誓要过独身生活，把整个生命贡献给革命工作的，我的哥哥亦是一样。但是在海程中，他们两个竟倾爱了起来，虽然都曾拼命挣扎过，希图保留'独身'……这次最先动摇独身决心的，倒是被人称为'圣人'——因为他曾发誓终身不结婚的——我的哥哥蔡和森。"③ 感情相倾、信仰一致的两人在几十个同学的见证下，于法国蒙达尼举行了简单的婚礼。在向、蔡两人的结婚照片上，两人并肩坐在草坪上，共同手捧《资本论》，象征着二人在马克思主义信仰上的新式自由结合。向警予在寄给父母的一张印有一对小孩的明信片上写道："和森是九儿的真正所爱的人，志趣没有一点不同的。这画片上的两小也合他与我的意。"④ 在男女授受不亲、婚姻依靠"父母之命、媒妁之言"的 20 世纪 20 年代，向、蔡的自由结合可谓惊世骇俗。然而他们的婚姻非但没有受到友人的流言蜚语，相反，为暮气沉沉的中国送来了

---

① 何鹊志：《向警予传》，上海人民出版社，1990，第 78 页。
② 《向警予文集》，人民出版社，2011，第 342 页。
③ 〔美〕尼姆·威尔斯：《续西行漫记》，陶宜、徐复译，解放军文艺出版社，2002，第 195 页。
④ 《向警予文集》，人民出版社，2011，第 304 页。

一股新的风气，毛泽东高兴地写道："我听得'向蔡同盟'的事，为之一喜，向蔡已经打破了'怕'，实行不要婚姻，我想我们正好奉向蔡做首领。"①

三　反对政治改良，主张暴力革命

五四运动后，马克思主义传入中国，在思想文化领域，新旧社会思潮掀起一股"问题与主义之争"，即以胡适为代表的资产阶级主观唯心主义流派，以实验主义对抗马克思主义，强调多研究具体问题，少谈些主义。在政治上，表现为以过激主义反对社会主义，主张政治改良，反对暴力革命。早期共产主义积极分子李大钊等高举马克思主义旗帜，坚决反对点滴改良，主张彻底革命，他认为"最后的阶级争斗，就成了改造社会消泯阶级的最后手段"②。改良与革命的选择争论在法国引起了留学生的热烈争论，向警予、蔡和森等坚决主张暴力革命。

1921年初，他们抵达法国后，向警予、蔡畅等进入蒙达尼女子公学，蔡和森等进入蒙达尼男子公学。他们一边做工一边学习法文，蔡和森"日惟手字典一册，报纸两页"③，"以蛮看报章杂志为事"④。他下决心要先"专把法文弄清，把各国社会党各国工团以及国际共产党，尽先弄个明白"⑤。随后，他猛看猛译了大量马克思主义著作，从法文翻译了《共产党宣言》《社会主义从空想到科学的发展》《无产阶级专政与叛徒考茨基》等著作。向警予在蔡和森的影响下，苦学法语，阅读了《家庭、私有制和国家的起源》等马克思恩格斯著作，并树立了马克思主义的理想信念，以马克思主义为方法论撰写了《女子解放与改造的商榷》等文章。两人对中国的革命道路和发展方向上的认识日趋一致。1920

① 《毛泽东早期文稿》（1912年6月~1920年11月），湖南人民出版社，2008，第509页。
② 《李大钊选集》，人民出版社，1978，第223页。
③ 《蔡和森文集》（上），人民出版社，2013，第32页。
④ 《蔡和森文集》（上），人民出版社，2013，第33页。
⑤ 《蔡和森文集》（上），人民出版社，2013，第33页。

年，留法新民学会会员在蒙达尼开会。会上，蔡和森主张中国应走俄国十月革命的道路，建立无产阶级政党，他认为："中国将来的改造，以为完全适用社会主义的原理与方法"①，无产阶级政党"其重要使命在打破资本经济制度。其方法在无产阶级专政，以政权来改建社会经济制度"②。萧子升等则主张和平改良的道路，"以教育为工具的革命，为人民谋全体福利的革命——以工会合社为实行改革之方法"③。向警予不仅完全赞同蔡和森的主张，而且对萧子升等的观点进行了强烈批驳，她认为"无论何事，说得上改良，总还有几分可取，现在的政治，你取他哪一点来改良呢？"④ 因讨论议题突然，会议没有形成定论，双方都写信征求毛泽东的意见。毛泽东深切赞同蔡和森的意见，认为中国革命走改良主义的道路是行不通的。1920～1921年，向警予不但与蔡和森共同提出"中国共产党"的名称与计划，同时向国内宣传、陈诉建党之急。之后向警予与周恩来、李立三在法国成立中国共产党，几乎与国内的中国共产党同时建立。因此，她后来被毛泽东称为"我党惟一的一个女创始人"⑤。

五四运动后，国内到法国勤工俭学的学生越来越多，"从一九一九年到一九二〇年，全国各地赴法勤工俭学的青年约一千六百多人，形成了空前规模的高潮"⑥。然而，"一战"后，法国国内经济日渐萧条，面临日益尖锐的经济危机，工厂关闭，本国工人尚且失业严重，更何况勤工俭学的学生。此时，北洋政府居然停发学生的生活费，华法教育会宣告与勤工俭学学生脱离经济关系，使留学生的生活遭受极大困难。据1921年1月《京报增刊》载称，分布在法国近30所学校的600多勤工

---

① 《中国共产党一大代表早期文稿选编 1917.11 – 1923.7》（上），上海人民出版社，2011，第951页。

② 湖南省博物馆历史部：《新民学会文献汇编》，《新民学会会员通信集》第3集，湖南人民出版社，1980，第86页。

③ 湖南省博物馆历史部：《新民学会文献汇编》，《新民学会会员通信集》第3集，湖南人民出版社，1980，第93页。

④ 《向警予文集》，人民出版社，2011，第13页。

⑤ 〔美〕埃德加·斯诺：《西行漫记》，董乐山译，解放军文艺出版社，2002，第118页。

⑥ 戴绪恭：《向警予传》，人民出版社，1981，第62页。

俭学生，受到法国反动当局的迫害和华法教育会的刁难，生活日渐困难。[①] 蔡和森、向警予、李维汉、李富春等领导在法国的勤工俭学学生抗议北洋政府的行为，发起向北洋政府公使领事要求生存权、求学权的"二二八"运动。1921 年 2 月 28 日，向警予、蔡和森、张昆弟、李维汉、蔡畅等和集中在巴黎的 400 余名勤工俭学生向北洋军阀政府驻法公使馆请愿，要求驻法公使陈箓解决留学生的学习和生存问题。陈箓暗中和法国警察相互勾结，用警棍毒打手无寸铁的请愿学生，还扣押了 10 多人。但请愿学生并不妥协，经过一番努力，公使馆被迫同意为学生再发放救济金三个月，每人每日五法郎。斗争以留法勤工学生的胜利而暂告结束。

"二二八"运动后，虽然驻法公使答应解决学生的问题，但迟迟没有兑现。此时，法国政府与中国北洋政府协商把庚子赔款的一小部分拿来，在法国开办一所"里昂中法大学"，招收部分留法学生。但是华法教育会却从国内招来 100 多名官绅子弟入读里昂中法大学，拒绝接收原本就在法国勤工俭学的学生，这就激起了学生们的极大愤慨。1921 年 9 月 20 日，100 多名勤工俭学生聚集在里昂中法大学，抗议驻法公使的决议。部分留学生再次遭到法国警察局的拘捕。10 月 13 日，法国当局宣告："中国政府对于勤工俭学生无办法，法政府亦无力补助，现已由两国政府商定将全体送回。"[②] 1921 年 10 月，蔡和森等被武装押送回国，不久向警予也启程回国。

在法国求学的两年，向警予接触到马克思主义并深受影响，树立起坚定的马克思主义理想信念，从民主主义者转变为马克思主义者，从教育救国转变为以暴力推翻政权推动无产阶级的解放。

四　反对圈养女性，主张妇女解放

1921 年底，向警予回国后，即投身于国内轰轰烈烈的无产阶级解放

---

① 转引自戴绪恭《向警予传》，人民出版社，1981，第 62 页。
② 怀恩：《周总理青少年时代诗文书信集》（下），四川人民出版社，1980，第 196 页。

事业，1922 年正式加入中国共产党。在党的二大上，她当选为党中央第一任妇女部部长，开始领导中国最早的无产阶级妇女解放运动。

从 1922 年到 1925 年底，向警予大部分时间主要在上海从事女工的宣传和发动工作。在这一时期，向警予发表了许多关于妇女解放的文章，如《九姑娘犯了何罪？》《告丝厂劳苦女同胞》《对于女青年会全国大会的感想》《丝厂女工团结起来》《中国知识妇女的三派》《对于万国女权同盟大会的感想》等一系列为女工受压迫鸣不平、号召女工团结起来抵抗剥削的文章，运用马克思主义理论对妇女受压迫的原因、妇女解放的道路选择以及妇女解放的目标等进行了深入分析，形成了系统的妇女解放理论。同时，向警予积极参与领导女工的活动，她深入工厂、女工的家庭中，深入揭露资本家的残酷剥削、鼓动女工团结奋斗。向警予还走向街头，散发传单，呼吁民众的觉起和反抗，为因反抗资本家剥削而失去经济来源的贫困女工募捐。她亲自发动丝厂女工成立上海丝厂女工协会，建立劳动妇女统一战线，共同抵制资本家的剥削和压迫。她还经常深入上海平民女校，注意挖掘积极分子，培养女干部。向警予还直接领导了上海南洋烟厂 7000 多工人的大罢工，"五卅"惨案发生后，她积极鼓动上海工商联罢市，领导各阶层妇女投入"五卅"运动中。

1924 年，第一次国共合作后，向警予参加上海执行部青年妇女部工作，负责《妇女周报》以及领导上海女工运动。一方面，向警予以《妇女周报》为阵地，鼓动妇女参加革命运动；另一方面，她根据革命需要，积极促成妇女统一战线。对资产阶级妇女以及女权运动组织采取既批评又联合的斗争策略。她批评女权运动忽视了广大劳动妇女，把女权运动搞成了单个人的做官做议员运动。女权组织由于缺乏广泛的妇女群众基础，即便她们通过斗争为女性争得了一些参政权，也会被顽固的右派分子在暗中悄悄取消。她号召女权运动者和知识妇女深入劳动妇女中，因为她们所受压迫最深，反抗意识最强烈，一旦唤醒她们的觉悟，必将成为革命最勇猛的力量。向警予指出，唯有被压迫的联合被压迫的，妇女解放才能最终实现。

1925 年 2 月，段祺瑞政府召开所谓"善后会议"，否认妇女参政权。向警予发动女界成立上海女界国民会议促成会，发起组织中华全国女界国民会议促成会，鼓动女界积极参加国民会议，捍卫女性应有的参政权。

在上海近四年的工作中，向警予显示了她惊人的组织才干和活动能力。她撰写了一系列关于妇女解放的文章，起草了许多党的决议，推动上海妇女运动向前发展。她将妇女解放事业与无产阶级的解放联系起来，指出只有推翻腐朽政权，建立无产阶级专政，妇女解放才能真正实现。向警予关于妇女运动的理论是向警予思想的重要组成部分。

1925 年 10 月，受党中央派遣，向警予和蔡和森、李立三等去苏联莫斯科，向警予进莫斯科东方劳动大学学习，1927 年回国。回国后，向警予一直在湖北工作，先后在汉口市委、湖北省宣传部等工作，主编《大江报》，工作重心逐渐转向工人运动。

1927 年 5 月，夏斗寅叛乱。向警予亲自到武昌南湖参加军官学校支部会议，动员军官学校学员参加平叛斗争，还亲赴前线慰问战士。12月，向警予组织召开省委扩大会议，肯定了湖北省委的暴动方案。在主编《大江报》期间，她一方面发表短小精悍的文章，抨击国民党反动派的丑恶嘴脸；另一方面积极鼓动工人团结奋斗，提升工人的积极性，领导武汉工人坚持地下斗争。

1928 年 3 月，向警予被叛徒出卖，不幸被捕，5 月 1 日，被押往刑场，英勇就义，年仅 33 岁。向警予牺牲后，党中央杂志《布尔什维克》刊登了悼念向警予的文章，蔡和森、杨之华、李立三等纷纷撰文悼念向警予。柳亚子写了脍炙人口的诗句："雄词慷慨湘江向，情话缠绵浙水杨。长痛汉皋埋碧血，难从海国问红妆。"[①] 以纪念英年牺牲的女革命家。

---

① 《柳亚子诗词选》，广东人民出版社，1981，第 213 页。

第三章　向警予教育救国思想

　　向警予教育救国思想是其革命思想的重要组成部分，也是其革命思想的主要起点。这一思想的发展可划分为三个阶段。第一阶段，从1911年到1919年，向警予认为可以通过教育的方式达到挽救国家和民族的目的，也即"教育救国"阶段；第二阶段，从1919年底到1922年初，向警予赴法勤工俭学阶段，她深受蔡和森影响，逐渐放弃了教育救国，但在思想深处并未根除，对教育依然抱有幻想；第三阶段，从1922年到1928年，向警予从法国回来后即加入了中国共产党，在革命斗争中彻底放弃了教育救国思想，但她主张在未彻底实现社会变革之前，教育仍要发展，人们仍要求学，她对女子教育的发展提出了打补丁式的完善。梳理向警予的教育救国思想可以发现，她对教育的发展有很深刻的见解，她对教育目标认识的转向顺应时代潮流，她对教育在社会变革中的作用认识的转变，体现了那个时代部分先进知识分子的思想脉络。

一　向警予教育救国思想的形成

　　向警予教育救国思想的形成是特定时代背景与个人成长经历综合作用的产物。近代中国特殊的国情对个人信仰、道路选择具有重要影响，各种救国思潮纷至沓来，如何选择，选择什么是每一个进步知识分子成长的必经之路。

1. 受教育者自身的发展

从女性自身来看，向警予认为女性教育的一个主要目标是养成女性独立人格以实现妇女发展。

传统女性教育重在培养妾妇之道，教育女性三从四德，"妇德、妇言、妇容、妇功"是女性的必修课。文化上"只须文理略通，字迹清楚，能作家书足矣"（《训学良规》），像《红楼梦》中林黛玉、薛宝钗等大家闺秀能填词作诗则是女子文化教育的最高水平了，大多数女子连字都不认识。行为上，她们被要求"莫窥外壁，莫出外庭，出必掩面，窥必藏形"，女子牢牢被束缚在家庭之中。女性教育，从本质上来讲，是为夫权教育，是为维护以男权为中心的封建统治而服务。

到了近代，随着民族危机的加深，女性教育在挽救民族国家的义务中日渐凸显。甲午战争，煌煌大国居然被弹丸日本给击败了，这样的事实强烈打击了傲骄的中国人，资产阶级维新派掀起了一场变法图存的改良运动。他们认为，"欲强国必有女学"，女学兴起是戊戌变法的重要成果。1897 年梁启超发表《倡设女学堂启》中提出女子教育的目标"上可相夫、下可教子、近可宜家、远可善种"[1]。这种想法在社会中获得了较为广泛的社会认同，从当时的报纸内容来看，很多文人学子或官方人士撰写的文章，都认可女性接受新式教育的目的在于强国保种。"事实上，在近代中国有过多次对女性的不同定位，但从大众的接受度来看，'良妻贤母'或是'贤妻良母'的确有着广泛的认同。"[2] 他们认为女性在教育子女、扶携丈夫方面发挥着不可或缺的作用，因而女性接受教育必然可以宜家善种。1907 年清廷颁布的《女学堂章程》即明确指出女学"讲习保育幼儿方法，期于裨助家计"[3]，正式将女性的教育目的纳入家庭教育的范围。

---

[1] 朱有瓛：《中国近代学制史料》第 1 辑（下），华东师范大学出版社，1986，第 883 页。

[2] 郑永福、吕美颐：《关于近代中国"女国民"观念的历史考察》，《山西师范大学学报》（社会科学版）2005 年第 4 期。

[3] 陈东原：《中国妇女生活史》，上海书店，1984，第 393 页。

（一）近代中国教育发展的推动

20世纪的中国政局是近代以来动荡最为剧烈的时期，特殊的历史环境塑造了特殊的政治、经济和文化背景，深刻影响了几代人的价值选择。

1. 政治背景

1840年的鸦片战争是近代中国屈辱史的开端。在列强的坚船利炮下，中国被迫签署了《南京条约》《天津条约》《中法新约》《马关条约》以及《辛丑条约》等。据统计，从1840年鸦片战争爆发到1912年清朝灭亡，清政府同外国列强或国际组织等共签订了1175件不平等条约、契约、协约，割地、赔款、开放通商口岸、让渡税收等。曾经的天朝上国犹如一只绵羊被群狼围困，肆意瓜分，国权、民权遭受列强践踏，半殖民地半封建社会始而形成并日益加剧。

列强对中国侵略所带来的痛苦被腐朽的清政府无耻地转嫁到劳苦人民的肩上。原本就生活贫困的劳动人民，面对日益增重的赋税和苛刻的征兵制度，以及在列强面前的"劣等公民"地位，不得不揭竿而起。太平天国运动、义和团运动，明确提出了推翻清王朝统治、打倒洋鬼子的口号，反映了人民对清王朝腐朽统治的无望和对帝国主义侵略的憎恶。农民起义虽然被镇压，但是使封建统治日益分崩离析，国人思变。民族危机的迫近，逼使进步知识分子反思中国道路，探寻救亡图存之道。甲午战争打碎了封建统治阶级试图"中学为体，西学为用"的变法自强；戊戌六君子的鲜血宣告了资产阶级改良派"君主立宪"道路的失败；袁世凯封建复辟击碎了资产阶级革命派民主共和的政治政体。自1840年始，进步知识分子不断探寻中国出路，不断尝试，不断失败。虽然历次变革，并没有从根本上改变人民水深火热的生活环境，但是推动了爱国主义思潮的高涨和民众思想觉悟的提升。

湖南虽地处内陆，然而民族矛盾和阶级矛盾尖锐突出，同时湖南民众思想积极活跃，19世纪末，湖南成为京、津、沪以外维新运动最为活跃的省区。向警予出生、成长时期，正值湖南社会变迁剧烈时期。梁启超在 1899 年初回忆湖南维新时曾讲道："自甲午之役以后，湖南学政以新学课士，而谭嗣同辈大倡于下，全省沾被，议论一变。及陈宝箴为湖南巡抚，其子陈三立佐之，黄遵宪为湖南按察史，江标任满，徐仁铸继之为学政，聘梁启超为湖南时务学堂总教习，与本省绅士谭嗣同、熊希龄等相应和，专以提倡实学，唤起士论。"① 上述所陈的官员皆是思想开明的激进派管理，在他们主政湖南期间，新式教育得到了迅猛发展，进步社会思潮通过《湘学报》《湘报》，南学会、时务学堂等快速流传。

2. 经济背景

19 世纪 60 年代，清朝开明地主阶级掀起了一股以"自强""求富"为目的的洋务运动，力图通过学习、借鉴西方先进技术、科学文化等实现国家富强，抵御外部侵略，维持封建统治。洋务运动的兴起，首先推动了以"自强"为目的的近代军事工业的发展，建成了江南制造局、金陵制造局、福州船政局、上海洋炮局。军事工业的发展有赖于雄厚的经济支撑，随着洋务运动的深入，发展民用工业以"求富"成为势所必然。在洋务派的支持下，一批近代意义上的纺织、造纸、火柴、采矿、冶炼、通信、交通运输等民用工业日渐发展，并逐步从官僚把持的国家资本主义逐渐演变为民族资本主义，催生了中国民族资本家的产生并推动了真正意义上中国现代化历史进程。资本主义经济的发展和现代化大工业的推广，改变了中国传统封建社会自给自足的小家庭式手工业，进一步瓦解了封建小农经济。"至 1894 年为止，这批洋务企业的资本达263443 元，占当时近代企业资本总额的 45.22%。洋务运动为中国现代化的发展提供了物质条件及管理经验，带来了现代生产力和大工业生产方式。"②

甲午战争的失败虽然宣告了洋务运动的失败，但并没有阻碍民族资本主义的发展。相反，随着资本主义经济的发展和资产阶级力量的壮大，20 世纪初，清政府终于放弃了重农抑商的立场，开始扶植资本主义经济

① 《梁启超全集》第 1 卷，北京出版社，1999，第 242 页。
② 廖慧贞：《论洋务运动对中国近代化的深刻影响》，《经济与社会发展》2011 年第 9 期。

的发展，先后构建了一批近代经济政策和制度：商法、工商企业注册登记制度、商标制度、会计制度等。相应的，设立了专门负责经济管理的政府机构，规范企业发展，强化企业管理。在向警予成长时期，资本主义的经济发展已经成为一股不可遏止的社会趋势，新型资产阶级力量日益雄厚，他们在政治、经济、文化上的诉求逐渐占据主导地位。其中，现代化大工业的发展是促进有技术、有文化的人才的诉求成为"教育救国"思潮形成的重要经济条件。

3. 文化背景

（1）"教育救国"的社会思潮

从洋务运动到戊戌变法，从"师夷长技以制夷"到"变法图强"，从学"器"到学"制"，教育救国从发端到发展，进而成为一股主要的社会思潮。这股"教育救国"的社会思潮对近代中国社会发展影响深远，胡适、蔡元培、张元济、陶行知等近代知识名流皆是其代表人物。

鸦片战争后，中国局势日益紧张，帝国主义侵略者对中国领土垂涎觊觎，国内军阀混战、经济衰退、民众愚昧落后。偌大的中国被英、法、美、日、俄等国不断瓜分，面对日渐危亡的国家，知识分子的社会担当大义喷涌而出，他们试图以己之力力挽狂澜。洋务运动中，在"中学为体，西学为用"思想的指导下，西方新式教育思想得以在中国运用。朝廷重臣奕䜣、李鸿章等上书，建议设置同文馆，培养翻译人才，开启了中国近代新式教育机构的大门。甲午战败，宣告了洋务运动的终结，教育在挽救国家中的作用日益引起了更多人的关注。以康梁为首的维新派，除了在政治、经济等方面采取了一系列革新措施，还倡导教育救国，将近代以来中国遭受外敌入侵、国势衰微的原因归之于国民素质低下。他们认为，只有发展学校教育，提升国民素质，才能推动国家进步和独立。梁启超认为："变法之本，在育人才；人才之兴，在开学校；学校之立，在变科举；而一切要其大成，在变官制。"[①] 严复也指出："以中国民品

---

① 《梁启超选集》，上海人民出版社，1984，第13页。

之劣，民智之卑，欲图改革，应从事于教育之根本问题。"①无论是梁启超还是严复，都认为国民觉悟低是影响中国革命的关键因素，发展教育是改变国家命运的当务之急，这一点也赢得了很多知识分子和士大夫的赞同。

辛亥革命后，民主共和被袁世凯践踏，中华民国名存实亡。对国家命运的焦虑，并没有随着中华民国的建立而消退。辛亥革命虽然推翻了封建专制政体，但并没有改变中国半殖民地半封建社会的处境，却为教育的发展提供了较为宽松的政治环境。教育救国思潮在民国时期发展迅速，并衍生出各种流派的思潮：平民教育、职业教育、军国民教育、科学教育等。虽然各个流派主张各有不同，但都突出强调了教育在挽救国家危亡中不可或缺的作用，强调教育在唤醒人民觉悟、提升国民素质中的重要作用。教育救国思潮顺应了正在发展的资本主义经济对人才的需求，同时符合资产阶级改良派的利益，在两者的推动下，教育救国思潮迅速占领了广大知识分子的头脑。

（2）湖南女学的兴起

女学兴起是中西文化交流碰撞与近代中国民族危机加深的产物，救亡图存的时代主题决定了女学的教育目的在于强国保种。随着近代中国政治危机的加重，女学发展日益加速，在社会上广泛掀起了兴办女子教育学堂的思潮。

鸦片战争以坚船利炮撞开了中国的大门，既开启了中国近现代的屈辱史，也打开了中西文化沟通交流的通道，中国被迫开始与西方世界交流。一方面，在清政府的支持下，早期维新派曾先后到日本、欧洲等考察，主张向西方学习，从"师夷长技以制夷"到"中学为体，西学为用"。中西对比中，女子教育问题日渐引起进步知识分子的注意。另一方面，随着中国被迫开放通商口岸，教会女学亦随着资本主义经济到中国开疆拓土，推动了中国女学的发展。两者相互推动，打开了中国女子

---

① 朱修春：《严复学术档案》，武汉大学出版社，2015，第 107 页。

学校教育的大门。

甲午战败，中国面临千年未有之变局。天朝帝国的白日梦彻底破碎，举国上下皆开始反思、探索。戊戌维新派将兴女学与救亡图存融为一体，梁启超指出："吾推及天下积弱之本，必自妇人不学始"[1]，"妇学实天下存亡强弱之大原也"[2]。将女学发展提高至国家存亡、强国富民的高度，势必会推动女学的发展。湖南作为戊戌变法的重镇，深受这股思潮的影响。在长沙，谭嗣同等维新人士创办了《湘学报》和时务学堂，宣传自由、平等进步思想，并于1898年1月设立了南学会和创刊《湘报》。同时维新派发起"不缠足会"和"兴女学"的举措，倡导革除恶习，移风易俗，宣扬女子读书，推动妇女解放。使得"该省的改变虽然晚于他省二十余年，其蜕变却极为突出，且教育为诸种蜕变之首"[3]。"据不完全统计，1907年湖南全省有各类新学校700多所，其中普通中学堂39所，学生数万人；1908年湖南全省共有中小学堂、实业学堂、师范学堂、高等学堂共1200多所，学生5万余人；至1909年，普通中学达47所，居全国第二（仅次于四川）。"[4] 湖南掀起了轰轰烈烈的新式教育学潮，女子教育掩藏其后，悄无声息地四处蔓延。

（二）从萌芽到发展的形成过程

1840年鸦片战争撞击中国大门，在与日俱增的民族危机下，知识分子、官僚士绅无一不在探索中国出路。向日本学习，向欧美学习，从"师夷长技以制夷"到"中学为体、西学为用"，从洋务运动到戊戌变法再到辛亥革命，宏大的历史巨变下，是无数进步知识分子的不懈努力和探索：魏源的《海国图志》、郑观应的《盛世危言》、康有为的《孔子改制考》等。晚清民国时期，教育救国、实业救国、科技救国、无政府主

---

① 梁启超：《梁启超全集》第1卷，北京出版社，1999，第30页。
② 梁启超：《梁启超全集》第1卷，北京出版社，1999，第32页。
③ 张朋园：《湖南现代化的早期进展（1860－1916）》，岳麓书社，2002，第173页。
④ 万琼华：《近代女子教育思潮与女性主体身份建构：以周南女校（1905－1938）为中心的考察》，中国社会科学出版社，2010，第75页。

义、乌托邦主义、自由主义等让人眼花缭乱的社会思潮吸引了大量进步青年，其中教育救国的社会思潮影响较大，向警予在此思潮的影响下，逐步萌发了教育救国的思想。1911 年，向警予在常德女子师范学校读书期间，与蒋胜眉、许友莲、蔺万容、唐畹芬、胡善伦、余紫敏等 7 人结拜为 7 姊妹，立志教育救国。

1912 年，常德女子师范停办后，向警予先后在湖南第一女子师范学校以及周南女校学习，在校期间，向警予学习刻苦努力，品德学问均为人称赞。杨昌济先生在《达化斋日记》中写道："昨至第一女子师范学校，赴其成绩展览会，见本班（科）二年生向俊贤之日记颇有抱负，……可谓女教育界之人才。"[1] 向警予在求学期间，对教育方式、理念、教学方法等颇有研究，在杨昌济、朱剑凡、徐特立等教师的影响下，向警予的教育救国思想进一步发展。

1916 年，向警予从周南女校毕业后，回到家乡溆浦，为实践教育救国的理想，创办"溆浦女校"，校址位于城西的文昌阁。为筹款，她给县知事写了《请吴知事筹款书》；为招生，她写了《为呈请令各区送学子》的报告；为劝学，她步行到远离县城的山区村落，挨家挨户动员劝学；为践行新式教育理念，她给县视学写了《复视学潘君封礼》的文书，阐明溆浦女校的办学理念；为移风易俗，她带领学生上街清扫街道；为传播新文化，她从长沙购买《新青年》等进步报刊。但经费掣肘、政治混乱、民众不理解等各种因素使向警予的教育救国实践不断碰壁。

1919 年，向警予离开溆浦，并于同年底与蔡和森、蔡畅、蔡母葛健豪等赴法勤工俭学，旅途中，在蔡和森的影响下，向警予逐渐放弃了教育救国的思想，树立起马克思主义的信仰。但这并不意味着向警予放弃了对教育事业的关注，只是在救国道路的选择上的变更。在革命斗争中，向警予以暴力革命为救国的根本路径，并以教育救国为辅助，以教育启迪群众觉悟，鼓动群众参加革命，她的教育思想在无产阶级革命变革的

---

[1] 《杨昌济集》第 1 卷，湖南教育出版社，2008，第 491 页。

事业中得到进一步发展和提升。

（三）家庭教育与教师引导的影响

1. 开明的家庭教育

家庭教育是人出生后的第一教育，也是影响最为深刻的教育。美国心理学家布鲁姆认为，一个人的智力发展如果把他本人 17 岁达到的水平算作 100%，那么 4 岁时就达到了 50%；4～8 岁又增加了 30%；8～17岁又获得了 20%。① 开明的家庭教育对向警予日后的成长产生了深远影响。

向警予生于溆浦富商之家，她的父亲向瑞龄是当地最大商号"鼎盛昌"的经理。向警予一家十分开明，父亲虽然经商，但并不要求子女继承其衣钵，相反由于他"深恨幼年家贫，自己不能读书，很乐意培植子女攻读"②。虽然向瑞龄通过经商积攒了不少钱财，但他并未像其他人那样开办实业或置办田产，"世俗以猎官为荣，以多金相炫，溆浦僻处山隅，此风尤甚。而先君（向瑞龄）独能捐巨赀命子女远道求学，律身治家，克勤克俭，半缕寸薪，必珍必惜。惟子女教育费则倾囊不稍吝，有破产不惜之慨焉"③。

向瑞龄重视教育的观念对其子女影响甚大，他们夫妇共育有 10 个子女，其中 6 个都接受了高等教育。长子向仙钺，原是秀才，后转入新学，考上日本官费留学生，肄业于日本早稻田法制经济科。他思想进步、知识渊博，回国后从事教育活动多年，在溆浦创办第一所新式学堂，后去常德西路师范任教。老五向仙良留学日本京都府立医科大学，武昌起义爆发后，参加中国留日医药救护队回国，赴南京临淮关一带救护革命军伤病员，曾获中国红十字总会救护员纪念章。老六向仙铜毕业于常德西路师范，曾任溆浦县视学（督学）。老七向仙钟、老幺向仙锞接踵赴日，

---

① 肖红星：《家庭教育对幼儿智力培养初探》，《中国教育现代化》2004 年第 2 期。
② 刘茂舒主编《向警予：传记·纪念与回忆·论述·资料》，武汉出版社，1995，第 86 页。
③ 转引自何鸽志《向警予传》，上海人民出版社，1990，第 5～6 页。

分别就读于明治大学商科、京都千叶医学专科学校。

向瑞龄一家思想开放、文化程度高，为向警予的成长提供了良好的成长环境，这对她日后形成教育救国思想具有深远影响。向警予虽然是女孩子，但这并未影响她的求学历程。向警予幼时，即在父兄的指导下，识字读书。8 岁入读溆浦县立小学堂，首开溆浦女子公开进学堂读书的风气。放学回家后，她与父兄们一起讨论时局，评点历史人物。15 岁考入常德女子速成师范学堂，她学习认真刻苦，且具有浓厚的忧国忧民之心。开明的家庭教育对向警予的理想信念、行为举止、品德操行等方面均产生了深远影响，是向警予立志报效国家的起点。

2. 进步教师的引导

教师像桥梁，为学生的发展指明前进的方向；教师像园丁，剪去学生发展中的不良枝杈，教师是人类的灵魂工程师，塑造人的世界观、价值观和人生观。向警予作为一名杰出的马克思主义革命家，具有浓厚的爱国感情和强烈的责任意识，在探求救亡图存的道路上，向警予求学时的老师在她思想上烙下了深刻的印记，成为她革命道路上的引路人。

（1）非教育无以救国

杨昌济、朱剑凡、徐特立等教师都曾追随康梁变法，相信戊戌新政，试图通过资产阶级改良道路改变旧中国的命运。然而戊戌六君子的就义给了他们当头一棒。戊戌政变失败后，他们将中国革命失败的原因归结于沉睡的国民意识，转而走上了教育救国的道路。他们希冀"以教育来改革人心"，以教育来唤醒国民的觉醒，以教育来实现国家独立、民族振兴。面对上层社会的昏庸和底层社会的麻木冷漠，杨昌济大声疾呼："欲图根本之革新，必先救人心之陷溺。国民苟无道德，虽有良法，未由收效……欲救国家之危亡，舍从事国民之教育，别无他法。"①

为了达到教育救国的功效，他们倾入全部精力投身教育事业。杨昌济，在日本留学十年，回国后放弃担任湖南教育司长的机会，而选择了

---

① 《杨昌济文集》，湖南教育出版社，1983，第 45~46 页。

做湖南第一师范的一名教师，以"强避桃源作太古，欲栽大木柱长天"的志愿教书育人。徐特立，与同学一起创办梨江高等小学堂，专收贫困子弟入学。随后他应朱剑凡之邀，到周南女校任教，支持女子教育。而周南女校，则是朱剑凡倾尽自己的所有家资顶着巨大压力创办的一所新式女子学校。为了动员女生入学，他不辞劳苦，登门劝说，广泛动员；为了筹措办学资金，他变卖田产，捐献私宅；为了招募优秀教员，他四处奔波，严格选拔；为了办好周南女校，他呕心沥血，废寝忘食。在他的不懈努力下，学校从初创时的30多人到"其规模宏大、规矩严肃、学科完备，可为湘省女学之冠"① 的湖南名校。毕业时，他要求学生要到小学从事至少两年的教育实践。

（2）将爱国意识和救亡图存的危机感融入教学之中

作为时代先知，他们以救国救民为己任，力挽狂澜于既倒，匡扶大厦于将倾。胸怀天下志，一颗爱国心。他们以事实激发学生的爱国心，以行动引导学生的爱国路，将解放人民与拯救国家相结合，寓教于"救亡图存"。

杨昌济经常教育学生要有为国家和民族利益而献身的革命精神，他说："毒蛇螫手，壮士断腕，非不爱腕，非去腕不足以全一身也。彼仁人者，以天下万世为身，而以其一身一家为腕，惟其爱天下万世之诚也，是以不敢爱其身家，身虽死，天下万世固生，仁人之心安矣。"② 他将这种牺牲小我献身大我的革命精神融入课堂，引导学生走救亡图存的道路，而非沉溺于安逸的生活。徐特立在周南女校任教时，他经常阅读民主革命先驱黄兴、陈天华、秋瑾、杨毓麟等人的文章，还把这些文章拿到课堂上高声朗读，向学生宣讲爱国主义和民主革命思想。辛亥革命期间，朱剑凡以周南女校为革命阵地，宣讲民主革命的意义，揭露腐朽的清王朝统治。他还经常在校刊《周南学生》上发文抨击时政，抗议外敌入侵，同情国内人民。他们不仅从理论上对学生进行爱国主义教育，鼓励

---

① 朱有瓛：《中国近代学制史料》第2辑（下），华东师范大学出版社，1989，第735页。
② 《杨昌济文集》，湖南教育出版社，1983，第74页。

她们关心时事，而且积极组织学生参加各类爱国运动。1908 年，徐特立与朱剑凡一起组织长沙城内各公、私立学校师生罢课，共同发表宣言，开展保路运动；武昌起义后，他们带领全校师生上街宣传，并策动湖南新军起义以响应革命；1919 年，他们组织学生罢课，发动学生参加驱逐军阀张敬尧的运动。从向警予的日记中可以看到，不只这三位老师注重爱国主义的培养，在日常的教学活动中，各科教师都十分注重对学生爱国意识的教育，"李师演说四年中所经之患难，以及从前缔造之艰辛，并谓国家之所以日陷漩涡，皆由于我"①。强烈的爱国热情和自发的救国担当意识对向警予的成长影响甚大，这些优秀的教师既是她成长的引路人，也是她学习的榜样。

（3）将传统文化与现代西学融入教学之中

20 世纪的中国，正是革故鼎新、中外交融紧密时期，中国的传统文化与近代西学激烈碰撞，孰高孰低、孰优孰劣没有高下之分，只有经世致用之说。无论是杨昌济还是徐特立、朱剑凡都是学识渊博、学贯中西、融通古今的学者，更是关心时政、追求进步、充满浓厚爱国感情的新派教师。在教学内容上，他们一方面注重学生品德人格的养成，强调修身齐家；另一方面，引进西方先进的科学知识，开阔学生视野，拓展学生思维，讲求变法维新之道。

朱剑凡在创办周南女校时，十分注重学生的品格教育，他将校训定为"朴、诚、勇"，教育学生要守住本心，博爱忠恕，为人朴实，勇于进取。他鼓励女学生摘除不必要的首饰，做朴实无华、举止文雅的文明人。杨昌济也十分重视教化的作用，他认为"法制拘于时势，教化通乎古今"②，他以自己的一言一行教化学生，以自己的一举一动引导学生。诚如毛泽东所说："给我印象最深的教员是杨昌济……他对自己的伦理学有强烈信仰，努力鼓励学生立志做有益于社会的正大光明的人"③。此

---

① 《向警予文集》，人民出版社，2011，第 280 页。
② 《杨昌济集》第 1 册，湖南教育出版社，2008，第 41 页。
③ 〔美〕埃德加·斯诺：《西行漫记》，董乐山译，解放军文艺出版社，2002，第 107 页。

外，这些老师大力宣传西方先进的科学文化知识和民主革命意识，激发学生探求世界新知的兴趣，鼓励青年吸取新思想，拓展新思维。"本学年所讲不限于西洋之伦理学说，中国先儒如孔孟周程张朱陆王及船山之学说亦间取之……又可取报章杂志中新思潮而批评之。如斯变更教授之方法，想较与学生有益。"① 周南女校为了敷衍传统封建势力的刁难，将四书五经覆盖在现代西学上。他们顶着时局的巨大压力和周遭人的冷嘲热讽，带领学生学习新知，探求变法革新之道。

正是在中西文化的交融教学中，促进了学生的完整发展。"余闻徐先生言及平日诸先生所言，并古昔贤哲之论，与余自己之经验，益有省。"② 诸位教师成为向警予成长道路上的引路人，她感慨道："我生何幸，得此多数之良师，宜如何勉力以步趋诸先生之万一耶？"③

二 向警予教育救国思想的主要内容

向警予的教育救国思想，一方面凸显了救亡的时代主题，将爱国主义教育融入课堂教学和课外课程；另一方面回应了妇女解放的社会诉求，主张男女共学，男女平等，是向警予民主主义思想的反映。

（一）个体发展与服务社会相结合

教育是人类的一种自觉行为活动，它在一定的思想观念指导下进行。有什么样的教育观念，就有什么样的教育活动。教育目标对教育活动的开展具有至关重要的作用。向警予从受教育者自身利益诉求与国家需求出发，提出教育既应培养学生全面发展的能力，同时具备服务社会的价值倾向。

---

① 杨昌济：《达化斋日记》，湖南人民出版社，1981，第197页。
② 《向警予文集》，人民出版社，2011，第279页。
③ 《向警予文集》，人民出版社，2011，第282页。

随着辛亥革命革新之风的吹进，女性对国家社会的责任与义务也相应地被提出来。在国家危亡、社会动乱时期，女性作为国民一分子，理应对国家尽责任。"教育者，造国民之器械也。女子与男子，各居国民之半部分，是教育当普及，吾未闻有偏枯之教育而国不受其痛也。"① 从数量上强调女子与男子对等，强调女子与男子具有同样的救国责任，是女子接受教育的思想根源。因此，女子从家庭妇女转为女国民，当务之急就是要接受教育，提升个人服务国家的能力，正如孙中山先生在广东女子师范第二校演讲时指出："因中国女子虽有两万万，惟于教育一道，向来多不注意，故有学问者正少，处于今日，自应认提倡女子教育为最要之事……养成国民之模范，即教育乃可振兴，教育既兴，然后男女可平权，女界平权，然后养成真共和民国。"② 强调女子在国家救亡中的作用是辛亥革命时期妇女解放潮流的重要原因。

五四运动后，自由、平等、民主的社会思潮涌入中国，社会风气大开，民智觉悟提升；西方女权思想的传入进一步推动了妇女解放。对女性个人价值的重视引起了知识精英对女子教育的反思。从前对女子教育的认识，是基于传统的性别分工上，女子就应当成为贤妻良母，而不是对女性个人价值的认识。有学者指出，如果有某一物可以履行"贤妻良母"的职责，那么女性是否就没有存在的必要了？五四运动后，随着个人主义思潮的高涨，无论是精英男士还是觉醒的女子都意识到：女子作为主体本身的自我价值应当受到重视。从前的女子教育依附于男子，虽然建立了女子学堂，但"女子秉历史的贤母良妻之沿革，以社会的贤母良妻之地位，受教育的贤母良妻之熏陶，其周围环境，无一非纳女子于贤母良妻之域者"③，因而"自小学以至高等大学，凡冠以女子二字者，无不含有女子之特质，即无不含有贤母良妻之特质"。④ 而女子作为与男

① 金天翮：《女界钟》，上海古籍出版社，2003，第37页。
② 卢燕贞：《中国近代女子教育史》，文史哲出版社，1990，第53页。
③ 《向警予文集》，人民出版社，2011，第29~30页。
④ 《向警予文集》，人民出版社，2011，第30页。

子同等的社会人，理应同男子接受同等的教育。注重对女性个人价值的挖掘是五四时期女性教育的重要发展，向警予的女性教育思想深受这股潮流的影响。

向警予深刻剖析过去女子教育的本质，无论是传统的女德教育，还是近代的"贤妻良母""女国民"教育，实质上，女性教育仍是奴隶式、依附式教育。这种可耻的、侮辱人格的教育，一方面助长了女性的奴性和懒惰性，另一方面强化了男权社会的三纲五常。向警予从女性个体发展的角度提出，女性应当"养成独立判断和发展理性勇气"①，女子应当有不依附于他人的理智和独立生存的能力，女性的独立首先是思想独立，其次是能力完备。马克思认为"未来教育对所有已满一定年龄的儿童来说，就是生产劳动同智育和体育相结合，它不仅是提高社会生产的一种方法，而且是造就全面发展的人的唯一方法"②。女性的全面发展，从内容上来讲，是德智体美劳等综合素质的培养，是人文素养和科学素养的共同培育，是知识素质、身体素质、心理素质和创新能力、实践能力等的综合发展；从价值指向上来讲，是个人本位与社会本位的辩证统一；从方法上来讲，是以女性个体为主体，尊重女性成长规律和发育特点及个体需求，充分运用各种科学教育法，构建多维立体的、面向未来的教育理论。全面发展不仅是女性充分发挥个人潜能，综合发展自身，实现自我价值的现实诉求，也是女性适应社会发展需求的必然转型。未来社会需要全面发展的女性，女性实现个体价值也需要全面发展。全面发展不是单向度的知识能力的提升，而是多元立体的，内外兼修的，集知识、能力、身体等于一体的综合发展。那么，女性应当如何实现全面发展呢？向警予认为，教育以知识和经验为工具，使人拥有认识自己、发展自己以及实现自我价值的能力，是女性实现个体发展的必备条件。"读书才能养成充分活动的能力，解放自身，担当改造社会的使命。"③ 即教育是

---

① 《向警予文集》，人民出版社，2011，第 184 页。
② 《马克思恩格斯选集》第 2 卷，人民出版社，1995，第 212 页。
③ 《向警予文集》，人民出版社，2011，第 184 页。

女性养成独立判断之能力、完备个人之素质、完备个体发展之条件的必然途径。因而，她号召女性参加新式女子教育，摆脱封建枷锁的束缚，提高自我发展和完善的能力，养成独立人格。

2. 改造社会的工具

从教育的社会责任看，向警予认为教育的另一个重要目标是改造社会。向警予认为"中国今日之种种事业，其希望均在学生……吾人之求学，宜抱供献于人群之宗旨"①。女子接受教育，提升个体素质，是服务于救亡图存的时代主题，是个人价值实现的最高指向。

近代新式教育从戊戌变法起开始快速发展，新式学堂、新式教材、新式教育制度及管理等广泛兴起。然而在教育目标上却始终停滞不前，封建传统教育理念强力牵制着新式教育的发展。1904 年，清政府颁布《奏定学堂章程》，明确提出了以"忠孝"为核心的教育目标："至于立学宗旨，勿论何等学堂，均以忠孝为本，以中国经史之学为基，俾学生心术壹归于纯正，而后以西学沦其知识，练其艺能，务期他日成才，各适实用，以仰副国家造就通才，慎防流弊之意。"② 1906 年，学部又进一步正式规定明确的教育目标："忠君""尊孔""尚公""尚武""尚实"。固化封建皇权思想，维护封建统治之思想并没有随着新式教育的产生而削弱，直至民国时期，依然具有很大势力。1912 年，民国初建，以"注重道德教育，以实利教育军国民教育辅之，更以美感教育完成其道德"③为目标，强化了现代教育思想，弱化了传统教育理念，但随着袁世凯复辟，尊孔复古逆流的兴起，1915 年，教育目标再次更改"爱国""尚武""崇实""法孔孟""重自治""戒贪争""戒躁进"，孔孟之道再次占据教育阵地，封建沉渣再度泛滥。至新文化运动时期，新旧思想激烈交锋，封建传统教育理念依然顽固，但在进步知识分子中间，新式教育思想已经占据主导地位。

---

① 《向警予文集》，人民出版社，2011，第 4～5 页。
② 《陈青之中国教育史》（下），吉林人民出版社，2013，第 591 页。
③ 《陈青之中国教育史》（下），吉林人民出版社，2013，第 671 页。

官方的教育目标反映了政府培养人才的目的，也在一定程度上映现了社会主流思潮。然而中国有国民四万万，民间教育百态，对于莘莘学子而言，读书为了什么，或者说教育的目标是什么，在政治混乱、教育不明的情况下，他们也十分迷惑。1911年底，周恩来在沈阳东关模范学校读书。校长讲课时，曾向学生询问读书的目的，大多数学生并没有明确的读书目标，他们深受家长教育影响，以"光耀门楣""光宗耀祖""升官发财""养家糊口"等为目的，唯有周恩来以"中华之崛起而读书"为目标。在国家动荡不安、民族危机日益加剧的情况下，读书成了很多学生升官发财的重要台阶。对于新兴的女学生而言，读书是嫁一如意郎君或达官贵族的重要资本。这既是社会上大多数人对新兴女学的价值期盼，也是长期受到封建思想束缚的女子主体的价值导向。

向警予对这种教育目标进行了严厉谴责，她从国家救亡和社会发展需求出发，站在民族解放的高度，强调教育的目标应是"准备改造社会的工具"①，女子接受教育不是为了赢得更好更丰厚的嫁妆资本，而应当把个人价值的实现与社会需求相结合。一方面，中国面临空前严重的民族危机，国势垂危、社会动荡、民生凋敝，国家救亡的希望全在进步青年身上，肩负"谋振刷东方民族之精神"②的重任。女性，作为社会主体的一方面，与男性一样肩负挽救国家危亡的历史重任。另一方面，"在中国民族未达到自由平等以前，妇女绝对不会单独达到自由平等"③。妇女解放、男女平等目标的实现有赖于国家独立和民族解放，女性争得与男子一样的教育同样如此。向警予认为，教育权的实现有赖于稳定的政治基础和充实的经济基础，在国家战乱不断，社会动荡不安的局势下，民权的实现尚且困难，更何况女性的教育权。因此，女子教育目标的实现必须与社会改造运动密切相关，将个人价值的追求与国家目标相切和。向警予倡导接受教育的女学生"一面努力准备改造社会的学识，一面参

---

① 《向警予文集》，人民出版社，2011，第183页。
② 《向警予文集》，人民出版社，2011，第5页。
③ 《向警予文集》，人民出版社，2011，第236页。

加实际的社会运动"①，在实际运动中实现主体价值。她试图通过教育唤起女性主体意识的觉醒，使女性意识到作为主体的人的存在，进而积极主动地接受教育，受到良好教育的女性进一步通过参加社会改造运动实现主体价值。

因而，教育以改造社会的工具为目标不仅是国家救亡的需求，也是教育自身发展的必然出路。教育是推动国家独立和民族解放的重要台阶，反过来，只有在国家独立、社会稳定中，教育才能得到长足发展。

（二）强化国家意识教育和科学文化知识的普及

教育内容主要包括课程设置以及教育者向受教育者传教过程中的思想倾向，既符合受教育者的价值需求，同时反映教育管理者的价值导向。向警予关于教育内容的认识，在国家意识教育为主导的同时，在课程设置上体现学生全面发展的自身诉求，注重科学文化知识的普及。

1. 强化国家意识教育

国家意识承载着国家信念与民族大义，是反对外敌入侵和维护祖国团结统一的锐利武器。没有国家意识，就没有爱国之心，更没有爱国之举。以儒家文化为核心的传统教育，在维护封建专制皇权并为其提供理论支撑中，发挥了巨大功效，是中国封建专制制度存在两千年之久的文化根源。戊戌政变之后，传统的科举制度日渐瓦解，并最终被取消。新式教育随着民族危机的加深和西方进步理念的引进，日渐勃兴。然而，新的教育体系并未成型，教育宗旨在动荡的社会中，左右摇摆于封建君主专制与西方民主之间。在民国时期，教育因政治原因，乱象百出，新旧杂糅。既有沉迷于传统八股文而学习孔孟之道的学堂，也有专门聘请外籍教师教授科学文化知识的西式学校。然而，无论是哪种教育，都忽视了国家意识教育。

向警予批判了只读书本知识，不管国家和人民死活，只专注个人升

---

① 《向警予文集》，人民出版社，2011，第239页。

官发财的封闭教育；批判了传统封闭式的闺阁教育，她们或者专理柴米油盐酱醋茶，或者专注于胭脂茶粉、打牌逗乐。这种教育培养出来的学生，对于国家兴亡、社会动荡毫不关心，对与自身密切相关的问题，犹秦人视越人之肥瘠，毫不关痛痒。缺乏相应责任感和使命感的国民，在面对帝国主义的侵略时，"永远是戏剧的看客"①，或者说是高级看客。对于国民性的批判，向警予并不是第一人，康有为、梁启超、严复等早期维新派以及民国时期的进步知识分子蔡元培、陶行知、鲁迅等都对国民性进行了深刻批判。梁启超在《新民说》中，全面探讨了国民性问题，认为国民素质高低与国家和民族的命运密切相关，提出了"苟有新民，何患无新制度，无新政府，无新国家"②。造新民，是进步知识分子共同的呼声。但造以何为中心的新民，进步知识分子的观点并不相同。实质上，戊戌变法后很长一段时间，以爱国主义为核心的国家意识教育是缺失的。向警予认为，"盖尝深究今日之战乱，苟人人脑巢心穴中有国家主义、人格主义存，何自而望国家——辱临有出望外"③。在国家面临空前严重的民族危机下，国家意识教育不仅是必需的而且是紧迫的。在溆浦女校，向警予带领学生到校外宣传爱国思想，揭露军阀的卖国行径，讲述帝国主义的侵略；她编写剧本，带领学生表演爱国抗敌的戏剧，扩大政治宣传；当五四运动席卷全国的时候，她带领学生开展抵制日货的活动，宣传打倒日本帝国主义的侵略。向警予以事实激发学生的爱国心，以行动引导学生的爱国路，寓"救亡图存"于教，将时代主题与学生教育密切融合。

在新式教育尚处于萌芽阶段时期，向警予即注意到国家意识教育的重要性，引导受教育者将自身发展与国家救亡相结合，寄希望于"学生们能成长起来，摆脱封建的枷锁，摆脱愚昧无知，走上争取国家独立富

---

① 鲁迅：《鲁迅全集 编年版 第2卷1920-1924》，人民文学出版社，2014，第363页。
② 《梁启超散文》，上海科学技术文献出版社，2013，第17页。
③ 《向警予文集》，人民出版社，2011，第298页。

强"① 的道路，突出了学生历史使命感和民族责任感的培育，颇具先见之明。

2. 注重科学文化知识学习

民国建立前，晚清教育基本以传统的经史传授和旧礼教的灌输占据主导地位，"若学堂不读经，则是尧舜禹汤文武周公孔子之道、所谓三纲五常者尽行废绝，中国必不能立国矣。"② 在1904年颁布的《奏定学堂章程》中，小学中学皆有读经课程，在初等小学堂必修课中，每周学生上课30小时，读经12小时，占全部课程的2/5；高等小学堂，学生每周上课36小时，读经讲经每周12小时，占全部课程的1/3。剩余不多的时间，既要学习中国文字、数学、国画、音乐，还要学习格致等物理、化学知识。即便是在大学堂，虽有专门的学科教育，但也有读经讲经的传统课程。深奥枯燥的经学教育贯穿整个学校教育。女子教育列入家庭教育范畴，仍旧以女工、女德为主要学习内容。民国初年，资产阶级革命派对封建传统教育进行了全面改革，中小学男女同校，小学读经课程一律废除，大学不设经学课，突出近代学科和资本主义文化教育，虽然仍旧开设"修身"课程，但内容以孝悌、恭敬、勤俭等中华传统美德为核心。资产阶级的教育改革迎合了社会发展的需求，符合历史发展规律。但随着袁世凯在政治领域上的封建复辟，尊孔读经又占据了文化教育领地，以孔孟之学和宋明理学取代新式科学教育，教育发展又进入停滞时期。

在这种情况下，向警予并没有畏缩不前，她采取灵活变通的方式向学生传授新式科学文化。一方面，学校所用的教材全部是"教育部审定新制新式新体各书"③。另一方面，取消经学课学习，当县视学来学校检查时，她说："经学太深，高小生徒程度不及，一时恐难理会。琅琅诵

---

① 刘茂舒：《向警予：传记·纪念与回忆·论述·资料》，武汉出版社，1995，第99页。
② 陈景磐：《中国近代教育史》（下编），人民教育出版社，1978，第35页。
③ 《向警予文集》，人民出版社，2011，第291页。

读，徒耗光阴，且渎圣人。"① 向警予主张学习科学文化知识。她鼓励学生多看书读报，拓宽途径学习科学文化知识，同时树立明确的读书目标，认清自己所处的位置，认清时代和社会的需求，时刻准备改造社会的工具；掌握正确的读书方法，通过阅读历史学、社会学、社会进化史、经济学、政治学等，识明社会现状和历史方位；丰富学习内容，学习天文学、地质学、物理学、化学等自然科学，全面充实和提高自己；组织读书会，联络志趣相投的同学共求新知，相互砥砺，共同进步。总之，学生要通过学习社会科学和自然科学，提高自身的综合素质；通过知识武装头脑，为个人自由而全面的发展准备条件。

同时，为了照顾贫苦人家子女的求学以及考虑到学生以后的生存问题，溆浦女校还开办了裁缝、刺绣等女工课程，上午读书，下午做工，实行半工半读，勤工俭学，用以资助家境贫寒的女子上学读书。

3. 重视体育锻炼

体育教育是女子教育改革的重要组成部分，也是向警予教育救国思想的一大亮点，在已经的研究中，对此着墨不多。与同时代的教育家和革命家相比，向警予是较早在落后地区开展女子体育实践的，并且通过举办运动会的形式推广、宣传女子体育教育。

女子体育教育最早出现于教会女学，与反缠足运动息息相关。西方传教士视缠足为一种野蛮的风俗，严重损伤妇女的身心健康。裹足的女子，因小脚无法长时间走路，既导致自身体弱，也容易影响子女的健康。从医学角度分析缠足对女性自身及生育子女的危害是大多数传教士所论的依据。为推动女子放足，在教会女学中，大多开设体操课程。随着近代西方文明的传播以及中国先进知识分子主体意识的觉醒，女子体育教育作为教育救国思潮的一个重要方面日渐受到重视。女子的身心健康关乎国家救亡的目标，即"强国必须强种，强种必先强人，而强人之关键又在强母"。在进步知识分子的推动下，1907 年，清政府在颁布的《女

---

① 《向警予文集》，人民出版社，2011，第 292 页。

子师范学堂章程》和《女子小学堂章程》中，明确把女子体育课程纳入学制体系，作为学生的必修课，从体制上保障了体育课程的设置。但由于传统观念习俗的束缚，真正开设女子体育课程的只限于一些大城市中的知名女校，如南京金陵女子大学、燕京女子大学、北京国立女子大学等，即便向警予所在的周南女校也位于湖南的中心城市长沙。在落后偏僻地区开设体育课程的较少，但向警予在溆浦女校不仅开设了完整的体育课程，而且发展了竞技体育。

向警予本人就十分擅长体育运动，她能熟练表演体操的各项动作，曾代表学校出席运动会的表演，尤其擅长翻杠子。"在学校以及在每次县学生比赛运动中，警予是最耸人听闻的'文武双全'的第一名"①。向警予对女子体育教育的认识与她的教育救国思想是一致的。一方面，个人的身心健康是实现国家救亡的基础，只有体魄健壮，才能为社会服务的时间更长。求学期间，向警予深感"体弱难用功。"② 她的同学"家瑛姊竟因日昨作文病发以去。余亦勉强支持。洪范六极，弱为其一，非特可忧，亦且可耻，日方补苴之不暇，安云进步？不可不思其本"。③ 她的二哥，年纪轻轻，就因病去世。她在给七哥向仙钟的信中，强调"吾辈当求真心得，做真事业，尤其要树好身体基础"④。在向警予的日记和书信中，经常可见她对于身体健康和体育锻炼的论述，认为身体是从事一切工作的根本。对于国家来讲，民众的身体素质更是重要，健康的体魄是从事革命事业的根基。然而，"民人赢荼，憔悴枯黄，百年之寿，七尺之躯，殆累而促日见削损，创业未半，辄以疾卒，其功未竣，其学不昌，其神未充，其业不张"⑤。因而她极力主张加强体育锻炼，增强身体素质。另一方面，向警予认为体育教育是促进女性全面发展的重要方面，女性在走向社会、实现自身价值的过程中，应当具有健康的体魄。因此，

---

① 刘茂舒主编《向警予：传记·纪念与回忆·论述·资料》，武汉出版社，1995，第 3 页。
② 《向警予文集》，人民出版社，2011，第 279 页。
③ 《向警予文集》，人民出版社，2011，第 279 页。
④ 《向警予文集》，人民出版社，2011，第 310 页。
⑤ 《向警予文集》，人民出版社，2011，第 273 页。

在溆浦女校的课程设置中,体育课的内容十分丰富,不仅有体操、田径等,还有哑铃操、球杆操、舞蹈等各式各样的运动。她还亲自撰写了一首《运动歌》:"运动,运动,运动乐,不怕天寒和地冻,要使身体得活泼,各把精神来振作,肌肉强,血脉活,运动,运动,运动乐"①。她每天早晨都带领师生做早操,在春秋季节,学校还举行运动会用以激励学生加强体育锻炼,并通过这种方式宣传女子体育锻炼的必要性。

向警予的女子体育教育思想,一方面凸显了民族救亡意识对女子健康体魄的社会诉求,另一方面融入了女性主体意识,强调女性作为主体的发展,应该注重体育锻炼。向警予在落后地区普及、传播、践行女子体育思想,做了大量艰苦工作,为基层女子体育教育的发展做出了重要贡献。

(三) 坚持男女共学

随着政治革新运动的发展,女性教育也随之得以提升。但从整体上来看,女性教育的发展,无论是速度还是质量都始终落后于男性教育的发展。向警予为推动妇女解放、男女平等,在男女共学方面做了大量工作,她认为男女同为学校学生,理应接受相同的教育;在高等教育以及留学教育中,男女应有平等的受教育权。

1. 中小学校:男女共学

女子教育的发展经历了曲折的历程,从最初的教会女子学校、民办女子学校的偷偷兴起,到1904年光绪帝"请饬停办"湖南女学堂;从1907年清廷颁布《女子师范学堂章程》,将女学堂纳入官办教育管理体制到以培养"贤妻良母"为目标的女子教育的勃勃兴起,女子教育的发展可谓步履维艰,既要接受官方的检查监督还要承受民间的流言蜚语。戊戌变法以来,女子教育获得较快发展,但男女教育不平等依然十分严重。自19世纪40年代出现女子学校以来,因传统观念的束缚,碍着"男女有

---

① 《向警予文集》,人民出版社,2011,第314页

别""男女授受不亲"的礼教大防，女子教育一直单独设立，且在教育内容与理念上与传统封建社会对女性的期待相一致。如开设德育课，传授伦理道德、言行举止等知识；开设"家政"课，培养女子"习熟通常衣类之缝法、裁法，并学习凡女子所能为之各种手艺，以期裨补家计，兼养成其节约利用好勤勉之常度"①。女子教育的内容实质上是将传统女性家庭教育社会化，女性的知识层面在提高的同时，更多的是把社会对女性的期待以学校的方式普遍展开，其根本宗旨仍是服务于"贤妻良母"。

民国初年，主张女子教育的蔡元培出任教育总长，对旧的教育体制进行了改革。1912 年，教育部通电各省颁布《普通教育暂行办法》，在一定程度上废除了男女在教育上的不平等，其中最重要的部分是初等小学男女可同校，中学、师范、职业类学校可以为女生独立设校。允许小学男女同校是女子教育改革的很大进步，意味着女子接受与男子一样的教育，在教育内容和教育理念、目标上可以实现形式上的一致。最起码，女子不必从幼年开始就接受传统的"妇德"教育。

虽然官方已经明确认可初等小学可以男女同学，并且，湖南在 1912 年 3 月就颁布了《湖南暂定学制大纲》，也规定了初等小学可以男女同校。但在溆浦县城，男女共学仍然是一件尚未开启的事情。溆浦地处闭塞、民智晦聩，受封建传统思想影响甚深，大多数家长认为送女孩子上学是一件伤风败俗的事情，更何况是一所男女共学的学校。溆浦女校尚未开班时，向警予曾乐观估计学校可开八个年级，"每级以四十人计约三百余名之多"②，然而事实却非常残酷，在溆浦女校刚刚开班时，学生仅有几人。

为了推动男女共学，帮助女子上学，推动女性觉悟，向警予做了大量艰苦细致的工作。首先，她向县府吴知事建议，请县府颁布文告敦促各区选送身家清白的女子来女校就读，普及教育。通过官方劝勉的方式，提升学校在社会的认知度，推动家长送子女入学。其次，向警予以己之

---

① 朱有瓛：《中国近代学制史料》第 2 辑（下），华东师范大学出版社，1989，第 698 页。

② 《向警予文集》，人民出版社，2011，第 288 页。

力奔波于溆浦大大小小的乡镇，亲自登门劝说，动员女子来女校求学。她曾翻越上百里的山路，穿过渺无人烟的山沟，翻山越岭，踏破青山，每到一处，就积极宣讲女子上学的好处。家长们被她热情高涨的精神所感动，于是就把孩子送到学校读书。最后，以溆浦女校的教学成果吸引女子前来就学。学校开办一段时间后，向警予和诸位老师一道举办了一场学生成绩展览会，向溆浦的百姓展示女子图画、缝纫、刺绣等受教育后的成果。教学成果轰动县城，广受好评，百姓纷纷把孩子送到学校接受教育。"最初的一期，只有两个班，男女兼收，共有七十余人，是为我县男女同校之始。"[①] 男女共学的溆浦女校在封建势力的指指点点下，非但没有日渐衰落，反而飞速发展，至向警予离开前夕，溆浦女校"已发展到六个班的完全小学了，学生达二百多人，老师十数人"[②]。

在偏僻落后的溆浦县城，向警予"首创男女合校，号召男女应受同等教育，应享受同等权利，用以打破'七岁男女不同席和女子无才便是德'的封建陋俗"[③]。从单纯的女子学堂到男女共学的教育，向警予在启迪民智方面迈出了一大步。但在中高等学校中，普遍实行男女共学的制度还有很长一段路要走。

2. 中高等学校：男女共学

五四运动后，自由、平等、民主的社会思潮涌入中国，社会风气大开，民智觉悟提升，西方女权思想的传入进一步推动了妇女解放。对女性个人价值的重视引起了知识精英对女子教育的反思。从前对女子的教育认识，是基于传统的性别分工上，女子就应当成为好母亲好妻子，而不是对女性个人价值的认识。有学者指出，如果有某一物可以履行"贤妻良母"的职责，那么女性是否就没有存在的必要了？五四运动后，随着个人主义思潮的高涨，无论是精英男士还是觉醒的女子都意识到：女子作为主体本身的自我价值应当受到重视。从前的女子教育依附于男子，

---

① 刘茂舒主编《向警予：传记·纪念与回忆·论述·资料》，武汉出版社，1995，第91页。
② 刘茂舒主编《向警予：传记·纪念与回忆·论述·资料》，武汉出版社，1995，第92页。
③ 刘茂舒主编《向警予：传记·纪念与回忆·论述·资料》，武汉出版社，1995，第88页。

虽然建立了女子学堂，但"女子秉历史的贤母良妻之沿革，以社会的贤母良妻之地位，受教育的贤母良妻之熏陶，其周围环境，无一非纳女子于贤母良妻之域者"①，因而"自小学以至高等大学，凡冠以女子二字者，无不含有女子之特质，即无不含有贤母良妻之特质"②。虽有女子学堂的设置，然而教学内容的设置仍是教女子如何做一个贤妻良母，这既不符合国家救亡的时代主题，也不利于女性主体发展。作为与男子同等的社会人，女子理应接受同等的教育。

1915 年的《国民学校令》规定，小学一、二年级的学生可以男女同班，三年级以上只可同校不准同班。中学实行男女分校，在培养目标和教育内容上有显著差别，大学不招收女生。这一规定限制了女子中高等教育的发展，引起了很多有识之士的不满，他们呼吁无论男女，都有权力享有同等的教育，甚至部分高等院校的官方人士公开透露招收女学生的意向。如南京高等师范大学校长郭秉文曾说："吾人早有男女同校之计划，因社会尚未有此要求，敝校自当开放。"③ 叩开现代大学之门的女生随即应声来到。1919 年，甘肃女生邓春兰以个人名义给北大校长蔡元培写了一封公开信，请求北大附属中学"添设女生班，俟升至大学预科，即实行男女同学"，并愿"亲入此中学，以为全国女子开一先例"④。邓的公开信被京沪各大报纸登载，在舆论界引起广泛关注：大学是否应当开女禁。蔡元培对此回应道："倘有程度相合之女学生，尽可投考，如程度及格，亦可录取也"⑤。

正所谓"一石激起千层浪"，邓春兰的公开涵在社会上引起巨大反响，一批有志于女子教育的知识精英和各界人士纷纷撰文支持邓春兰的

---

① 《向警予文集》，人民出版社，2011，第 29~30 页。
② 《向警予文集》，人民出版社，2011，第 30 页。
③ 转引自万琼华《近代女子教育思潮与女性主体身份建构：以周南女校（1905－1938）为中心的考察》，中国社会科学出版社，2010，第 131 页。
④ 转引自万琼华《近代女子教育思潮与女性主体身份建构：以周南女校（1905－1938）为中心的考察》，中国社会科学出版社，2010，第 124 页。
⑤ 转引自万琼华《近代女子教育思潮与女性主体身份建构：以周南女校（1905－1938）为中心的考察》，中国社会科学出版社，2010，第 125 页。

"男女共学"的要求。向警予在《给陶毅》的信中即指出,北京大学作为我国教育的中枢,理应给予女性同男性平等的受教育权。向警予认为,男女教育平等是从事社会变革的基本点,她希望好朋友陶毅能够从速加入要求北京大学开女禁的运动中。在社会舆论的推动和各界人士的大力支持下,北京大学于1920年2月,先后招收了9名女学生入学,邓春兰便是其中之一。这9位女青年成为我国历史上男女合校后的第一批女大学生。至此,沿袭多年的"男女授受不亲"的封建戒律——"大学女禁"在五四运动中被打破。

自北京大学开女禁之后,南京高等师范大学等国内多所学校均开始接收女生。但是大多数女子因为实力不足,考不上高校,使得大学开女禁空有其名。北京大学在1920年开女禁后,女生通过考试被录用者仅有9人;而南京高等师范大学开女禁后,考上的女生亦是寥寥无几。这种情况使为大学开女禁而奔走呐喊者颇受打击。向警予对此种现象进行了深刻反思,她认为造成女子程度不足的根本原因在于当今的社会制度与教育。"是故社会之制度与教育一日不改造,即女子实力无由培养,亦终于咨嗟太息,愧悔怨怼而已矣。"[①] "所以要求大学男女同学,便当要求中学男女同校。"[②] 她希望陶毅能够发动高校毕业生或中学师范生结为团体到北京教育部和大学校去争取设立男女共学的中学班。对于她倾尽心血创办的溆浦女校,她希望能够在高小科招收男生,也做到中学男女共学。她同时希望她在溆浦的学生能够自发地开展男女共学运动,积极争取上大学的机会。

从小学到中学再到高等教育,随着女子自身教育水平的提高和自我觉醒意识的提升,女子对教育的诉求也日渐提升。在女子追求与男子同等的教育权运动中,向警予紧跟时代潮流,并通过各种方式推动潮流向前发展。

---

① 《向警予文集》,人民出版社,2011,第30页。
② 《向警予文集》,人民出版社,2011,第8页。

3. 留学教育：男女平等

晚清末年，留学教育形成热潮，除清政府官派留学生外，还有大量有志青年自费出国留学。为进一步推动国内进步青年出国留学，1912年，吴稚晖、蔡元培、李石曾等在北京发起了留法俭学会，该会坚持"以节俭费用，为推广留学之办法；以劳动朴素，养成勤洁之性质"为宗旨，倡导青年学生到法国勤工俭学，把做工和学习文化知识相结合，突破了原有的只有资金充裕才能出国学习的经济限制，帮助广大普通家庭的进步青年接受留学教育。1916年，华法教育会在巴黎成立，用以组织和创建留法预备班，以勤工俭学的方式吸引进步青年，达"以法国科学与精神之教育，图中国道德、知识经济之发展"目的。在"五四"反帝爱国运动以及国内民族危机日益加重的情况下，勤工俭学运动在1919年春至1921年底，形成高潮，各省赴法勤工俭学的学生约1600人，其中湖南人约346人，仅次于四川。湖南进步青年毛泽东、蔡和森、萧子升、蔡畅、向警予等，以新民学会为依托，发起湖南勤工俭学运动、周南女子留法勤工俭学会等，协助湖南青年解决赴法旅费、扩大贷款名额以及组织留法预备学校等问题，推动留法勤工俭学运动的发展。

1919年，向警予在上海寰球中国学生会及华法教育会等团体的帮助下，与蔡和森、蔡畅、葛健豪等共赴法勤工俭学。到法国后，她给陶毅等写信，"希望同志多来些，俭学极好，愿意来勤工俭学也极好，无论如何，耳目接触，总比在国内好一点"[1]。同时，她将男女共学教育的思想延伸至海外，对于即将招生的中法大学，她认为男女生应当均等，而不是女子名额仅仅是男子的十分之一。校方认为中国女子教育尚在萌芽阶段，有知识有能力的女子极少，即便给予女生以同等名额，考上的也很少，白白浪费了学习名额，因而给予女性仅40个名额。向警予对此据理力驳，她指出民国九年时，中国即有与中学程度相当的女生9000多人，难道这9000多人里就没有200人可以考上中法大学吗？她认为，五

---

[1] 《向警予文集》，人民出版社，2011，第25页。

四运动以来，很多女生有志于追求高深学问，这对社会发展大有裨益，作为新时代的大学应该积极鼓励女性的自我发展，而不是限制招考名额，阻碍女性进步。造成女性程度不高、文化水平低的根本原因在于社会制度而不是女性自身，因而在女性追求教育的道路上，应当给予鼓励和帮助，免除考试或者设立补习班，帮助女性接受更高层级的教育。

无论是留学教育还是高等教育，实质上都反映了一个尖锐的现实问题：虽然中小学允许男女共学，但长期以来，女子教育发展的滞后，导致在更高层级的学校招生时，女子因教育程度低而无法获得已经争取到的男女共学权利。与高等教育部门主张削减女子招生名额相比，向警予认为应该通过各种途径和渠道，给予女性更多的鼓励和帮助，积极推动女子受教育水平的提升。

4. 女子平民教育的发展

20 世纪 20 年代，平民教育运动盛极一时。1923 年夏，以"除文盲，作新民"为宗旨的中华平民教育促进总会在北京成立，不久，有 18 个省及 32 个市相继设立了平教会分会，"甚至各县亦有平民教育促进会。识字运动可谓盛极一时"。① 融入这场平民教育运动的不仅有秉持"教育救国"理念的高级知识分子，还有国民党的很多官员以及部分共产党员。对于平民教育运动，向警予给予了高度关注和支持，她认为"平民教育运动……是我国将来更伟大的民众运动的基本运动"②。

但向警予主张从平民教育运动中划分女子平民教育，这实质上是与她之前主张男女共学相左的，为什么一向主张男女享有同等教育权的向警予，此刻会转变她的看法呢？她自己给出的理由有两条：一、社会上一般不把女子列入平民的范围，而女子自身因为过惯了依附的生活，因而自己也不把自己列入平民的范畴，所以，当平民教育运动发生时，她们觉得与自己无关；二、受封建礼教的禁锢，她们的父亲或者丈夫不允许自己的女儿或者妻子接受男女混杂的平民教育，而女子长期在男女授

---

① 宋恩荣编《晏阳初全集》第 1 卷，天津教育出版社，2013，第 186 页。
② 《向警予文集》，人民出版社，2011，第 175 页。

受不亲的氛围中长大，自身也不乐意接受男女混杂的教育。因以上两条理由，最终导致平民教育成为男子的专利，女性大多数还是文盲。从资料上来看，向警予的分析是符合历史事实的。尽管男女共学运动已经开启很长一段时间了，但是实际中取得的成果极为有限，民众保守落后的性别观念和社会习俗依然根深蒂固，对女子教育普遍有抵触心理，并且平民教育运动的女子大多数是 15~25 岁，年长和年幼的均不接收。这个年龄阶段的女子，一方面已经成人，如果不去学习，便可去工厂做工，补贴家用，鼓动她们去上学本身就是一件极为困难的事情；另一方面，她们即将结婚或者已经结婚，家里人担心她们去男女共学的平民学校会侮辱门风。"婆婆不赞成儿媳妇上学，因为识字的儿媳妇不易管。丈夫不赞成老婆上学，因为识字的老婆不易管。母亲不赞成女儿上学，因为一来女儿是个赔钱货，犯不着在她身上多赔钱；二来识字不易管的女儿是难以嫁出去。中国的女子教育便被这些人牺牲了。"① 从当时的主客观条件来看，激进地将男女共学推动到所有教育形式中，显然是不合实际的。从这一点来看，向警予对教育的认识更为成熟稳重。

如果从平民教育中将女子教育单独划分出来，对女子施以专门的教育，那么它不会引起社会人士和妇女的反感，女子的父亲或者丈夫也会支持她们上学识字。以稳妥渐进的方式逐步推动男女接受平民教育，必然可以巩固民主政治的基础。为了推动女子平民教育的发展，向警予还提出可以联络全国或各地妇女团体女教职员以及中等以上女学生共同合作，使女子平民教育逐渐扩大推广范围，进而使女子中的大多数接受平民教育，既可以稳固民主政治的基础，还能够扩大妇女解放的基础。

5. 积极帮助女子求学

女子从争取教育权到接受新式教育进而享受与男子同等的教育权，其间历尽波折，并随着革命形势的发展而兴起、回溯、高潮、顿挫。每前进一步，都需要社会各界做出方方面面的努力。推动女子教育也非易

---

① 陶行知：《陶行知全集》第 3 卷，四川教育出版社，2005，第 247 页。

事，除了社会舆论的引导、官方政府的支持外，女性本身也要积极推动。向警予作为觉醒起来的女性代表，在鼓动女性意识的觉醒方面具有典型的示范作用，她从周南女校毕业后，积极从事妇女解放运动。

结合团体，积极抗争。五四运动后，各种社会思潮涌入中国，无政府主义、新村主义等各种形式的"社会主义"吸引了探求新知的学生、知识精英的眼球，工读主义是其中较为时髦的一种社会思潮。1919 年末，北京女子工读互助团成立，该团通过自愿结合、自筹资金、开办工厂的办法，实行半工半读，借此实现女子经济独立，进而摆脱封建家庭的束缚，实现妇女解放的目的。随后，全国各地如上海、天津、广东等纷纷效仿，建立女子工读团。向警予认为湖南女性也"可以结合团体组织一个工读社"[①]，效仿北京女子工读互助团，借以帮助女性继续求学。

在争取中学男女同学的运动中，她号召稻田的预科生、湖南第一师范的本科二年生以及周南中学的一、二年级生，结成团体，到北京从事男女共学的运动。人数越多越好，只有这样才能有利于推动男女共学，哪怕因此而做出某些牺牲也是值得的。"我们为求理想社会的实现起见，应当从事这种组织"[②]，即组织成工读互助团、合作社或者新村。

组织女子教育经费借贷银行。对于女子求学来讲，无论是供给学问的资料还是指导学问的教师，都离不开金钱的支持，然而中国女子没有财产权，因而，金钱便成为阻碍女子求学的最大困难。有志于进一步深造的女子，大部分是为了摆脱封建家庭的束缚，寻求个人的独立与发展，因而向家庭寻求经济支持是不可能的。以她们的能力，想要在社会上做工以维持生活进而学习也是十分困难的，因为男女共学刚兴，社会上适合女性做的工作少之又少。于家庭于工作，女性都受制于经济。向警予认为可以组织女子教育经费借贷银行，借款助学。

同时根据男女平等的原则，女学生可以请求国库、省库、县库、学田等拨经费；也可以通过向富商华侨募捐等各种渠道募集资金，积极促

①《向警予文集》，人民出版社，2011，第 7 页。
②《向警予文集》，人民出版社，2011，第 20 页。

成女性接受高等教育。赴法勤工俭学的学生所需的费用即通过这种渠道募捐了一部分。但是由于战争动乱，政府或军阀的资金大多用于战争开支，教育方面可用的资金少之又少，女子教育本就不受重视，更别提额外的资金支持了。

（四）"教育取重自动"与榜样示范法相结合

周南女校是近代女子教育发展史上的里程碑，在人才培养模式、课程设置、教育管理等方面都走在时代前列。向警予在周南女校受到开明的女子教育，思想意识方面得到很大提升，尤其是女子教育思想。在教学方法上，向警予形成了自己的独特见解。

1."教育取重自动"

教育方法是实现教育目标的重要途径，是教育者传播教育内容、宣传教育理念的重要载体。教学方法的好坏影响教学成果的质量。向警予在教学中，创新教育理念，采取新式教育方法，创造了良好的教学效果。

在"教育救国"思潮的推动下，西方进步教育理念和教育方法、教育制度逐渐传入中国，推动了中国的教学改革。民国前后，西方设计教学法、道尔顿制、自学辅导法、德可乐利制等教学法先后传入中国，蒙台梭利、夸美纽斯、赫尔巴特、杜威等西方著名教育家的论著先后译入中国，推动了中国教育理念的创新和教育方法的革新。1913年4月，近代中国影响最大的教育专业刊物《教育杂志》刊登了《蒙台梭利女史之最新教育法》，作者对蒙台梭利的"儿童之家"教学实验进行了详细介绍，同时重点介绍了蒙台梭利教育思想的专著《科学的教育法》，对蒙台梭利与裴其泰洛奇、福禄贝尔等人的思想渊源及其个人贡献进行了详细分析。这是目前国内最早可见的关于蒙台梭利教育方法的文本，随后，《教育杂志》先后刊发了多篇关于蒙台梭利教育思想的文章，如《儿童研究》《美少年与教育》《模仿说》等，蒙台梭利教育思想的核心在于以学生为本位，强调发挥儿童追求自由的个性，教师根据儿童的兴趣爱好因势利导。这种教育思想充分符合了民国以来，对人的价值的追求逐渐占据上风的社会思潮，并影响了大量进步知识分子，向警予关于教育方法的思想与蒙台梭利极为相似。

对向警予教育思想影响较大的另一位教育家是蔡元培。蔡元培是我国近代著名的资产阶级革命家和教育家。民国初期，他以教育总长的身份，对封建教育进行了彻底改革，积极推动新式教育的发展。蔡元培认为教育应当以受教者本身的需求为本位，引导儿童按其本性发展，"以遵循天性、养成人格为本义"①，不能按照教育者的思想导向和极端的实用主义倾向教育儿童，不能单靠教科书和教习教育儿童，要在教学中注意观察儿童兴趣，引导受教者顺其天性发展，就像农民种植庄稼一样，"干则灌溉之，弱则支持之，畏寒则置之温室，斋食则资以肥料"②。蔡元培认为儿童教育，应该顺其自然、因势利导，充分发挥儿童天性，引导其自由成长。蔡元培和蒙台梭利教育思想的共同点即是高扬儿童在教育活动中的本体地位，注重儿童天性的发挥，这一教育理念的作用在向警予的教育活动中得到了最大限度的发挥。

向警予在周南女子师范学校学习期间，撰写了一篇《教育取重自动》的作文，详细阐述了她的教育理念。她批评了以教师为主导的传统教育方法，教师只需要讲，学生只需要听；教师在上面说，学生在下面写的灌输式教学法和学生只知盲目地抄写朗读，死记硬背，对于教育内容不甚理解的被动式的教育法。她认为教育的最终目的是培养学生的完全人格，而要持久地达到这一目标就需要充分尊重学生天性的发展，使学生在校内校外养成一致的行为习惯。正如地球绕日一样，"一岁三百六十周，终古未尝或有已时也"③。因而对于学生的教育，应当充分启发学生的自动心，引导学生的本性发展，放松对学生的束缚和管理，减少对学生的强制性教育，力避"驰骤之若牛马，戕贼其天真"④，充分挖掘

① 欧阳哲生编《蔡元培卷》，中国人民大学出版社，2014，第206页。
② 欧阳哲生编《蔡元培卷》，中国人民大学出版社，2014，第233页。
③ 《向警予文集》，人民出版社，2011，第262页。
④ 《向警予文集》，人民出版社，2011，第291页。

儿童内在的生命潜力，充分发挥儿童的主观能动性，充分运用引导、刺激等教育方式使儿童的生命力和个性通过活动得到表现、满足和发展。向警予认为儿童只有通过本性的发展，才能自主应对社会的一切纷杂俗务，而不会人云亦云，毫无主见。"故欲教育之效力永续不断，以达教育之目的，非取重自动，则机停轮止"①。

正是基于这样的教育理念，在具体的教学过程中，向警予十分注重感官刺激和日常学习练习。她在参观城区国民学校时，看到学校教数学的李老师在黑板上画了6个辣椒，并用一条直线将其划分为4和2，用这种直观教学法引导学生学习。向警予深受启发，回到溆浦女校后，她又将其更为直观化，用捡来的一堆小石子教学生加减法。

2. 榜样示范法

榜样示范法是教育者以他人高尚思想、模范行为以及卓越成就等影响受教育者，以期敦促学生向榜样的方向发展的方法。榜样示范法是教育教学活动较为常用的方法之一，向警予在教学中，既坚持以身作则，束身自重；同时发挥榜样的力量，引导学生向积极方向发展。

在教育教学中，她严格要求自己和其他老师，以身作则。她认为教师不仅是知识传播的桥梁，也是品德基因的转接者。教师在教育教学中发挥着主导作用，不仅要学高为师、传道授业，还要德高为范、品行熏陶。因而向警予在教师的选拔与任用上极为谨慎和认真。首先，铲除老冬烘，聘用新式知识分子。马克思恩格斯认为，统治阶级的思想在每个时代都是占统治地位的思想，中国自有文字记录以来就是男权社会，文化的发展既为男权社会服务同时又为统治阶级服务。因而在文化发展上，纵向上，儒学占统治地位，四书五经为科举必考科目；横向上，秉承"女子无才便是德"的宗旨，对女性的教育，以《女孝经》《女诫》等为蓝本对女性进行三从四德的妇德教育。向警予认为正是这种教育模式，阻碍了女性的发展，影响中国社会的进步。因而，她提倡以新知识新文

---

① 《向警予文集》，人民出版社，2011，第263页。

化教育女性，为此，她邀请她在周南女校的同学如陶毅、任培道、熊淑彬、李志新、吴家瑛等一批接受了维新思想、具有强烈爱国抱负的新知识女性作为教师，为溆浦女校带起了一股革新的清风。但是向警予并未对中国的传统文化一概否定，相反她认为"守旧则反乎茹毛饮血，欧西政教同为敝屣；醉新则化为黄发碧眼，故国礼俗咸归土苴"①。无论是沉溺于中国的传统文化还是迷恋于西方的新文化都不是教育者所应有的，而应当秉持中西交流融通，两者执中。以西方的新文化为中国发展引进泉流，同时以中国传统文化固其根本。同时她强调教师不应固守原本的文化知识，而应当坚持学习，"日新之学，学之大经也"②，不断以新的文化提升自己的能力，跟上时代发展的步伐。正所谓逆水行舟，不进则退；一日不学，自己的技能便会倒退。作为一名教师，对于自己所教授的内容要明晰，"日所受业，师传也，必自究焉，义明心安然后已"③，这是教师传道、授业、解惑的根本。

其次，向警予十分注重教师的品德素养。"其身正，不令而行；其身不正，虽令不从"（《论语·子路》），教师不仅是知识传播的桥梁，也是品德基因的转接者。教师的一言一行、一举一动都在无形中影响学生道德素养的形成。向警予在参观城区国民学校的过程中，被学校教师的个人品格深深感动，他们"其俸虽薄而教不减于殷勤，其事虽繁而劳不辞于胼胝"④，他们拿很少的俸禄帮扶学校的发展，他们从微不足道的薪水中节省出一部分用以资助贫寒子弟，他们工作繁忙、课程任务重，但对学生的培养依然倾入全部身心，尤其重视学生道德的养成，"复有所谓学长者，是必品行优良，以劝正其曹"⑤。溆浦县城地处荒僻，民智未开，但还是有很多优秀教师来溆浦任教，她们心怀救国救民之志，以极大的热情克服各种困难，从事启迪民智的教育工作，她们以崇高的个人

---

① 《向警予文集》，人民出版社，2011，第273页。
② 《向警予文集》，人民出版社，2011，第272页。
③ 《向警予文集》，人民出版社，2011，第272页。
④ 《向警予文集》，人民出版社，2011，第267页。
⑤ 《向警予文集》，人民出版社，2011，第268页。

品格为学生树立了伟大的学习榜样。向警予批评了某些自认为是某学科的教师，因而对于个人的品行道德不加注重，"逾闲荡检，细大不矜"①，对学生的成长造成了很坏的影响。她在《致体操音乐专科毕业赠词》中对即将毕业走上教师岗位的学生说："诸君礼乐雅娴，律己不愧于屋漏。其志洁，其守贞，其行止言动循循然莫不中规矩，慇乎蔼如一君子之容也。"② 她希望他们能够像君子一样立志高洁，行动有矩，"范其躬可法可则"③。

最后，向警予坚持以身作则，束身自重。她不仅最早起床摇床铃，而且主持朝会，给同学们宣讲国家大事；不仅主持学校的教学管理和教务工作，而且还经常帮其他教师代课；不仅与学生共做早操，而且还带领学生亲自打扫溆浦街道；不仅号召同学抵制日货，而且率先摔坏自己的洋盆。她和其他老师一起经常进行家访，关心学生成长中的问题，倾听学生、家长的教学意见，不断改进教学方法。"她平日不讲吃、不讲穿，学而不厌，诲人不倦，好学深思，努力锻炼。读书时如此，办学时更是如此，深得父母和长辈称赞，并且影响同事和学生们。"④ 向警予以自己的实际行动影响学生发展，以崇高的人格和高尚的行为带动学生进步，正是在她和其他老师的示范教育下，溆浦女校培养了一批品学兼优的杰出女性。

向警予十分注重学生榜样的作用，她认为在学生中树立其同类型的榜样，更容易激起学生的上进心，吸引学生注意，"当表出其真善之点而称扬之"⑤。对于学生中遵守纪律、发奋读书的，立为楷模；而对于做错事的学生，她从不在公共场合训斥学生，而是采取个别教育的方法，"至其所恶则为浑涵之辞，俾其自省"⑥，敦促其醒悟。向警予认为，对

① 《向警予文集》，人民出版社，2011，第272页。
② 《向警予文集》，人民出版社，2011，第272页。
③ 《向警予文集》，人民出版社，2011，第272页。
④ 刘茂舒主编《向警予：传记·纪念与回忆·论述·资料》，武汉出版社，1995，第89页。
⑤ 《向警予文集》，人民出版社，2011，第279页。
⑥ 《向警予文集》，人民出版社，2011，第279页。

学生的教育，"个别为之，较为亲切恳挚，收效自易"①。当她的侄女在教室里公开取笑同学，致使该同学懊恼离校回家时，她避开学生，对自己的侄女进行了严厉批评。课后，她亲自到该同学家里做解释工作，并让侄女向她道歉。同时，在生活上，向警予对学生十分关心，她为年龄小的女生扎辫子，为学生盖被驱蚊，冬天在教室为学生烧炭取暖。无论在工作中还是在生活上，她都尽职尽责，竭尽全力帮助学生健康成长。

在教学活动中，向警予还采取了直观式教学法、启发引导教学法等，根据学生的智力、兴趣和心理特点，注重因材施教和实际操作，力图发展学生的个性和创造能力。摒弃传统教学方法上的单纯灌输、死记硬背的教学模式，以学生为本位，以服务社会为宗旨，充分发挥学生的主动性和创造性，推动教学内容与教学实践相结合，学校与社会相融合。多种新式教学方法的采用，既有利于学生自身素质的提高，也能够使学生所学服务社会，最大限度地发挥教育服务社会的功效。

（五）注重学生自治

1. 校训：自治心、公共心

校训是一个学校的灵魂，是校园文化和教育理念的综合体现，是学校人文精神的高度凝练。向警予在创办溆浦女校时深受周南女校影响，在校训上也与周南女校极为相似。周南女校以自治心（节制整洁）、公共心（博爱仁恕）和进取心（勤勉耐劳）为校训，溆浦女校以自治心、公共心为校训，但两者含义略有不同，"自治心就是要求每个人自己约束管理自己，端正自己的品德；公共心就是有关国家社会的事只要对公众有利，不论对自己有利无利，都应该去做"②。

溆浦女校的校训一方面体现了对学生个人品德的自我约束和管理，注重个人道德品行的养成，"故教育儿童个人学行，因极端重视公共道

---

① 《向警予文集》，人民出版社，2011，第 2 页。
② 刘茂舒主编《向警予：传记·纪念与回忆·论述·资料》，武汉出版社，1995，第 95 页。

德，尤注意养成"①。学生个体品德的养成，应当靠内力形成，即自己约
束自己，而不是靠外力强制约束自己；另一方面体现了学生个人成长对
于国家社会的责任与贡献。个体作为社会的个体，他的存在是社会关系
的总和，不能脱离社会而独立存在，因之，个体对社会负有相应的责任。
这与向警予以个人之力来拯救国家和人民的意愿是一致的，"然天下事
之无可奈何者，当以吾辈心力解免之。天下事之璀璨光明者，当自吾辈
创造之"②。

2. 学生自治

1902～1906 年，梁启超用"中国之新民"的笔名在《新民丛报》上
发表了一系列政论文章，合称《新民说》。《新民说》提出了一种新的人
格理想和社会价值观，旨在唤起人民的自觉。新国民的教育与塑造逐渐
形成公民教育思潮，"所谓公民教育者非他，乃确认个人为组织国家之
分子，而籍教授训练之力，以完成其堪任公民之资格而已。换言之，即
在唤起国家观念，以矫正其冷淡国家之弊，使之对于国家有献身奉公之
精神，对于一己有自营自主之能力，此公民教育之义务也"③。随着公民
教育的发展、国民自身主体意识的觉醒，学生要求权利、学校被要求放
权的呼声日益强烈，学生自治日渐成为教学改革的重点。

国内学术界对学生自治进行了热烈讨论，陶行知发表了《学生自治
问题之研究》，杨贤江发表了《学生自治何以必要》《学生自治失败的负
责者》《权威打破了以后——学生现形记》等论文，蒋梦麟发表了《学
生自治——在北京高等师范演说》等论文，文章运用西方进步教育理
论，结合中国实际，不仅提出了学生自治的必要性，同时对学生如何自
治、自治中可能出现的问题等进行了系统研究和论述。1919 年，杜威来
华进一步推动了学生自治理论的热潮，对于学生自治，杜威认为，"或
以为此种方法，与学生之学业毫无关系，实则如是方足为真教育。盖有

①　《向警予文集》，人民出版社，2011，第 294 页。
②　《向警予文集》，人民出版社，2011，第 269 页。
③　朱元善：《今后之教育方针》，《教育杂志》1916 年第 4 期。

三理由在。第一，能使学生联合而组织一坚固团体；第二，能使脑与手相联络，换言之，即能使理想与实行一致；第三，能使吾人习知将来在社会上应如何进行"①。

学生自治理论在五四运动的推动下，从理论探讨变为广泛的现实运动。随着大学开放女禁、中学男女共学的历史进程推进，女性尤其是女学生的觉悟日渐提升。她们不再禁锢于传统的三纲五常、三从四德的封建伦理纲常，她们追求自由、平等、民主的社会生活和独立发展的个人进步。女学生个人意识的飞速提升与学校整体转型缓慢之间的矛盾日渐突出，最终引发激烈的学潮运动，如直隶第二女师学潮、北京女子师范大学学生驱逐校长杨荫榆的运动等。

向警予指出女学学潮的爆发不是无缘无故的，而是随着社会的进步，女生要求男女教育平等而不得的结果。学生们希望她们能够拥有研究、阅读、言论、集会等一系列学术研究自由和政治活动自由，"然而一般女校偏与伊们的要求背道而驰"②。部分高校要么保存数千年姜妇之道的所谓"国粹"，以培养贤妻良母为宗旨，进行封建女德理论灌输，束缚女性发展；要么就是培养"美国式的商品供给帝国主义和军阀的需要"③，它们无一例外地进行侮辱女子人格的教育，奴隶式教育，制造出一批一批的"官僚军阀议员博士……的高等玲珑的玩物"④，而与社会发展、个人进步毫无益处。正是女生个人发展与学校的禁锢方面的冲突引发了女学学潮。向警予号召女生团结起来，摒弃个人的单打独斗，争取大多数同学的援助，积极从事教育革新运动，抵制黑暗腐朽的女子教育。学生自觉斗争的压力是敦促学校改革的第一要素，同时也是推动学生参与教育改革的重要支撑。"较好的校长和教员，因着学生的逼迫和监督，对于学校自亦不敢稍存敷衍之心，如此学校乃能日新月异"⑤。

① 袁刚：《民治主义与现代社会：杜威在华讲演集》，北京大学出版社，2004，第130～131页。
② 《向警予文集》，人民出版社，2011，第187页。
③ 《向警予文集》，人民出版社，2011，第210页。
④ 《向警予文集》，人民出版社，2011，第212页。
⑤ 《向警予文集》，人民出版社，2011，第213页。

传统教育理念否认学生有自治的能力，因此学校制定了各种条条框框限制、约束学生的行为规范。但向警予认为学生有自治的能力，她们可以自我管理社团活动和学习活动，她指出，"教育重自治"①。因此，向警予支持湖北省立女子师范学校女生发起的抵制校长周敏禁止学生参加孙中山先生追悼会的学潮；支持学生们在学潮中提出的要求校务、经济公开，学生会代表参加校务会议和学校预算决定和决算审查的要求。她认为"近代教育的主要目的……要培养学生自治自由的精神。学生要求管理自己的事情，管理学校等情，这是进步教育家所当欢迎的"②。学生在参与教育管理过程中，无论对或是不对，都是教育家教育训练的第一手资料，对于教育改革和学生发展都具有重要意义，这既可以培养学生自我管理的能力，也可以督促学校改革和教师进步。她鼓励学生组织起来建成学生自治会，在改进学校课程、吸收近代知识、训练活动能力以及领导全国妇女运动方面积极研讨，通过学生自觉的压力督促学校不断改革。

那么校长与教员在学生斗争压力下应该如何转向呢？向警予认为他们首先应该赞成女子教育并且具备新思想新知识，"要能一面反对东方国粹妾妇之道的教育，一面反对西方拜金主义的教育，而彻底了解二十世纪的新潮流"③。其次，应当允许学生自己管理自己的事情，推动学生融入教学教务管理，积极促成学生个人发展。如学生代表可以参加校务和教务会议，可以参加学校的预算及决算管理，在教师的任免权上有话语权，给予学生出版结社等政治自由和扩充图书馆体育器械等个人自由发展的条件。

因学生要求自治而爆发的一次又一次的学潮，实质上是学校的专制教育与学生个体解放思想的冲突，是传统专制与现代民主诉求的激烈对抗。学生从"被治"到"自治"，既体现了学生自我意识、民主意识的

---

① 《向警予文集》，人民出版社，2011，第268页。
② 《向警予文集》，人民出版社，2011，第228页。
③ 《向警予文集》，人民出版社，2011，第212页。

觉醒,同时也反映了传统教育思想的终结。

3. 成绩考核

成绩考核是教育效果评价的主要依据。在对学生成绩的考核上,向警予废除了已经应试考试制度,代之以平时成绩的考核,可谓开历史先河。

向警予认为已经的以一次考试定终身的考核法,容易养成学生的奴隶性,对于追求真学问真知识没有任何益处,学生只是为考试而学习,对于知识的探究缺乏探索的动力。因而,她与学校的教师经过几次商议后,决定采取学生的平日成绩,"各学期所有学业操行成绩表,概自平日审阅而来,较之取中一时者,又自有径庭分矣"①。

(六)倡导移风易俗

从1916年6月创办女校,到1919年8月离开溆浦去长沙,向警予主持溆浦女校3年,不仅培养了大量进步青年,而且通过办校为闭塞落后的溆浦带来一股新风。在移风易俗方面,向警予可谓女中豪杰,做了许多人想做而没有做成的事,诸如以下几方面。

劝放足。缠足之风,由来已久。缠足,作为一种裹脚习俗与妇德密切联系起来。即缠足,不仅作为一种审美倾向,三寸金莲为美,天足为丑,更作为衡量女性是否遵守妇德的一种形式表现,天足不仅丑而且耻,女子缠足与遵从三从四德同等重要。天足,不仅意味着丑,而且无法得到社会认同,对于长期依赖男子过活的女性而言,难以出嫁就无法生存。因此,在各种因素的影响下,女性既是缠足的受害者,也是缠足的实施者,使缠足陋俗延续下来。晚清以来,西风东渐,在知识分子看来,放足是妇女解放、社会进步的重要标识,这一认识逐渐被官方认可。从康有为与开明士绅共创"不缠足会"到晚清新政正式发出劝诫缠足的上谕,再到民国时期,从中央到地方,三令五申禁止妇女缠足,地方政府

---

① 《向警予文集》,人民出版社,2011,第292页。

甚至出现强令男子剪发、女子放足的现象。但积千年之久的移风陋俗和道德、审美观念的改变并非一纸禁令就可以改变的，尤其是在穷乡僻壤的乡村。三寸金莲，不仅是男性的审美标准，而且通过千年文化的积累，使得女性自身也认同。因此，禁缠足，不仅遭到父权社会中男性的抵制，也没有得到女性的支持。

1916～1919年，禁缠足运动已经搞得轰轰烈烈了，但在闭塞的溆浦，时人仍以小脚为美，大多数女性仍然饱尝缠足之痛。向警予反对缠足穿耳，她曾对学生说："如果一个个都把脚裹小了，今后怎么为国家做事。"[①] 向警予在挨家挨户劝学的同时，积极从事劝放足运动。她不仅耐心地向学生宣传放足的道理，亲自为学生解开裹脚布，而且还跟其他老师一起送学生回家，做她们父母的思想工作。

讲卫生。近代中国的衰落，从根本上来讲，是社会制度的落后；从形式上看，却表现在方方面面，例如民众的公共卫生意识。汉口医师麦考尔（P. L. Mcall）曾这样写道："没有必要特别提醒人们，中国卫生问题有多么紧迫。大多数人都可以常常看到这样的景象——一个乡村池塘，在它的一边就是厕所，各种各样的废物被投掷到水中；水上漂浮着死狗，稍远处有台阶，附近人家有人下来打水，为日常家用。就在旁边，有人在塘里洗衣或洗菜。"[②] 弱化的公共卫生意识必然带来极差的公共环境，进而导致疾病丛生。迷信鬼神的中国人，遇到无法治愈的疾病往往求神拜佛，对科学的认识少之又少。西风东渐带给中国的影响是广泛的，近代意义上的公共卫生意识逐渐传入中国，西医在医治大规模传染性疾病上的成就进一步推动了卫生观念的传播，但这仅局限于大城市。向警予在周南女校读书时，就已经认识到公共卫生的重要性。公共卫生注意不当，导致疾病发生，在周南女校及其他一些学校多有发生。"查近日患咳嗽病者甚多，是必于公共卫生或有阙，当事预防。"[③] "稻校发生一种

---

① 转引自戴绪恭《向警予传》，人民出版社，1981，第23页。
② 转引自何小莲《传教士与中国近代公共卫生》，《大连大学学报》2006年第5期。
③ 《向警予文集》，人民出版社，2011，第277页。

瘰螺疫症，连死二人……吾校为公共卫生起见……嘱慎厥寒暑，饮食注意清洁……"[1]

在溆浦女校，向警予极其重视校园卫生建设。一方面，公共卫生关乎个人及各家庭的身体健康；另一方面，公共卫生的养成与国势息息相关。公共卫生的养成，不仅与个人健康密切关联，它也彰显了一个民族的公共品格。但"吾国近来，国势日弱。堂堂中华，常受人欺；昂昂七尺，将为奴隶；安乐茶饭，恐难久吃；稍明时事，谁不忧惕！然推其原因，虽曰军力不敌，实由人心陷溺！盖吾国人，只知一己之权利；对于国家，或贩众以成私，或熟视而无睹。"[2] 因此，她要求每个班每天都要打扫班级卫生和学校卫生，每逢周六下午，同学们还要做校内校外卫生，班级之间相互竞赛，以此培养学生讲卫生的好习惯，塑造干净整洁的公共卫生。不仅如此，为培养学生的公共心，涤荡溆浦落后的公共意识，向警予组织学生清街团，"利用假期之余暇，率幼年儿童以半日光阴，从事清街"[3]。向警予和学生们一起，拿着扫帚共同清扫市井沿途、沿江两侧的污秽垃圾，"黄童弱女，勉效其力，吁气如雷，汗流如雨"[4]，用了半日的工夫，终于将溆浦县城打扫干净。

向警予在溆浦办学三年，号召大家不留长发、不穿华丽的衣服、不做烦琐打扮、注重个人卫生、带领大家登台演戏等，为溆浦县城的移风易俗做了大量工作，将落后的湘西县城变成了妇女解放和思想革新的前沿阵地。

三　向警予教育救国思想的鲜明特征

任何独特的教育思想，都会展现出鲜明的教育特征。向警予的教育

---

[1] 《向警予文集》，人民出版社，2011，第284页。
[2] 《向警予文集》，人民出版社，2011，第294页。
[3] 《向警予文集》，人民出版社，2011，第294页。
[4] 《向警予文集》，人民出版社，2011，第294页。

救国思想在教育目标、教育内容、教育方法以及教育管理上呈现出不与落后传统为伍的、极具现代气息的优良特质。

（一）突出社会价值的多元化教育目标

教育事业的发展受制于宏观的社会需求和受教育者自身的价值诉求，教育目标既要反映教育管理者的教育理念，还要符合学生发展的利益需求。中国两千年的封建教育以"忠君""尊孔"为目标，以儒家文化为根基教化顺民，从维护封建统治者的利益出发，在文化心理上构建了一整套教化系统，旨在培养顺从、奴役的国民性。教育的发展，从根本上来讲，受制于统治阶级的意志。近代以来，随着民族危机加深，社会动荡不安，封建统治阶级与资产阶级在社会变革中不断较量，教育目标也随之动态调整。从"以忠孝为本，以中国经史之学为基"[1] 到"忠君""尊孔""尚公""尚实"，从"注重道德教育，以实利教育、军国民教育辅之，更以美感教育完成其道德"[2] 到"中华民国之教育，根据三民主义，以充实人民生活，扶植社会生存，发展国民生计，延续民族生命为目的，勿期民族独立，民权普遍，民生发展，以促进世界大同"[3]。教育目标的设置，显示其从封建统治的附庸，逐渐演变为服务社会，完善自身。

向警予对教育目标的设定即体现了这种趋势，充分发挥教育的社会功能，教育学生练就服务社会的本领，同时实现学生个体的自我发展。在向警予对教育目标的论述中，尤为引人注目的是对学生自我发展理念的重视。向警予以学生自身的解放和发展为立足点，围绕民族解放，推动教育融入社会变革，借此构建学校教育的理论和实践框架，在多元化的价值目标中突出社会价值，构成其教育思想的首要特征。微观上，从

---

[1] 谌旭彬：《中国：1864–1911》，浙江人民出版社，2012，第288页。

[2] 《（民国）辛亥革命时期教育改革思潮与教育论著选读》第14卷，中国环境科学出版社，2006，第194页。

[3] 韩永进、王建朗等编《民国文献类编》（教育卷），国家图书馆出版社，2015，第79页。

学生自身发展诉求出发，着力培养学生的独立人格，提升学生的整体素质，推动学生的综合发展；宏观上，从社会发展的需求出发，注重将教育融入民族解放的实践中，借力政治变革实现学生自我解放。

向警予以马克思主义关于人的全面发展学说为指导，结合中国社会实际，在教育的培养目标上，既注重个人素质的综合提升，又引导受教育者积极投身于民族解放运动。将"个人本位"与"社会本位"相融合，将国家救亡的责任感渗透于个人发展。摒弃传统教育隔离社会的旧观念，对受教育者施以全方位、多角度的教育，把学生培养成为完整的"人"和有改造社会志向的人相结合，从自我解放出发，寻求个体解放与民族解放、个体人格的养成与全面发展、自我发展与社会发展的契合。

（二）强调国家意识的全方位教学内容

以国家意识为核心，涵盖社会科学、自然科学等多学科的全方位教育，是向警予教育救国思想的一大特征。

教育是超历史的，更是历史的。超历史的一面，在于教育必须以培养学生的文化知识素养为先，使其具有合理的知识结构，这是教育之为知识教育的必然属性。历史的一面，在于教育必须紧扣时代的脉搏，急时代之所急，教时代之所求，这是教育之为社会教育的必然要求。

就具体内容而言，传统女性教育以家庭教育为主，强调妇德、妇言、妇容、妇功，女性不仅没有参与国家政治的权利，连阅读政治方面的书籍也不被允准。封闭狭隘的传统女性教育与急剧变革的社会严重脱节，不仅不利于女性自身的发展，也阻碍了社会进步。向警予对此进行了积极改革：①从长沙聘请进步知识青年任培道、吴家瑛等来校授课，传播新思想；②积极引导学生阅读进步的新书报刊，以新思想启迪女性，以社会发展教育女性；③教育学生不仅阅读社会科学书籍，而且加强自然科学素养，全面提升学生的综合素质；④学习科学文化知识与提升身体素质相结合，加强体育锻炼，开展体育活动；⑤传播新思想与移风易俗相结合，劝导女生放足、不佩戴首饰等；⑥教育与劳动相结合，带领学生利用周末时间清扫街道，实现言传与身教的统一。

向警予紧抓知识教育的同时，在内容上强调国家意识，培养学生服务于民族解放的意识，树立受教育者对国家、民族的责任感，实现个人发展与社会需求的有机契合。从 1840 年鸦片战争起，进步知识分子对国民性的批判从未停止，既产生了像鲁迅一样弃医从文、力图唤醒国民意识的大文豪，也催生了蔡元培、胡适等一批力图教育救国的资产阶级改良派。向警予在教学中，以《新青年》等进步期刊为教材辅本，注重爱国主义教育，培养学生的家国观念和危机意识；在对工人进行理论教育时，结合工人切身利益诉求，宣传国家形势和民族危亡的紧迫感。在教育教学活动中，向警予将国家意识教育渗透进生活的方方面面，并将此作为第一位的教育内容。这既源自她内心深处炽热的爱国情感，同时来自革命家的历史使命感。

（三）重视个性的科学化教育方法

教育目标、教育内容和教育方法必须相互适应。教育目标和教育内容的变革，要求教育方法必须同时变革。教育方法的变革是教育改革的重要环节，关系教育效果的好坏。

向警予改变了以教师为主的单一主体的传统教学方法，立足受教育者自身的，从女性需要的特殊内容，女性成长的特殊规律出发，积极探索适合女性成长的教育方法。无论是"教育取重自动"还是榜样示范，均反映了向警予"尊重个性"[1]、重视学生主体性的科学化教育法。向警予认为学生只有通过本性发展，才能自主应对社会的一切纷杂俗务，不会人云亦云，毫无主见。"故欲教育之效力永续不断，以达教育之目的，非取重自动，则机停轮止。"[2] 在溆浦创办女校时期，她摒弃传统的"满堂灌"与"填鸭式"教法，她认为这种单一、死板和落后的教育方法不利于学生的身心发展。在教学中，她坚持以学生为主体，以教师为主导，

---

[1]　《向警予文集》，人民出版社，2011，第 291 页。

[2]　《向警予文集》，人民出版社，2011，第 263 页。

以课堂为主阵地，以加强理论教学和实践环节为重点，充分调动学生的主动性、积极性和参与性，积极探索适合学生理解和吸收的教学方法，不断创新教学方式和教育路径，形成了独具特色的科学化教育方法。一方面，她根据学生身心发展的阶段特点，充分运用感官式、引导式教育法；另一方面，她以戏剧、宣讲等形式，培养学生的爱国主义意识。同时，溆浦女校为了照顾贫苦人家的子女以及学生以后的生存问题，还开办了裁缝、刺绣等女工课程，上午读书，下午做工，实行半工半读，勤工俭学，用以资助家境贫寒的女子上学读书。

（四）严谨与民主并重的教育管理

教育不仅存在教与学这对矛盾，还存在管理与被管理这对矛盾。向警予十分重视教育的管理艺术，一方面重视对教师的考核和对学生知识的考察，另一方面注重学生在教育管理中的参与度，体现了她既严谨求实又民主开放的教育管理理念。

严谨求实与民主开放是教育管理密不可分的两面。一方面，严格的教育考核制度可以督促教师成长、规范学生发展，确保学校沿着正轨不断发展，提升教学质量；另一方面，民主科学的管理可以吸纳新思想新理念，充分调动学生、教师的积极性和参与性，督促学校不断改革完善。向警予批评了传统学校主导式、"家长式"教育管理模式，校长和教师把学生当囚徒一般高压看管，严格限制女生在阅读、研究、言论、集会、通信、交际、婚姻乃至服饰等方面的自由，力图沿袭传统女性教育模式，将女生培养成柔顺服从的"奴隶"。同时，在"贤母良妻"的教育目标下，装满三皇五帝、天尊地卑的老冬烘成了学校教员乃至校长，充斥着三从四德的教材堂而皇之地摆在学生面前，这样的教员、这样的教材只能培养出高级的附属品或鸟啭虫鸣的诗婆，与社会发展格格不入。她主张转变管理理念，推动学生由被管理到主动管理，从顺从、听话转变为有主张有见解；推动学生从"两耳不闻窗外事，一心只读圣贤书"转变为"风声雨声读书声，声声入耳；家事国事天下事，事事关心"。向警予摒弃传统的行政式、古板苛刻的教育管理制度，代之以民主管理，旨在唤醒学生的主体意识和主人翁精神，积极推动学生融入学校管理和自身管理体系中，培养学生的自我意识和民主观念，推动实现学生自治与学校管理相融合。

因而，向警予力倡以新思想为标准选拔教师，以文化知识严格考核学生，以民主方式治理学校。对教师严格选拔，对学生严格考察，对教材严格把关；同时建立学校、学生共同参与的教育管理模式。

四　向警予教育救国思想的意义和局限

受蔡和森的影响，向警予在去法国的路上，从激进的民主主义者转变为马克思主义者，逐渐放弃了教育救国思想。到法国后，她对自己的教育救国思想进行了反思，在给彭璜、毛泽东的信中说："自出淑来，觉从前种种，皆是错误，皆是罪恶，此后驾飞艇以追之，犹恐不及。"①对向警予教育救国思想的评析，要注意当时历史条件和社会环境的制约，教育救国的思想及其实践，一方面提升了女子觉悟，推动了妇女解放，为社会风俗的转变吹进了一股新风；另一方面，教育受到政治、经济和文化发展的制约，通过单一的教育手段是无法达到救国的目的。

（一）历史意义

1. 传播新思想，转变旧风俗

向警予从周南女校毕业后，回到家乡淑浦创办了新型的男女兼收的女校，从长沙聘请具有先进革命思想的蒋竹如、易焕秋、杨德群等老师进行教学，向学生灌输新思想，传播新文化，倡导男女平等，反对女子裹脚、穿耳洞等旧习俗，为淑浦教育的提升和人民的觉醒做出了巨大贡献。

---

① 《向警予文集》，人民出版社，2011，第23页。

　　向警予反对女子裹足，她认为这严重地戕害了妇女的身心健康。到溆浦以后，她一方面动员家长送女子入学读书，另一方面积极宣传反封建思想，劝阻家长给女子裹脚。"至今还可看到溆浦的老年妇女有文化、天然足的很多。"①

　　向警予在长沙读书的几年，接受了新思想新文化的熏陶，回到溆浦后，她积极宣传革命维新思想，促进人民觉醒。"她每次去长沙，不仅买仪器等教学用具，还带来许多新消息。"② 当她离开溆浦到法国后，依然关心溆浦女校的发展。她曾写信给陶毅，希望她能"设法灌输新思潮（此事全靠毅姐，以介绍新书及通讯为最妙）"③。新思潮的传入，给偏僻的溆浦县城以猛烈的冲击，激发了一批有志青年去追求革命真理。

　　2. 培养了大量革命人才

　　在溆浦女校的教学中，向警予不仅重视学生知识文化水平的提升，还注重学生爱国思想的培养和救国救民意识的培育。她在朝会上宣讲爱国形势，带领学生上街游行示威，出演戏剧，讽刺袁世凯复辟帝制，唤起人们的爱国热忱。她教育引导一批批热血青年走上革命道路。张玉英，溆浦女校工友的女儿，在向警予的培养下，她先后担任过湖南省第一届工代会的妇女委员会主席，湖南省妇女部主任，"马日事变"中为革命牺牲；舒劲秋，溆浦女校的学生，曾任溆浦县党部的妇女、青年部部长，向警予还曾带领她和其他几位同学去见毛泽东。党内早期著名的女性革命家蔡畅、杨之华、王一知等都深受向警予影响，积极投身妇女解放运动和民族解放运动。

　　向警予 1924 年、1925 年先后两次去长沙，向旅省溆浦学友会的 200 多名家乡学生演讲"为什么读书""如何改造社会"，宣传马克思主义和俄国十月革命、怎么改造中国社会。刘绩成、向五九、邓乾元、周鲁、

---

①　刘茂舒主编《向警予：传记·纪念与回忆·论述·资料》，武汉出版社，1995，第97页。
②　刘茂舒主编《向警予：传记·纪念与回忆·论述·资料》，武汉出版社，1995，第96页。
③　《向警予文集》，人民出版社，2011，第27页。

翟根甲等 30 多名溆浦籍学生和工人先后在长沙参加党团组织，积极从事革命工作。向五九于 1925 年夏回溆浦，秘密地成立了我县第一个党小组，1926 年 9 月成立了第一个党支部，1927 年 1 月成立了中国共产党溆浦县委，刘绩成任县委书记①。

（二）现实意义

向警予的教育救国思想实质上有两方面：一方面引导学生面向现实，关注国家大事，以教育服务于社会变革；另一方面，注重学生个体的成长和发展。在实现中华民族伟大复兴的历程中，向警予的教育救国思想仍具有可资借鉴的意义。

实现"两个一百年"的奋斗目标，既是中华民族伟大复兴，需要人人参与其中并为之奋斗的过程，也是公民实现自我发展和自我完善的历程，是不断趋于自由而全面发展的过程。从社会需求和个体发展的角度来讲，教育既要满足社会诉求，加强对学生的国情教育和价值观引领，又要为学生的全面发展而服务。

1. 加强国情教育和价值观引领

加强国情教育和价值观引领，一方面有助于帮助学生自觉抵制历史虚无主义，树立正确的历史观；另一方面，可以实现思想对现实的推动作用，助力社会主义现代化。

改革开放后，我国的社会主义市场经济获得突飞猛进的发展，尤其是近年来，中国经济的发展逐渐超过欧洲等资本主义国家，引起了部分发达国家的敌视。中国崛起引发中国恐慌论，西方某些国家经常散布中国"威胁"论，使因意识形态而产生的国家敌视日益加剧。国际敌对势力把对中国青年的"政治渗透"作为颠覆中国的重要手段。虽然从人类社会发展的历史规律来看，社会主义具有资本主义所不可比拟的历史优

---

① 贺弘卫：《警予精神与溆浦之革命》，《湖湘》2015 年第 10 期。

越性，但从社会发展阶段看，中国特色的社会主义建设仍然处于初级阶段，不平衡不充分的发展无法满足人民对美好生活的需要，社会主义的优越性尚无法充分、完整地体现出来。他们放大中国特色社会主义发展中的不足，肆意诋毁我国的政治、经济制度，误导青年正确价值观的形成，对我国社会稳定和经济发展产生了极大危害。

另外，部分西方敌对势力对青年进行"文化渗透"，融西方价值观于文化产品中，如电影、歌曲等，对青年学子进行潜移默化地误导。某些组织甚至打着学术交流的旗帜，误导学生研究社会负面案例，引导学生偏离正确研究的轨道。更有组织以帮助青年求学为旗号，资助青年进行科学研究，盗窃研究成果，而这些研究成果涉及中国国家安全，给国家带来巨大危害。

从中国所处的国际条件和国内各种社会思潮的情况看，对青年进行价值观教育不仅是必需的而且是十分紧迫的。教育青年正确认识中国社会发展的不足，教育青年自觉抵制西方敌对势力的渗透，树立坚定的社会主义理想信念是当下中国青年教育的重中之重，其中最重要的就是加强社会主义核心价值观教育。

社会主义核心价值观体现了社会主义价值规范的普遍性要求，是对每一位公民的基本要求。培育和弘扬社会主义核心价值观是推动公民在实现中国梦的过程中实现个人梦的必然要求。每一个公民树立起与社会发展相一致的价值观，不仅有助于社会进步还可以推动个体在现代化建设中建新功。在家庭和工作等各个层面、各个领域中培育和弘扬社会主义核心价值观，在潜移默化中引导受教育者树立正确的价值追求，使社会主义核心价值观在点滴生活中内化为个体的自觉追求，外化为自觉行动。同时在培育和弘扬社会主义核心价值观的过程中，要注意其通俗化、大众化，丰富宣传内容，创新宣传手段，扩展宣传途径，将个人利益与普遍利益相结合，将个人诉求与社会发展需求相结合，增强广大公民的价值认同，强化社会主义核心价值观的影响。

2. 注重培养学生以知识为根基的全面发展

新文化运动带来的是价值理念的革新。向警予作为觉醒起来的精英女性，在教育中积极主动地推动女性作为主体的发展。而推动人的全面发展不仅是个体自我发展的利益诉求，也是我们社会主义各项事业追求的最终目标，是公民适应知识经济时代的素质要求。

求学问、探真理、得本领是青年教育的应有之义，是不分时代、不论地域的青年应有的精神状态。梦想是事业发展的航标，真才实学是成就事业的基石。青年一代不仅要仰望星空，更要脚踏实地，掌握干成事的真本领。马克思主义是包容一切科学的理论宝库，为具体科学提供世界观和方法论的指导。同时，马克思主义以各门具体科学为基础，并随着具体科学的发展而发展。因此，青年要认真学习马克思主义理论，树立科学的世界观和方法论，形成科学的思维方式，进而提高自己的专业本领。

探求真理、求得学问，掌握本领既是青年成长的历史使命，也是青年实现梦想的支柱。青年一代，有理想有活力有想法，他们不拘泥于传统，不囿于框架，善于打破常规，不走寻常路。青年人的特点，决定了他们是社会发展的活跃细胞，是国家发展的新生力量，是崇尚科学、探求真理的主力军，是新发现新发明的创造者。但同时，青年是不稳定的，是跳跃的。因此，在教育引导青年发展的过程中，要鼓励、督促青年不断学习。只有通过学习，青年才能不断提升个人能力和充实头脑，才能在日趋激烈的市场竞争和社会发展中实现人生价值；只有掌握扎实的专业知识和技能，才能服务于伟大事业。掌握扎实的专业技能，一方面要求青年学生认真学习书本知识，筑牢理论基础；另一方面要求青年学生深入实践，在具体的操作运用中深化对理论知识的理解，用实践检验知识，通过实践增长实干本领。

"非学无以广才，非志无以成学"，青年的成长，离不开学问的支撑。但同时，对于青年来讲，仅仅有知识的储备，显然是不够的。马克思认为"未来教育对所有已满一定年龄的儿童来说，就是生产劳动同智育和体育相结合，它不仅是提高社会生产的一种方法，而且是造就全面发展的人的唯一方法。"① 个人的全面发展，从内容上来讲，是德智体美劳等综合素质的培养，是人文素养和科学素养的共同培育，是知识素质、身体素质、心理素质和创新能力、实践能力等的综合发展；从价值指向上来讲，是个人本位与社会本位的辩证统一；从方法上来讲，是以个体为主体，尊重个体成长规律和发育特点及个体需求，充分运用各种科学教育法，构建多维立体的、面向未来的教育理论。全面发展不仅是个人充分发挥个人潜能、综合发展自身、实现自我价值的现实诉求，也是公民适应社会发展需求的必然转型。未来社会需要全面发展的人才，公民实现个体价值也需要全面发展。全面发展不是单向度的知识能力的提升，而是多元立体的、内外兼修的、集知识、能力、身体等于一体的综合发展。

（三）历史局限性

从出发点来讲，向警予投身教育事业、关心人才培养的最终目的是为了挽救国家和人民。从事实上来说，教育的确在启迪人民心智、消除愚昧、获致知识、妇女觉醒、振奋民族精神等方面发挥了巨大作用。然而从目的最终的实现效果来讲，教育似乎并未达到向警予所设想的结果。国家依旧战乱不已，人民依旧愚昧无知，残酷的现实迫使向警予对教育救国的思想进行反思并寻找新的救国出路。

教育作为一种文化传承与发展的手段，它的实际功效的发挥需要多种条件。

首先，教育受制于经济。这种认识早在向警予读书时就已经存在了。1915 年，向警予在去城区国民学校参观时，发现桌椅之间的间隔过大，而且不能移动，学生们只能弓背学习。学校看似气势恢宏，然而教学设备不足；师生荟萃，却羸茶尪悴。造成这种现象的根本原因就是"困于

---

① 《马克思恩格斯选集》第 2 卷，人民出版社，1995，第 212 页。

经济"①。当她回家乡创办溆浦女校时，就真切地体会到了教育受制于经济的困难。溆浦女校，虽有教室，崩圮散坏；虽有教具，补苴罅漏；虽有经费，不过尔尔。为了筹措经费，她多次向县知事写信请求给予经费支持；为了扩建校园，她请求父亲将自家的橘园捐献出来。即便如此，学校依然是"虽有巧妇，无米奚炊？临时捐助，均不可恃；常款无着，终非久计"②。学校办学，经费欠缺；学生求学，经济困顿。溆浦地处偏僻，人们的经济水平不高，很多家庭连温饱都难以解决，送孩子入学就更为奢侈了。当向警予在法国勤工俭学时，也因经费无着，很多学生深陷"绝粮、绝学"③的困境，最后被法国政府遣返回国。其次，教育受制于政治发展。"教育是政治的副产物，教育无时无地不受政治的影响和支配。"④ 20世纪初期，军阀混战，革命、复辟粉墨登场，共和专制轮流转换，各军阀忙于招兵买马、抢夺地盘、走私鸦片、压榨百姓。湖南省省长赵恒惕禁止男女共学，江苏省省长韩国钧禁止女生剪发、限制女生服装，当权政治不断压榨教育经费，遏制教育发展步伐。教育，只是开明士绅、精英知识分子关注的焦点，向警予在向知事上书请求经费时，也意识到"惟当兹戎马仓皇，干戈方兴，以全副精神，注于军政，犹虞弗及，安有余力以及教育耶？"⑤ 没有安定的政治环境，谈何教育的发展？

　　"教育救国"作为近代社会一种主要的社会思潮，得到了很多知识分子的共鸣，蔡元培、胡适、陶行知等都是"教育救国"论的支持者。他们希望通过一点一滴的改良，逐步实现社会进步、国家独立。然而教育作为一种十年树木、百年树人的社会改良途径，它的实际效果的呈现需要漫长的时间，它的功效不是立竿见影的，而是水滴石穿。但国外帝国主义对中国步步紧逼，犹如群狼环伺，亡国灭种的危机让中国来不及

① 《向警予文集》，人民出版社，2011，第269页。
② 《向警予文集》，人民出版社，2011，第298页。
③ 《向警予文集》，人民出版社，2011，第35页。
④ 《向警予文集》，人民出版社，2011，第186页。
⑤ 《向警予文集》，人民出版社，2011，第298页。

等待教育功效的发挥。唯有革命，只能革命，才能挽救国势垂危的中国。只有人民团结起来进行革命，才能推翻腐朽的军阀统治，抗击帝国主义侵略，实现国家独立和民族解放。事实也证明，革命的手段是挽救中国的唯一手段，在救亡压倒一切的 20 世纪初，教育救国是无法达到革命的效果的。从这一点来讲，教育救国是失败了。

当革命取得成功后，革命就已经不是必须了。革命的目的是建设，因而在当今政治稳定、经济繁荣的情况下，就必须重视教育。教育，是现代化国家发展进步的根本路径。对于教育与革命的认识，不能离开具体的历史时空和社会环境。"对于社会制度的根本变革来说，革命诚然是一种促其实现的重要手段，因为代表旧制度的反动统治阶级绝不会轻易退出政治舞台，那些否定革命作用以致完全否定革命必要性的论调，都是极端错误的。然而革命毕竟不是最后目的，也不是社会发展的根本动因，它更不能涵盖历史的全部内容。只有社会生产力的发展，才是社会发展的根本动因，也是革命为之奋斗的终极目的。因此，对于那些真诚地谋求国家富强，亦即切实谋求社会生产力发展的'实业救国'、'教育救国'论者，切不可给予简单的贬抑以致否定，应该结合当时的历史实际给予科学的分析与评价。"①

---

① 《章开沅文集》第 5 卷，华中师范大学出版社，2015，第 388 页。

第四章　向警予妇女解放思想

中国妇女解放运动的兴起既不是女性主体意识觉醒的自觉斗争，也不是为了消除两性之间的压迫，而是一场由男性知识精英主导的，旨在通过女性的成长，共同挽救国家命运的革命运动。一方面，在民族危机空前严重的情况下，革命斗争需要动员女性参加；另一方面，在国际国内的双重压力下，女性捍卫个体利益的斗争无可避免地卷入民族解放运动，广大女性希望搭载民族解放运动的快车实现自身解放。两者在实际的革命斗争中互动频繁，既相互促进又相互矛盾。向警予作为那个时代的先驱女性，她个人的成长以及著述，既反映了在民族解放运动中女性的觉醒，同时也隐现了女性在民族解放运动中主体解放的不彻底。这种矛盾性具有鲜明的时代特色和中国特色，它是特定时代、特定国别、特定环境的特殊产物，因而我们既不能以西方妇女解放运动的过程与成果来衡量中国的妇女解放运动，也不能站在现代化的今天来衡量过去。客观来讲，中国的妇女解放运动用了一百年的时间实现了西方几百年妇女解放运动的成果，它的成绩是巨大的。

一　向警予妇女解放思想的形成

中国的妇女解放运动是一条历史长线，任何一个节点的思想成果都是承袭历史、受制于当时，向警予的妇女解放思想是中西文化碰撞的一个反映，是西学东渐的一个历史产物。因而对向警予妇女解放思想的认识离不开对其"前史"的认知。

（一）近代中国的妇女觉醒

1. 晚清时期妇女解放运动的酝酿与初兴

两千年的封建专制时代，是妇女奴役于家庭、奴役于父权的时代，在社会分工上：男主外女主内；在社会等级上：男尊女卑；在社会文化上：三纲五常；在社会道德上：三从四德。女性自身的主体性、主动性牢牢受制于传统的清规戒律，过惯了被奴役生活的妇女没有任何反抗意识。从两汉时的"三纲五常"到两宋时的"存天理，灭人欲"，"饿死事极小，失节事极大"，对女性的束缚从烈女贞妇到三寸金莲，从内心到形体，女性在奴役中扭曲生活。在政治上，囿于闺阁绣楼的女性犹如躲避在桃花源，不知魏晋，更遑论参与政治了；经济上，缠足的女性连路都走不稳，又怎能参加社会生产，只能以织帮耕，无经济能力更无经济决定权；文化上，"只需文理略通，字迹清楚，能作家书足矣"（《训学良规》），日常所学不过是《列女传》《女四书》等教女子顺从妇德的书本范例；婚姻上，媒妁之言，父母之命，女子只是父母家族各方面利益权衡的结果。未嫁之前，女子在学习三从四德；出嫁之后，女子在践行三从四德。未嫁之前，女子是父母家庭的玩物，听命于双亲；出嫁之后，女子是家族传宗接代和厨房灶房的工具，听命于丈夫儿子。

这样浑浑噩噩、毫无主观性主体性的卑微地寄存于父权社会下的生活一直持续到近代——鸦片战争撞开中国的大门——对女性作为"人"的价值的发现才开始萌芽。李贽、汤显祖等进步思想家为封建社会下的悲苦女性鸣不平，然而思想的启蒙远不如运动的撞击，太平天国运动中朴素的男女平等观给人们以强烈的感官冲击。它宣扬"男呼兄弟，女呼姐妹，不列尊卑，不分贵贱"[①]。设女营，置女馆，开女考，建女军，禁缠足、娼妓、纳妾等陈规陋俗，鼓励女子与男子同心放胆尽杀妖。在洪秀全带领士兵一路攻城略地的过程中，很多妇女不仅同男性一样拦腰杀

---

① 庄建平：《近代史资料文库》第 5 卷，上海书店出版社，2009，第 578 页。

敌，而且还负责后勤供应，为这次农民战争做出了巨大贡献。但太平天国毕竟是由农民阶级领导的，旨在推翻清王朝、依旧建立封建君主专制的政体，只是换了皇帝而已。因而当太平天国定都南京之后，它的弊端日渐显露。领导人骄奢淫逸、妻妾成群，等级制度森严、男尊女卑、男女授受不亲，与它前期的理论和实践呈现出鲜明的差异。它并没有推动近代意义上的妇女解放，却勇敢地撞开了妇女囿于闺阁的大门。

大门撞开的同时，西方传教士带来的西欧女权思想如小溪流水般缓缓进入国内。尽管他们来的时候，幻想"为基督征服世界"，但当他们面对中国的实际时，被迫卷入了中国革命斗争，间接唤醒了沉睡的妇女。基督教"男女并重，而悉教以读书，使女子亦得列于俦类之中，不存菲薄之心"①。中国最初的女学也是由教会所办，并出现了"教会所至，女塾接轨"的盛况。教会对女学的重视最后引起了中国先进知识分子的注意，女学因此而逐渐兴盛，打开了近代意义上妇女解放的大门。

2. 戊戌变法时期妇女解放运动的发展

戊戌变法时期，是妇女解放运动发展历程的一个小高潮，康、梁等人积极促成女学发展，宣扬女子放足等新思想新习俗。在面临亡国灭种的巨大危机前，他们认为女性在"宜家善种"方面发挥着不可或缺的作用。

维新派的妇女解放思想深受西方天赋人权、自由平等理念的影响，在强烈的民族危机的现实压力下，两者交互融合。康、梁视妇女的觉醒为国家独立的助力，妇女的强盛是国家下一代强盛的根基。相反，女子缠足、女学不兴、女子不参加社会生产是民族解放的阻碍。梁启超认为："女子二万万，全属分利，而无一生利者。"②"故使中国之妇女自强，为国政至深之根本，而妇人之所以能自强者，必宜与可强之权，与不得不强之势。"③兴女学、禁缠足成为维新派推动妇女解放的重要起点。

① 李天纲：《万国公报文选》，中西书局，2012，第116页。
② 梁启超：《变法通议》，华夏出版社，2002，第88页。
③ 朱有瓛：《中国近代学制史料》第1辑（下），华东师范大学出版社，1986，第881页。

康有为认为，让妇女接受教育，"可骤添国民之一半，既顺公理，又得厚力"①。这实质上是与梁启超的"分利说"是一致的。即女子无学，便不足以助力社会发展；反之，女子学问增高，便可为国家出力。维新派站在国家危亡的角度，提出兴女学可保国保种保教。"今之有识之士忧天下者，则有三大事，曰保国，曰保种，曰保教。……教男子居其半，教妇人居其半，而男子之半，其导原亦出于妇人，故妇学为保种之权舆也。"② 既然女学的兴旺盛衰与国家民族的生存有必然关系，那么当中国面临千年未有之变局时，兴女学也就势所必然了。在维新派创办的报刊中，《时务报》《湘报》《国闻报》都刊载了大量兴女学的文章；戊戌六君子之一的康广仁及其妻子黄谨娱和谭嗣同的夫人李闰在上海发起中国女学会，旨在讨论妇女教育问题及其他有关妇女权利问题。1898年，维新派人士支持民族资本家经元善创办第一所中国自办女学堂——中国女学会书塾，出版中国第一份以妇女为对象的刊物《女学报》。

在兴女学的同时，他们积极推动妇女禁缠足运动，解除封建陈规陋俗对女性身体的戕害。维新派抨击裹脚时，一方面认为缠足影响妇女的身体健康，"数岁弱女，即为缠足……痛彻心骨，呼号艰楚，夜不能寐。"③ 另一方面将女性缠足与国家盛衰相联系，认为"国家积弱，缠足未尝不是主因之一"④。1895年康有为同其弟康广仁在广州创立了"不缠足会"，1897年又与梁启超在上海设立"不缠足会"，大力倡导女子放足。

无论是兴女学还是禁缠足，维新派都将其上升到国家盛衰、民族危亡的高度，在空前的现实压力下，妇女解放在民族解放的轨道上也实现了加速发展。放足、女学逐渐成为潮流。

3. 民国时期妇女解放运动的深入

民国时期，经过戊戌变法和辛亥革命，传统的怪癖习俗已经逐渐废

---

① 康有为：《大同书》，华夏出版社，2002，第159页。
② 梁启超：《变法通议》，华夏出版社，2002，第93页。
③ 康有为：《大同书》，上海古籍出版社，2014，第111页。
④ 康同璧：《清末的不缠足会》，《中国妇女》1957年第5期。

绝，放足、兴女学成为社会主流。经过革命的涤荡，女性觉悟逐渐提升，她们开始自己为自己奋斗——争取参政权。

　　"晚清以来，精英男性一直把女性作为实现民族国家的工具，而女性则把民族国家作为实现性别平等的工具，她们一旦进入政治领域，必然会提出自己的要求"①。女子在破除了身体和心智的束缚后，在革命运动中快速成长。辛亥革命成功后，她们积极谋取参政权，捍卫自身权益。以唐群英为代表的先驱女性为争取《临时约法》写入"男女平等"，多次上书参议院，甚至以"武装的状态"闯入参议院，采取极端的对抗性手段争取女性合法权益。为了争取男女平等，她誓言"故身可杀，此心不可死；头可断，此权不可亡……将修我戈矛，整我甲兵，凭我一腔血与诸男子相见。"② 为争取男女平权，上海女子参政同志会、女子后援会、女子尚武会、金陵女子同盟会、湖南女国民会在南京召开联合大会，宣布成立女子参政同盟会。该会以"实行男女平等，实行参政"为宗旨，力争女性在政治上的合法权利。

　　然而无论她们是采取极端暴力方式还是合法上书方式，始终未能实现女性与男性在政治上相同的合法权利。女性争取合法的政治权远比放足、兴女学困难得多，后者的实现是以不动摇以父权制为核心的社会等级制度为前提，然而前者却是要从传统的专属于男性的权力中分一杯羹给女性，自然激起了以父权为核心的政治参与方的强烈反击。男性在推动妇女解放运动的过程中，从来没有想到女性的解放会危及男性本身的权益，一旦女性争取的权益触及男性的权利线，便受到强大的反弹，即便是孙中山也无可奈何。武昌起义前，孙中山在美国曾公开表示："中国宣告民主后，中国妇女将得完全选举权及被选举权。"③ 但在国民党取消同盟会关于"男女平权"的政纲时，孙中山则无奈地表示"至党纲删

①　杜芳琴、王政：《社会性别》第 2 辑，天津人民出版社，2004，第 49 页。
②　中华全国妇女联合会妇女运动历史研究室编《中国近代妇女运动历史资料（1840－1918）》，中国妇女出版社，1991，第 595～600 页。
③　林忠佳、张添喜：《〈申报〉广东资料选辑（1910.4－1913.12）》，广东资料选辑编辑，1995，第 358 页。

去男女平权之条，乃多数男人之公意，非少数人可能挽回，君等专以一、二理事人为难无益也"①。

4. 五四时期"娜拉出走"及其困境之解决

女性参政运动的失败实质上反映了以父权为核心的政治文化、伦理道德仍牢牢占据大多数人的内心。"要巩固共和，非先将国民脑子里所有反对共和的旧思想，一一洗刷干净不可。"② 新文化运动以摧枯拉朽的神力、秋风扫落叶的速度对两千多年来的封建传统文化进行了猛烈批判，同时积极宣扬女性个体人格的独立和解放。新旧思想交锋激烈，深刻动摇了儒家文化捍卫的封建等级制度，同时也推动了妇女解放的历史进程。

1918 年，《新青年》推出了一期"易卜生专号"，刊发了胡适的《易卜生主义》、袁振英的《易卜生传》以及胡适和罗家伦共同翻译的《玩偶之家》（即《娜拉》），对娜拉勇敢地走出家庭追求自我的行为大唱赞歌，宣扬妇女解放和自由主义，主张"健全的个人主义的人生观"③，倡导女性人格的独立和解放。"娜拉的出走"在社会上引起极大轰动，成为思想解放的锐利武器。对女性主体意识的解放和个体价值的挖掘成为新文化运动的一个重要主题。在西方个人主义和自由主义传入中国的同时，先进知识分子还对封建文化大加挞伐。李达认为"社会是个人的有机体的集合体，即可称为男女两性集合的大系统。有男女始有社会，有社会始有男女——凡是社会上的道德、风俗、习惯、法律、政治、经济必以男女两性为中心，方可算得真道德、真风俗、真习惯、真法律、真政治、真经济，否则是假的，是半身不遂"④。他从道德秩序、伦理文化上为男女平等发声，否定了以男性为中心的男尊女卑的伦理制度和文化基础，突出男女两性的公平公正。

对女性主体价值的推崇以及对封建糟粕腐朽文化的抨击成为新文化

---

① 孙中山：《孙中山全集》第 2 卷，中华书局，1982，第 438 页。
② 陈独秀：《陈独秀文集》第 1 卷，人民出版社，2013，第 233 页。
③ 胡适：《不受人惑：胡适谈人生问题》，当代中国出版社，2013，第 59 页。
④ 中华全国妇女联合会妇女运动历史研究室编《五四时期妇女问题文选》，三联书店，1981，第 35 页。

运动中妇女解放的重要方面。五四运动后，马克思主义传入中国，给方兴未艾的新文化运动打了一针转型剂：一部分知识分子继续坚持西方自由主义；另一部分知识分子转向马克思主义，开始运用马克思主义妇女观解决中国妇女的现实问题，向警予便是其中之一，她以敏锐的眼光抓住了妇女问题的核心，成为引领中国妇女解放的一面旗帜。

当娜拉作为逃离家庭束缚，勇敢走向独立自主的典型，成为很多女性向往个性解放的偶像时，鲁迅发出了《娜拉走后怎样》的深深疑问。长期束缚在家庭中、没有参加过任何社会生产的娜拉，在逃离家庭束缚的同时，也失去了家庭的经济支撑，当娜拉出走后，"或者也实在只有两条路：不是堕落，就是回来，因为如果是一匹小鸟，则笼子里固然不自由，而一出笼门，外面便又有鹰，有猫，以及别的什么东西之类；倘使已经关得麻痹了翅子，忘却了飞翔，也诚然是无路可以走。还有一条，就是饿死了，但饿死已经离开了生活，更无所谓问题，所以也不是什么路"①。鲁迅的娜拉之问给欲纷纷逃离家庭的女性当头一棒，然而它的确反映了深刻的现实问题，突出反映在女性的婚姻问题上。很多接受新思想的新女性已经无法接受家庭的封建牢笼，更不愿接受传统的婚姻包办，但无论她们逃离父家还是夫家，都失去了赖以支撑的经济基础，在社会上又找不到合适的工作养活自己。对于她们自己而言，回头是万丈深渊，向前迈进又无路可走。1919年，长沙女子赵五贞因反对父母包办婚姻而愤然自杀于花轿内，深刻反映了觉醒女性的生存困境以及西方自由、平等价值观在拯救妇女道路上的局限性，可谓半截子拯救。

当娜拉之问遇到了马克思主义，问题便迎刃而解了。陈独秀指出："现在尚有另一问题，许多人可以说：不必社会主义，女子也可独立；不在社会主义之下，也可不受父母、男子的压迫。这句话看来，很有道理，但很错了，因离了父母家庭去谋独立生活，是不行的。何以见得呢？因为女子离了家庭的奴隶生活，自然去谋独立生活，但社会是不许的。

---

① 《鲁迅全集》第1卷，人民文学出版社，1981，第321页。

我们想想：女子离家庭而独立生活，去什么地方生活呢？在什么地方能谋生活呢？无论什么地方，都在资本制度之下，一部分雇人做事，一部分帮人做事。女子若离了家庭，雇人做事呢，还是被雇于人？如果要雇人，真是笑话，不会有的。伊们既不能雇人，一定要受人雇，一定附于资本家，那么，就会变成资本家的奴隶了。从前女子是家庭的奴隶，而离了家庭，便变成了资本家的奴隶。无论如何，都是奴隶，女子问题，仍然没有解决。"① 马克思主义主张从根本上解决妇女问题，消除统御妇女问题的根本社会制度，推翻封建军阀制度和资本主义制度，实行无产阶级专政。

新文化运动时期，"西方输入的以张扬自由、平等、个性解放等为主要内容的现代性价值，成为先进分子反思中国思想传统和社会生活秩序的价值圭臬"②。五四运动后，尽管社会上依旧有各种各样的社会思潮，但马克思主义的妇女观逐渐开始占据主导地位，同时，本文的研究对象即向警予的妇女解放思想也在这一时期开始向马克思主义妇女观转变。在马克思主义的指导下，向警予对中国妇女问题进行了深刻总结和反思，并为妇女解放运动指明了前进的方向。

（二）向警予妇女解放思想的形成过程

向警予妇女解放思想的萌芽可追溯至1911年，她与蒋胜眉等的七姊妹誓言，在这篇誓言中，向警予不仅明确提出了教育救国的志向，也旗帜鲜明地提出了男女平等的号召，体现了她对社会性别压迫的反抗意识和作为女性的主体意识的觉醒，并试图通过教育唤醒女性，逐渐实现两性平等的思想。在向警予接受马克思主义思想之前，她的思想逻辑脉络是以教育为救国的根本路径，在这一救亡的过程中，沉睡的女性是亟待

---

① 中华全国妇女联合会妇女运动历史研究室编《五四时期妇女问题文选》，三联书店，1981，第82页。

② 揭爱花：《国家、组织与妇女：中国妇女解放实践的运作机制研究》，学林出版社，2012，第67页。

唤醒的力量，即：女性教育是实现教育救国的重要一环。向警予在家乡创办的溆浦女校，主要招生对象就是农村中的女性。向警予认为，通过教育可以使女性接受知识和文化，提升女性的文化素质和思想觉悟；同时，教育还可以给予女性独立生存于社会、摆脱家庭束缚的技能，经济独立，则女性独立。

在赴法勤工俭学期间，向警予的思想实质上是教育救国与马克思主义思想混杂时期，也是二者交相融合时期。向警予一方面向国内女性宣传接受教育的好处，鼓励女性出国留学，增长见识和文化知识；另一方面，她积极领导在法的勤工俭学女生，组织"开放海外大学女子请愿团"，争取中法里昂大学男女平等的招生名额。向警予在法国学习期间，十分关注国内女子运动情况，《女子解放与政治的商榷》是向警予以马克思主义为指导撰写的第一篇关于妇女运动的文章，文中对妇女解放的方向、路径等进行了详细分析。

1922 年，向警予从法国回来后不久即正式加入中国共产党，并担任中央妇女部部长，开始正式领导中国的妇女运动。从 1922 年向警予担任妇女部部长到 1926 年向警予赴莫斯科学习，在这三年里，向警予对妇女解放运动做了大量理论和实践工作。她以《妇女周报》为阵地，宣传马克思主义，教育广大女性，引导妇女运动融入政治变革运动；她深入工厂，鼓动女工罢工，争取政治权益和经济权益；在国共合作期间，她致力于妇女统一战线的工作和鼓动女性参加革命的工作，为北伐战争的胜利准备了群众基础。同时，向警予发表了大量关于妇女解放的文章，分析了妇女受压迫的现象、根源，妇女解放的根本路径、依靠力量和最终的奋斗方向等，形成了系统的妇女解放理论。

（三）向警予妇女解放思想形成的影响因素

1. 个人教育及努力

向警予家庭开明，父兄皆无重男轻女、男尊女卑的思想，因而，向警予自幼的成长、教育环境皆与一般女性不同。1903 年，由候补知县龙绂瑞和留日学生俞蕃同筹办的民立湖南第一女学堂成立，这是湖南女子教育的肇始。在省城长沙女子教育刚刚兴起之时，向警予此时已经就读于县城西文昌阁的小学，开县城女子入校读书的先声。向警予读书期间，并不拘囿传统，经常与父兄探讨政治经济问题，打破女子不问政的旧习。

1914 年，向警予入周南女子师范学校学习，这是由著名教育家朱剑凡开办的一所新型女子学校，对女子教育等各方面进行了各项改革，有"开湖南女界之先河"的盛誉。首先，周南女校崇尚简朴大方，反对雍容华贵，对女子的衣服、发髻、装饰等都有明确规定，"五杂件戒指表链诸物，非作业时所必要；头部插戴花朵，带上附以长缘，非体上所必需，当废置不用"[1]。这一点对向警予影响深远，她一生衣着简单朴素，"对当时那些好装饰、不关心政治的知识妇女是很鄙视的"[2]。其次，周南女校重视体育锻炼和劳动技能训练。劝导女学生放足，鼓励女子参加运动会、上体操课等，培养强健体魄的女性以为国家栋梁；开设缝纫、烹饪等社会功课，提升女子独立谋生的能力。最后，周南女校具有浓厚的自由民主、进步开放的学习氛围，学校鼓励学生自办刊物，倡导婚姻自由、女性解放。在这种开明学风的熏陶下，周南学生周敦祥、劳启荣、魏璧等人创办了湖南唯一的一份妇女解放的刊物——《女界钟》，向警予也积极参与该刊的创办工作。《女界钟》主要宣传反帝爱国思想，重点宣传男女平等，妇女解放，婚姻自由，对湖南妇女问题的剖析论述深刻犀利，对赵五贞自杀事件进行了深度报道，引起社会轰动，引起了向警予对妇女解放问题的深刻关注。周南女校培养出来的学生得到了社会认可，北京《晨报》称，"长沙女子最高要求的机关只有周南和第一女师范，所以女子最高程度就是两校毕业生女子；文化中心也在他们身上"[3]。向警予从周南女校毕业后，回到家乡创办溆浦女校，提升女子文

---

① 陈元晖：《中国近代教育史资料汇编：事业教育 师范教育》，上海教育出版社，2007，第1012 页。
② 刘茂舒：《向警予：传记·纪念与回忆·论述·资料》，武汉出版社，1995，第 108 页。
③ 中国革命博物馆、湖南省博物馆编《新民学会资料》，人民出版社，1980，第 172 页。

化知识和觉悟水平，同时致力于放足运动，鼓动家乡女子放足；同时积极鼓动学生参加反帝爱国运动的游行示威。两年的溆浦办学经历打碎了向警予教育救国的幻想，在法国勤工俭学期间，向警予逐渐意识到教育改良道路的不可实现性，转向无产阶级暴力革命道路，并从此走上了马克思主义妇女解放道路，致力于中国妇女解放和民族解放事业。

　　2. 蔡和森、毛泽东等的影响和帮助

　　向警予在周南师范学习期间，认识了同在此学习的蔡畅，并在她的介绍下认识了蔡和森、毛泽东等。向警予、蔡和森、毛泽东等都是杨昌济的得意门生。他们都是新民学会的会员，向警予在蔡和森、毛泽东等的影响下，走上了无产阶级革命道路，并一生致力于中国妇女的解放事业。向警予曾对女友坦承道："蔡和森和毛泽东是我的契友，我的思想感情是倾向他们的。"[1]

　　蔡和森和向警予是一对革命夫妻，他们具有共同的理想信念和价值追求，在通往无产阶级解放的革命道路上，他们两人互帮互助，为国家和人民的解放而不懈奋斗。蔡和森一家极具传奇色彩，母亲、姐妹以实际行动挣脱了封建婚姻的枷锁。母亲葛健豪，在辛亥革命刚兴之际，就带头剪掉"巴巴头"；1914年春，年近50岁的葛健豪带领女儿、外孙女求学于湖南女子教员养成所，在校期间，她破除封建思想束缚，积极参加音乐、体育等课程；1915年，学成结业后，葛健豪回到家乡永丰镇创办第二女子职业学校，鼓励妇女求学读书；1919年底，她随蔡和森、蔡畅等赴法勤工俭学，是当时勤工俭学学生中年龄最大的，被誉为"20世纪最奇异的妇人"。葛健豪从法国归国后，再次创办平民女校，同时积极参与女权运动，支持儿女们的革命事业，被毛泽东誉为"老妇人新妇道"。蔡和森的妹妹蔡畅，拒绝缠足和父亲给予的包办婚姻，在母亲和哥哥的支持下，蔡畅到周南女校读书，并加入新民学会，经常与蔡和森、毛泽东等一起探讨时事。1919年，她与向警予共同主持湖南女子勤工俭

---

① 戴绪恭：《向警予传》，人民出版社，1981，第36页。

学运动，并共赴法勤工俭学。

在法国勤工俭学期间，向警予一边刻苦读书，一边投身革命实践。1923 年正式加入中国共产党后，一生致力于中国的妇女解放和民族解放事业，成为我们党令人尊敬的"大姐"。母亲和妹妹的求学、革命实践无一不得到蔡和森的支持和帮助。蔡和森目睹家乡女性受压迫的现状，积极探索妇女解放的道路。与向警予相比，蔡和森的文章篇幅较长，论述犀利，马克思主义理论功底深厚，他曾撰写了一篇《妇女运动》的文章，对妇女受压迫的根源、妇女解放的途径等进行了深入分析，他认为"在这新的时代，男女平等，女子与男子同样得享教育上、职业上的自由；政治上、经济上的平等。"① 然而，事实上，大多数女性依然深受宗法社会礼教的遗毒影响，面对压迫，只有隐忍啜泣。蔡和森认为造成妇女受压迫的根源在于"现代的政治、经济制度"②，女子要实现根本的解放，需要"从争本身的利益（如工厂中之增加工资的要求，学校中争改良教育的要求）做出发点，到参加国民革命，反抗军阀、帝国主义的压迫，到打破旧的社会制度，建立男女平等的共产社会，这是妇女解放的大路"③。向警予和蔡和森的结合，是建立在理想、信念、志趣一致的基础上，共同的价值观取向推动了两人在革命道路上互促互进。

蔡畅在《缅怀向警予同志》的文章中写道："向警予同志在青年时期就跟随毛主席干革命……具有强烈的反帝反封建思想的警予同志，在毛主席的影响下加入了新民学会。"④ 新民学会的女会员有 19 人，其中 14 人是周南女校的毕业生或在读生，她们都在不同程度上深受毛泽东思想的影响。毛泽东具有鲜明的个性特征和坚定的理想信念，具有强大的

① 中华全国妇女联合会妇女运动史研究室编《中国妇女运动历史资料（1921 - 1927）》，人民出版社，1986，第 524 页。
② 中华全国妇女联合会妇女运动史研究室编《中国妇女运动历史资料（1921 - 1927）》，人民出版社，1986，第 524 页。
③ 中华全国妇女联合会妇女运动史研究室编《中国妇女运动历史资料（1921 - 1927）》，人民出版社，1986，第 524 页。
④ 《纪念向警予同志英勇就义五十周年》，人民出版社，1978，第 1 页。

人格魅力。他以新民学会为依托，在身边聚集了一大批志同道合的朋友，他们中有很多人加入了中国共产党，并成为党的领导人。作为一名进步青年，毛泽东经常阅读《民报》《新青年》等，对社会问题的分析深刻见底，在五四运动的冲击下，毛泽东逐渐形成了自己的妇女解放思想。首先，毛泽东主张婚姻自由，反对父母包办婚姻。1919 年 7 月至 12 月，毛泽东在《湘江评论》《大公报》《女界钟》《湖南教育月刊》等刊物上发表了 15 篇关于妇女问题的文章。尤其是赵五贞自杀事件后，毛泽东先后撰写了《婚姻问题敬告男女青年》《改革婚制问题》《女子自立问题》等 10 篇论文和杂感发表于长沙《大公报》和《女界钟》，怒斥了封建礼教及封建婚姻家庭制度给妇女所强加的钳制和压迫，鼓励女性靠自己的力量去争取自由和幸福。同时，他还和向警予商议，在周南女校召开纪念赵五贞大会。其次，毛泽东主张进步女性结成团体，号召妇女勇敢地与男性一起，敲碎封建枷锁和镣铐，挣脱封建婚姻家庭制度的束缚。他认为妇女应有参政、交际的自由，不应成为男人的附庸，更不应恪守腐朽的封建道德伦理观念，鼓励女性进行"女子的联合"。最后，毛泽东认为社会制度是压迫女子的根源。在分析赵五贞自杀事件时，毛泽东指出，这件事的根源在于"婚姻制度的腐败，是社会制度的黑暗"，万恶的社会制度逼迫赵五贞不得不以死抗争。向警予对毛泽东极为信服，在写给自己侄女的信中，她说："现在正是掀天揭地社会大革命的时代，正需要一般有志青年实际从事。……毛泽东、陶毅这一流先生们，是我的同志，是改造社会的健将。我希望你常在他们跟前请教。"[①]

二　向警予关于妇女解放的主要内容

向警予从法国回来后，立刻投身于国内轰轰烈烈的妇女解放运动中，她深入工厂，领导女工罢工运动；走入家庭，关心女工生活疾苦；进入

---

① 向警予：《向警予文集》，人民出版社，2011，第 305 页。

学校，培养妇女干部。她深受马克思主义理论和西方自由、平等思想影响，对妇女解放有深刻认识。作为一名女性，她对妇女所受的压迫感同身受；作为一名党的领导者，她对妇女解放事业有责任有担当有见识。

（一）妇女解放首先要取得经济独立

向警予从激进的民主主义者转变为马克思主义者的一个首要标志就是用唯物史观分析中国妇女问题。她在《女子解放与改造的商榷》中明确提出"经济独立，为女子解放的惟一条件"①。

1. 妇女受压迫的根源在于财产私有制

千百年来，中国妇女深受政权、族权、神权、夫权的压迫，她们在以男性为中心的封建王权体制下，过着奴隶一般的附属生活，毫无自身发言权。当她们想像男子一样争取自身权利时，被认为是"牝鸡司晨，为家之索"。当女子感官上所受的束缚和压制直接来自男子时，便认为女子受压迫的根源在于男子。向警予则指出，"摧残女权的并不是男子，是社会一切恶制度和恶势力"②。

恶制度和恶势力产生的根源在于财产私有制。在法国勤工俭学期间，向警予同蔡和森一道"日役役于佶屈聱牙之语文"③，沉迷于马克思恩格斯著作的学习，深受其影响。她对妇女受压迫根源的分析更可看到她对恩格斯《家庭、私有制和国家的起源》的深刻认识。她认为，在原始社会，人们每天的打猎、围捕刚好供应每天的消耗，妇女承担大部分社会生产任务：纺织与衣服的制造、陶器的制作、房屋的建筑、食物的准备等，在生产上的主导地位决定了女性在两性社会上的主导地位。但由于此时生产落后，并无私产的剩余，因而在经济上不存在剥削与压迫，只是在生活上"只知其母不知其父"。随着畜牧业的发展，男子以长于战争和交易，在生产上逐渐占据主导地位，私产也逐渐聚集，女子渐渐被

---

① 《向警予文集》，人民出版社，2011，第13页。
② 《向警予文集》，人民出版社，2011，第215页。
③ 《向警予文集》，人民出版社，2011，第28页。

排斥在社会生产之外，专注于料理家庭事务。"女子的经济地位、社会地位完全被剥削而专做'阃以内'的分工。"① 两性的社会分工自财产私有制的确立而逐渐明确，男子对女子的奴役地位因私有制的发展而日益加强。男主外女主内的社会分工使女子逐渐成为满足男子性欲和为男子生儿育女的工具。从现象上来看，男子的确在方方面面压制和束缚女性的发展，但从本质上来讲，造成这种现象的根本原因在于财产私有制。

2. 经济独立是妇女解放的首要任务

正是因为千百年来财产私有制的束缚，使得女子也成为男子私有财产的一部分，她们因严格的社会分工，毫无自食其力的能力。一旦被解放，面临的则是严峻的生存考验。因而，经济独立是妇女解放的首要任务。

"现在社会建筑在私有财产制度之上，完全是资本家的社会，是银子的社会，金钱的势力可以颠倒是非混淆黑白，法律也是专帮富人欺压穷人的。"② 正是在万恶的财产私有制度下，强奸 10 岁弱女的曹耀炳可以逍遥法外；带领女工罢工的王熙春被诬陷入狱；面临饥荒的百姓哀号乞怜，想要逃离娼妓苦海的姐妹无法谋生。残酷的私有制堵上了女性谋求自身解放的大门。觉醒的娜拉出走后，面对残酷的生存环境，要么活活饿死，要么低头回去。

向警予极力主张从经济上谋求解放方法，提倡经济独立，但经济独立并不是个人经济的独立，而是推翻财产私有制的经济独立。只有推翻了财产私有制，才能解除压制妇女的制度约束，使妇女从严格的社会分工中解放出来，当女子具有同男子等同的社会权利时，女性的解放才会真正实现。

（二）妇女解放的根本路径在于政治革命

妇女解放自然是要争取女性自身的权利，但是女权运动的实现只有

---

① 《向警予文集》，人民出版社，2011，第 136 页。
② 《向警予文集》，人民出版社，2011，第 149 页。

融入政治革命的道路中才能真正实现。"在中华民国未能达到独立自由和平统一以前,漫说妇女的彻底解放不可能,就是十八世纪欧美妇女所悬为目标的女权也决难办到。"①

近代中国是一个半殖民地半封建社会的国家,在外国帝国主义和北洋军阀的相互勾结下,政治主动权受制于人,经济收入拱手于人。辛亥革命时,外交团决议不借款给南北两军,两军不得不议和;1913 年时,袁世凯在外国帝国主义金钱的支持下,将革命军打得落花流水。凡是有帝国主义掺和的地方,政治转向必然遂帝国主义的意;凡是帝国主义不支持的,各军阀政府也不敢轻举妄动。经济上更不用说,全国大银行、大工业等都操纵在外资手中,关系全国财政命脉的关税、盐税也把持在帝国主义手中。中国无论在政治上还是在经济上,绝无独立发展的可能。中国社会面临外族入侵、内战不断的糟糕状况,国家濒于危亡的局势使民族矛盾上升为主要矛盾,国家独立、民族解放成为社会各阶层的首要目标。妇女解放运动不单单是女性争女权的运动,更是争人权、民权的运动。妇女解放的目标只有在民族解放中才能实现。在民族国家的危难尚未解决前,妇女解放是绝不会实现的。上海租界就是全中国的一个缩影。向警予指出,如果任由上海租界一直扩大到西门、闸北、南市以至于全中国的领土都被变成租界,那么中国就变成了第二个朝鲜,妇女不要说解放,恐怕就连两个人偶语都要禁止。民族矛盾始终是第一位的矛盾,"中国妇女运动的大半已经包含在民族的自由平等运动之中了"②。

她批评了按照欧美女权运动依样画葫芦的女权参政运动,只知喊男女平权而不知鼓励妇女融入民族解放运动。参政运动即便成功了,也不过是"一班桀黠的妇女趁机闯入北京或各省的猪圈,伙同一般男性的猪仔干那祸国殃民的勾当。"③ 从女权运动的世界历史来看,欧美女权运动在唇焦舌燥的宣传和焦头烂额的奋斗中,仅仅赢得比以往妇女较高的地

---

① 《向警予文集》,人民出版社,2011,第 168 页。
② 《向警予文集》,人民出版社,2011,第 237 页。
③ 《向警予文集》,人民出版社,2011,第 167~168 页。

位，始终未能实现两性权利的完全平等；相反，劳农俄国的妇女通过革命的道路，实现了欧美妇女多年抗争的目标。两者对比之下，向警予更倾向于政治革命的途径。她认为妇女解放运动绝不是两性之间的战争，女权沦落，社会如同断了一条腿，似半身不遂。因而，妇女开展女权运动是必要的，但是若妇女只专注于争取女性自身的解放，而忽视了民族解放运动的"国权"，任凭洋人共管和军阀专横，女性自身便已丧失人格和民格，又怎么能争取女权呢？所以"真正觉悟的中国妇女，必然是一面参加政治改革运动；另一面参加妇女解放运动"①。

妇女解放运动因近代中国国情的特殊性无可避免地卷入民族解放运动，在帝国主义和北洋军阀的双重压迫下，"非将人权民权首先争回，女权不能有存在的根据"②。她号召广大女性洞察全局，"为国民革命运动的前驱，以开女权之路"③。

（三）劳动妇女是妇女解放运动的社会基础

正如马克思认为工人阶级是无产阶级解放运动的基础一般，向警予认为劳动妇女是妇女解放运动的最广大社会基础，没有劳动妇女的支持，女子参政运动不过是几位女议员争着做官的运动；没有劳动妇女的支持，女工罢工也无法持续，更遑论成功。

1. 劳动妇女是妇女解放的先锋

第一次世界大战时期，中国近现代轻工业得到快速发展，以上海的棉纺织工业的发展速度为最，20 世纪初上海产业工人增至 40000 余人。伴随着近代资本主义轻工业的发展，是无产阶级的崛起。"我推论既然棉纱厂女工人数占上海工业无产阶级总人数的三分之一，那么她们一定曾经历过这些转变，并且是 20 世纪 20 年代革命运动的激进参与者。"④

---

① 《向警予文集》，人民出版社，2011，第 155 页。
② 《向警予文集》，人民出版社，2011，第 171 页。
③ 《向警予文集》，人民出版社，2011，第 171 页。
④ 〔美〕艾米莉·洪尼格：《姐妹们与陌生人》，韩慈译，江苏人民出版社，2011，"引言"第 2 页。

上海女工不仅人数众多而且较为集中，大部分从事棉纺织业。她们每天都生活在水深火热的苦难中，为了挣一顿饭而不辞辛苦，每日不间断地工作，连中途吃饭、上厕所的时间都被严格控制。她们绝少有休息日，连轴转的工作压得她们喘不过气来。"上海工厂女工的工作日不仅时间长而且要求又高，在某种程度上非常残酷。许多人在炎热的、布满棉尘、噪嘈的车间操作机器 12 小时后，回到家还要处理琐碎的家务事。"① 即便如此，她们还常常受到包身工的打骂、地痞流氓的威胁和军警的威吓。资本家从不把她们当人看，只是将她们作为赚钱的工具。工资低，工作环境差，工作强度大，养家糊口压力大，重重压力下她们为了生存不断进行罢工。

为生活所迫的劳动妇女在逃离了传统社会分工后，又陷入了资本主义的泥坑。在工厂云集的上海，据向警予统计，有 60 多个女工工厂罢工，罢工人数有 30000 多人，罢工次数共 18 次。她们希望通过罢工能够增加工资和减少工时。大规模的、不间断的罢工推动了劳动妇女工作环境的改善和工资待遇的提升，罢工取得的成果推动女工认识到团体的重要性。不罢工，女工只能忍受资本家的残酷压榨；罢工，反倒可以争取一部分利益，为着生活起见，"伊们为救伊们生命的危急，为抵制资本家过分的剥削，常常自动作战，屡仆屡起……伊们天然成为妇女解放的前卫"②。相反，那些资产阶级小姐、太太，衣食无忧，整日打牌逗乐，她们即便出来做运动，也不过是一时兴趣，一遇到威胁就退缩了，如女子参政协进会成立会时受到警察的干涉，便将其改为演讲会。向警予认为如果我们秉着这种意义做运动的话，"其结果不过是无聊的议员队里增加了无聊的女议员，可耻的官僚群众添多些可耻的女官僚"③。

因而，只有生活最艰苦、受剥削最严重、受压榨最残酷的无所依靠的劳动妇女才会对资本家进行最猛烈、最勇敢的斗争，她们才是妇女解

---

① 〔美〕艾米莉·洪尼格：《姐妹们与陌生人》，韩慈译，江苏人民出版社，2011，第 153 页。
② 《向警予文集》，人民出版社，2011，第 221 页。
③ 《向警予文集》，人民出版社，2011，第 99 页。

放运动的先锋。

2. 劳动妇女是妇女解放的社会基础

向警予认为劳动妇女是妇女解放运动的基础，"大凡一种运动实力的标准，常因群众的多寡及组织力战斗力的强弱而决定"①。劳动妇女因其具有组织性、纪律性且数量庞大、人员集中等必然成为妇女解放运动的坚强后盾。

中国女子参政运动随着辛亥革命的成功而发轫，因为其在当时有组织、有理论、有行动，因而赢得了一少部分群众的支持。但随着袁世凯窃取民国政权而衰落。随后，新文化运动时期，随着联省自治运动的兴起，女权运动也蠢蠢而动，甚至在部分省取得了一定成果。如湖南省，王昌国做了省议员，吴家瑛做了省视学，还有十几个女县议员等。向警予认为不能因为有了几个女议员，便认为女权运动成功了。因为这寥寥无几的女议员并不能代表普遍的劳动妇女都赢得了相应的权利。也正因为女权运动仅仅局限于少数几个女议员的运动，使其缺乏群众基础，因而即便争得了部分权利也很容易丢失。女权运动者们在湖南省制宪运动中争取到了女子财产权，但不多久就被一些顽固的老封建偷偷地取消了。事实证明，女权运动通过"叩头式的请愿和打拱式的哀求"② 取得的成效微乎其微。因为女权及参政运动的女性大多是知识妇女的团体，她们平常过的是小姐太太的生活，在经济上严重依赖家庭，平常喜好逛公园、叉麻雀、打扑克。她们偶尔出来做运动不过是一时高兴为了装点门面而已。与此相反，劳动妇女因其受到的压迫最深、受到的剥削最残酷，因而是妇女解放运动中最有奋斗精神的主力军。

女权运动者们嫌弃劳动妇女衣衫破烂、知识浅薄而拒绝她们参加，殊不知这些穷无所归的工厂女工，为了争自由和捍卫个人权益，忍饥挨饿、不怕牺牲，以几百几千的女工结成团体用罢工的手段与资本家顽强斗争。女工，大多来自贫寒的家庭，她们没有父与夫的经济支持，传统

① 《向警予文集》，人民出版社，2011，第97页。
② 《向警予文集》，人民出版社，2011，第97页。

社会分工的解体迫使她们同广大无产阶级男子一样，靠出卖劳动力为生。她们在资本家的残酷压榨下，常常面临生存危机，严酷的生存环境逼得她们不得不团结起来勇敢斗争。近代工业的发展，使得工厂连片、女工集中，各种条件的使然便于她们形成组织和进行战斗。她们为了抵制资本家过分的剥削，常常自动团结、自动作战，即便有时会有失败，但也常常屡仆屡起，"这支勇敢奋斗有组织而能战争的新兴妇女劳动军，不独是妇女解放的先锋，而且是反抗外国掠夺者的国民革命之前卫！"①

女工因其受到的压迫最深、承受的剥削最重，因而要求解放的呼声最高。当她们面临严重生存危机的挑战时，无论是资本家的重重高压还是军警的威胁利诱，无论是开除她们或是殴打拘捕她们，丝毫不能撼动女工罢工的决心和斗志。"所以我们要完成妇女解放的使命，只有去找群众，只有去找生活最痛苦、要求解放最迫切、而最富有解放精神与魄力的群众。这种群众，方是我们妇女运动真正的基础。"②

（四）妇女解放的具体路径与方法

革命是实现妇女解放与民族解放毕其功于一役的根本解决方法，当革命的条件尚未成熟时，必要的社会改良有利于推动妇女解放运动的发展与进步。妇女解放并不仅是女性争取自身权利的运动，也是两性平衡发展的问题，涉及女性自身及社会发展的问题，因而在推动妇女解放的过程中，枝枝叶叶的改良不仅是必要的而且也是必须的。

1. 妇女需要发扬"三自"精神

妇女解放的"根本希望，固然是希望一般女子，各个自觉，各个自决，各个自动"③。提升个人觉悟，积极主动参与到妇女运动中，为捍卫个体自决的权利而不懈奋斗。

中国妇女因受到封建旧礼教的束缚以及传统女德的教育，成长于封

---

① 《向警予文集》，人民出版社，2011，第 97 页。
② 《向警予文集》，人民出版社，2011，第 221 页。
③ 《向警予文集》，人民出版社，2011，第 15 页。

闭狭窄的旧家庭，受教育于腐朽昏庸的旧学堂，通信社交被严格限制，外界一切发达进步的刊物被校长教员没收，在家庭、学校、社会设定的封建牢笼中，成为迎合封建宗法社会需要的贤母良妻的附属品。大多数妇女缺乏"政治的常识"和"社会的关心"，她们关注于饮食、男女、服饰，而对与自身相关的妇女解放运动毫不关心。在农村，她们过得是"三从四德""相夫教子"的生活；在城市，她们过得是小姐太太的生活。两者无一例外的是，她们在丈夫的臂膀下过着毫无自主性的生活，她们没有自主追求新式教育的要求，即便有少数进步女性从事革新运动，也孤掌难鸣。由于缺乏生存上的自主性，因而她们即便做妇女革新运动，也因受到家庭和社会的制约，缺乏相应的金钱支持，不得不退回家庭，做安分的"贤母良妻"。她们在封建礼教的钳制下，"国家兴替，民族存亡，甚至于利害最切身的妇女问题运动也视同秦越，甘愿在男性的压迫之下忍耻偷生"①。

妇女在思想上的落后性、生活上的依附性以及社会事务上的麻木性，阻碍了妇女解放运动的发展。"妇女所以至于如此的原因，并非先天的恶劣，乃是后天历史的条件限制了他们，把他们固有的人的知觉、人的感情完全麻木了。"② 因而，"回复他们的知觉，唤起他们的感情，使他们脱离生殖机与灶下婢的生活而堂哉皇哉的干起人的生活来"③，是妇女解放运动中重要的一环。向警予主张接受新式教育的女学生利用寒假的时间，下死力气向广大妇女动员宣传，提升妇女觉悟，鼓动妇女自动参加国民会议，争取社会问题自决的权利。向广大妇女宣传国民会议的意义，向她们解释妇女团体参加国民会议的重要性，促成妇女自觉、自决、自动地担负起妇女解放的重任，使她们明了"妇女对于国民运动——国民会议运动必热烈地参加，不独参加而且要做其中的劲旅"④。在国民运

---

① 《向警予文集》，人民出版社，2011，第198页。
② 《向警予文集》，人民出版社，2011，第198页。
③ 《向警予文集》，人民出版社，2011，第198页。
④ 《向警予文集》，人民出版社，2011，第203页。

动中，妇女"一面要能代表全国人民的要求提出救国救民的政见；一面要能代表全体妇女的要求提出男女平权的主张"①。

自觉、自决、自动三位一体，只有提升个体觉悟，积极主动参与社会事务，妇女运动才能乘着国民运动的快船日进万里，推动妇女解放运动向前发展。

2. 建立妇女统一战线

（1）妇女统一战线的时代背景

1923 年 6 月召开的中国共产党三大，通过了由向警予负责起草的《妇女运动决议案》，明确提出了在妇女运动中建立统一战线的思想。该决议案指出：在妇女运动中"应加入'打倒军阀'、'打倒外国帝国主义'两个国民革命运动的口号，以引导占国民半数的女子参加国民革命运动"②。在国民革命运动中，向警予发展了妇女统一战线思想。

1924 年 1 月，国民党第一次代表大会在广州召开，标志着以国共合作为特征的革命统一战线的建立。新改组的国民党中央执行委员会设立了妇女部，共产党员以个人身份参加国民党，许多女共产党员按照党中央的指示精神参加了国民党妇女部的工作，从而形成了国共合作的妇女统一战线。国共合作后，"妇女运动才被视为与农工运动同样重要，于是素来沉寂的妇女运动突然高涨，使革命运动增加了不少势力"③。随着革命形势的发展，妇女运动也蓬勃兴起。国共合作统一战线确立后，妇女统一战线也逐渐开始建立。国民党中央党支部和地方党部均设立了妇女部。共产党员向警予、蔡畅、邓颖超等以个人身份加入国民党，随着中国妇女革命斗争高潮的到来，根据国共两党确定的妇女革命斗争的方针政策，全国各地纷纷建立了各种形式的妇女组织。既有全国性的妇女组织和省级地方性的妇女组织，也有资产阶级妇女为主体的妇女组织，

① 《向警予文集》，人民出版社，2011，第 203 页。
② 中华全国妇女联合会妇女运动历史研究室：《中国妇女运动历史资料（1921－1927）》，人民出版社，1986，第 68 页。
③ 陈丽珠、黄秀华等：《广东妇女运动历史资料》（3），广东省妇女联合会、广东省档案馆，1990，第 493 页。

还有劳动妇女为主体的妇女组织。其中有全国各界妇女联合会、妇女救国同志会、中国妇女协会、北京中华妇女协会、上海女界国民会议促成会、上海各界妇女联合会、天津女界国民会议促成会、北京妇女之友社、济南妇女学会协进会、湖南女界联合会、西安妇协、广西妇女联合会、湖北妇女协会、广东妇女解放协会等众多的妇女组织。虽然名称各异，成分复杂，但这些妇女群众组织都是在国共合作后建立起来的，众多妇女组织都采纳了中国共产党关于妇女问题的决定。除了少数妇女组织的妇女领袖是"名闺才媛"，绝大多数的妇女群众组织都是以工农劳动妇女为主体，联合各阶级革命妇女组成的。

（2）妇女统一战线的内容

劳动妇女内部的团结是建立妇女统一战线的基础。向警予在上海领导妇女罢工运动中，深刻认识到劳动妇女包括同处于底层的工厂男性内部的团结对罢工能否胜利具有至关重要的作用。从向警予对1922年中国劳动妇女罢工运动表的分析来看，"因高压及不能坚持而失败，然不失为吾国劳动妇女运动之空前大举"①。罢工运动常常因缺乏资金支持导致工人生活无着，迫于生存压力不得不上工；部分罢工工人受到资本家的威逼利诱，被迫上工，罢工运动从内部被瓦解；罢工领袖被警署及巡捕房抓捕，导致罢工运动群龙无首；罢工领导人还经常遭受资本家雇佣的流氓打手的殴打袭击；资本家派遣流氓走狗故意破坏工人群体与罢工领导人之间的关系，分裂罢工队伍。向警予在《九姑娘犯了何罪?》即为女工罢工领导人九姑娘王熙春鸣不平，九姑娘因领导上海丝厂女工罢工而成为资本家的眼中钉，狠心的资本家与腐烂不堪的官僚阶层狼狈为奸，随意捏造罪名欲置九姑娘于死地。正是因为罢工领导人被捕，从而导致罢工运动功败垂成。但女工若想改变被压榨、被虐待、被剥削的命运，对于无钱无势的她们来讲，团结奋斗无疑是唯一的斗争武器。因为女工人数众多，要求合理，一旦集体罢工，那么声势浩荡的罢工运动必然会

---

① 《向警予文集》，人民出版社，2011，第95页。

让资本家胆战心惊，即便不能使资本家满足她们的所有要求，也必然会在一定程度上改善女工的工作环境，提升工资待遇。"一切动作，听该团的指挥，因为你们有了团体，势力才能集中。你们全体加入，团体才能有伟大的力量。一切动作听团体指挥才能有万众一心，步伐不乱，在严守秩序之中，达到最后的胜利。"①

劳动妇女与其他阶层妇女建成革命统一战线是国民革命运动发展的需要。以劳动妇女为主体，同时联合其他阶层的妇女共同融入国民革命是妇女统一战线的主要内容。向警予认为"女权运动是妇女的人权运动，也是妇女的民权运动"②。因而，每一位妇女都应积极争取属于个人的权利。向警予批评了以往的女权运动及参政运动，只注重发动知识妇女、资产阶级女性等小姐太太，而嫌弃衣衫破烂的劳动妇女，鄙视她们的衣着，看不上她们的文化素养，因而她们的"女权运动"对于真正需要帮助的、生活在封建礼教和资本压榨下的女工没有任何助益。她们将女子参政运动弄成了女子个人做官做议员的运动，她们没有勇气参加真正的革命运动，没有胆气碰触封建官僚的高压，因而她们的参政运动"不过是无聊的议员队里增加了无聊的女议员，可耻的官僚群中添多些可耻的女官僚，可以说毫无意义！"③ 因而，向警予极力主张从事女子参政运动的女性应积极走向急需帮助的女工，只有以女工为基础，从最广大数量的女工利益出发，才能推动妇女解放。向警予认为无产阶级女工是否参加运动是判断女权运动真伪的测量器，"妇女界还只有新兴的劳动妇女最有力量，最有奋斗革命的精神，女权及参政运动姊妹们如果抛弃这支主力军，便是女权运动参政运动的绝大的损失，永远不能望发展"④。

世界妇女结成团体共同抵抗帝国主义的侵略是实现人类解放并进而

---

① 《向警予文集》，人民出版社，2011，第 125 页。
② 《向警予文集》，人民出版社，2011，第 155 页。
③ 《向警予文集》，人民出版社，2011，第 99 页。
④ 《向警予文集》，人民出版社，2011，第 99 页。

推动妇女解放的必要条件。当爱尔兰资产阶级公开背叛革命，反攻共和军和工农群众时，她大声疾呼"我们希望爱尔兰的劳动运动，立刻脱离改良派的领袖，集合于爱尔兰共产党旗帜之下，一致参加共和党反对英国帝国主义的战线"①。当美国妇女党准备以第三政党的身份参与国家事务管理时，她呼吁"被压迫的还是联络被压迫的罢！美国妇女党若想在国会立于不败之地，至少要与同病相怜的劳动阶级携手合作。"② 当万国女权同盟向国际联盟和各国政府争取妇女的参政权以及薪资均等权的要求时，向警予认为"我们只有亲密地结合全世界被压迫群众——妇女、弱小民族、劳动阶级成一坚实伟大的三角同盟，以为最后的对抗，以为种族阶级平等的保障，以求世界问题真实彻底的解决，以完全实现我们的主张！"③ 站在人类解放的高度，她主张各国的革命者与本国的无产阶级和劳工大众相联合，推翻剥削和压迫，实现自由和平等。她同情受压迫的劳农大众，憎恶剥削的资本家，强烈谴责帝国主义对我国的侵略和压迫，抨击国内反动军阀与国际侵略势力的勾结。她大声疾呼："中国人民应自觉的站在自卫的见地上……而自动的迅速的起来反抗英国帝国主义的侵略。"④

3. 家务劳动社会化

家务劳动社会化是向警予作为一名女性革命家站在性别视角提出的一个极富现实意义与长远意义的策略。从中国妇女解放运动的历史进程来看，向警予是较早提出家务劳动社会化的妇女运动领导人之一，但学界对此关注较少。

长期以来，妇女的家务劳动是其他社会劳动的先决条件，为参与社会劳动提供食物、衣服、情感和家庭安慰，但家务劳动通常被认为不能赚钱，恩格斯说："妇女的家务劳动现在同男子谋取生活资料的劳动比

---

① 《向警予文集》，人民出版社，2011，第68页。
② 《向警予文集》，人民出版社，2011，第118页。
③ 《向警予文集》，人民出版社，2011，第164页。
④ 《向警予文集》，人民出版社，2011，第105页。

较起来已经相形见绌：男子的劳动就是一切，妇女的劳动是无足轻重的附属品。"① 因而，家务劳动一直被禁锢在所谓的私人领域——家庭之中，通常被忽略得"不足为外人道也"，这大大制约了妇女解放的进程。恩格斯主张，"妇女解放的第一个先决条件是一切女性重新回到公共的事业中去"②。他认为没有妇女的就业，就不会有妇女的解放和发展。"只要妇女仍然被排斥于社会的生产劳动之外而只限于从事家庭的私人劳动，那么妇女的解放，妇女同男子的平等，现在和将来都是不可能的。妇女的解放，只有在妇女可以大量地、社会规模的参加生产，而家务劳动只占她们极少工夫的时候，才有可能。"③ 参加社会劳动使得妇女在经济上不再依赖于男子，而只有妇女对男子经济上依赖的消失，才允许两性关系建立在平等的基础之上。

随着资本主义大工业的发展，女性不可避免地卷入社会化大生产中，同男性一样从事相同的社会生产。传统社会分工的解体以及现代工业的发展，对女性"贤妻良母"角色构成巨大挑战，女性走入社会成为必然，然而传统女性照顾家庭也是其生理角色不可拒绝的要求，两者的冲突就必然需要家务劳动社会化。生育，对于一般女子来讲，是不可避免的事情，也是无法替代的事情。既要抚育儿童还要参加社会生产，对于女性来讲是不可能的。向警予主张，在儿童哺乳期内，女性应以母性角色为主；当儿童一岁后，社会应当组织儿童公育。组织儿童公育，不仅可以推动妇女解放，同时还可以提高儿童教育质量，由专业儿童教育的知识分子教养儿童要比单个的母亲有精力有能力，更好地照顾儿童。同时，在社会中单独划分儿童公育组织还可以增加生产额，减少社会消费额，增加社会财富。女子在职业化进程中，"养老育儿，以及各个人的衣食住，当然是社会的责任，应由社会全体共同组织专门人才，协衷

---

① 《马克思恩格斯选集》第4卷，人民出版社，1995，第162页。
② 《马克思恩格斯选集》第4卷，人民出版社，1995，第72页。
③ 《马克思恩格斯选集》第4卷，人民出版社，1995，第162页。

办理。"①

（五）妇女解放的目标

向警予认为妇女只有融入国民革命的运动中，通过实现民族解放才能实现妇女解放，才能使"自己从层层压迫之中解放出来，站在'人'和'国民'的地位"②。为女性争男女平等的权利，争属于普遍女性的权利。

西方女权主义传入中国后，男女平等成为妇女解放追寻的一个重要目标。向警予自少年起便以男女平等为奋斗目标。早在常德女子师范求学时，向警予与蒋胜眉等结拜为七姊妹，愿"振奋女子志气，励志读书，男女平等"③。为实现这一奋斗目标，她以一人之力在溆浦县城创办第一所男女共学的溆浦学堂，以启迪女子觉悟，提升女子志气，希冀以教育提升女子的家庭与社会地位。她积极参加新民学会，与蔡和森、毛泽东等一起探讨天下兴亡、民族兴衰等社会大势，敢为国家兴亡、匹夫有责。她与蔡畅等共同参与湖南勤工俭学运动，并与蔡和森等共赴法国勤工俭学。在法国，她蔑视强权，不怕牺牲，与在法国求学的女子共同抗争法国里昂大学男女招生名额、招考限制的不公正待遇；与蔡和森、周恩来等一起为贫寒子弟的求学经费而抗议中法政府狼狈为奸。她的行动展现了她与男子一样的斗争气概，她的行为体现了她为男女平等而奋斗的志向。

当她从激进的民主主义者转变为马克思主义者后，她自觉地将争取男女平等的女权行动融入争取民族解放的国民革命运动中。她认为只有实现国家独立、民族解放才能实现妇女解放。"我们的改造，当以社会人群全体的幸福做个目标。"④ 她批评女权运动沦为了少数女子做官的运

① 《向警予文集》，人民出版社，2011，第15页。
② 《向警予文集》，人民出版社，2011，第207页。
③ 《向警予文集》，人民出版社，2011，第1页。
④ 《向警予文集》，人民出版社，2011，第15页。

动，而不是为普遍女子谋利益，这恰恰忽视了妇女解放运动中最广大的妇女基础。女权运动应当为妇女争普遍的权利、普遍的利益，倘若变成了为少数妇女争特别的权利，那么女权运动又有什么社会意义呢？一介女流武则天，以个人之力登上皇帝宝座，坐拥天下权势与财富，但是她个人的权威与平民妇女生活的命运又有何相关呢？据此，向警予认为"'社会的基础'只能建设在一般妇女的需要之上，所以应当特别注意直接于妇女本身的利益"①。诸如女工被虐待、女工罢工运动领导人九姑娘被逮捕、女工生活无依无靠等关系女工切身利益的现实问题最应该引起妇女解放运动的关注。只有想女工之所想、急女工之所急、办女工之所需，女权运动才能引起大多数人的支持，女权运动才算是真正的妇女解放运动。

在国民革命运动中，女性通过民族解放进而实现妇女解放，通过个人的努力争取属于普遍女性的权利和利益，这既是中国革命发展的特殊要求也是中国革命发展的势所必然。

三　向警予妇女解放思想的鲜明特征

向警予的妇女解放思想内容丰富、意义深刻，作为中国共产党早期妇女运动的领导者，她的妇女解放思想呈现出鲜明的时代特征。

（一）主体上求同存异

向警予对中国妇女运动进行了划分：劳动妇女运动、女权及参政运动和基督教妇女运动。尽管三种妇女团体在利益诉求、价值导向等各有差异，但向警予认为在争取国家独立和民族解放的目标上，女性的斗争方向是一致的。

---

① 《向警予文集》，人民出版社，2011，第160页。

1. 劳动妇女群体与其他妇女团体在奋斗目标、斗争方式等方面的差异

劳动妇女以罢工为手段，以争取经济利益为直接目的。斯大林曾经说过："在人类历史上，被压迫者的任何一次伟大运动都少不了劳动妇女的参加。劳动妇女，一切被压迫者中最受压迫的劳动妇女，从来没有而且也不会站在解放运动大道的旁边。"① 20世纪20年代的中国妇女运动中，劳动妇女表现出强大的力量。向警予以上海为中心，对中国的劳动妇女运动进行了总结分析。她指出仅1922年，全国女工罢工的工厂多达60余家，罢工次数多达18次，参与人数达3万之众，而上海作为女工集中的场所，几乎月月都有工人罢工。劳动妇女日日忍受资本家的残酷压榨，当她们忍无可忍时便群起罢工，联合其他姐妹共同捍卫个人权益。她们在斗争中团结一致、不怕拘捕和牺牲，顽强地同资本家的走狗进行大无畏的阶级斗争，屡仆屡起，百折不回。即便出现了像九姑娘一样因领导女工罢工而被资本家诬陷入狱的现象，也丝毫无法阻止女工通过罢工等争取个人利益的决心。向警予赞扬穷无所归的劳动妇女，"她们为争自由争本身利益常常以几千几百的群众——至少也有几百——用罢工的手段一致与资本家积极作战，忍饥挨饿牺牲工钱或被革除都所不惜"② 的革命精神，并且指出，劳动妇女才是中国妇女运动的真正主体，脱离了她们，不仅女权运动不成功，就是成功了也只是少数女子做官做议员的运动。

女权及参政运动团体以上书、请愿为途径，以争取法律上、政治上、教育上、经济上等男女平等为目标。1921年前后，由广东妇女界发起的女子参政运动引发了全国各地妇女团体参政的热情，她们利用各地军阀"修改宪法"和"制定省宪法"的机会，成立"女子参政协进会"或"女权运动同盟会"等参政组织，掀起妇女参政的热潮。她们通过上书、请愿、游行、施压等各种"稳健型"途径争取妇女在宪法上拥有与男子

① 《斯大林选集》（上），人民出版社，1979，第315页。
② 《向警予文集》，人民出版社，2011，第97页。

同等的权利。在妇女界的积极努力下，妇女参政运动取得了一定的成绩。如：王昌国成为湖南省第一位女议员，王碧华被选为浙江省宪审查员，黄璧魂被选为广东省香山县县议员；同时，1922 年湖南省宪法正式承认男女在法律上一律平等，不仅具有同等的受教育权，而且具有同等的选举权和被选举权。妇女参政运动在推动妇女解放、维护妇女权益方面做出了较大贡献。然而，"实际有利于资产妇女全体的女子财产权已经争回而列入宪法的，不久又被顽固先生们把他轻轻巧巧地取消了"①。向警予认为女权运动的发起者仅仅联合了已经觉悟的妇女参政、争取妇女权益，却忽视了中国最广大的劳动妇女。所以，当女权运动的积极分子一离开该地，该地的妇女权益便即刻消失了；反之，如果女权运动赢得了大多数妇女群众的支持，唤起她们的觉悟，少数顽固分子必然不敢贸然取消妇女权益的法律。

基督教妇女团体以改良为手段，力图逐渐改变妇女儿童的生活处境。这类团体主要有中华基督教女青年会、中英美妇女会、妇女节制会等，以妇女儿童为主体，以科教文卫为途径，以传播基督教为直接目标。这类妇女团体成立时间较长、人数较多、组织比较完善，她们除传教外，还经常向妇女宣传育婴卫生、节俭以及禁止不良嗜好的思想。例如中华基督教女青年会的宗旨是："本基督之精神，促进妇女德智体群四育之发展，培养高尚健全之人格，团契之精神，服务社会，造福人群。"② 中华妇女节制会宣称以"促进家庭幸福"为宗旨并以"拒绝烟、酒、赌、邪，提倡慈、孝、贞、俭"③ 为方针。该会设有拒毒、拒赌、尚德、保婴、感亲、公民、宣传、书报等部，负责组织各项活动。她们一方面成立满足妇女自身需要的团体：学生救济食堂、婴儿保健会、女子寄宿舍、女子夏令营、妇女俱乐部、女工日校和夜校等；另一方面她们去女校演讲或登报发文，宣传妇女卫生健康知识，号召女性抵制各种不良嗜好，

① 《向警予文集》，人民出版社，2011，第 132 页。
② 加润国：《中国宗教与宗教政策》，国家行政学院出版社，2013，第 68 页。
③ 刘王立明：《中国妇女运动》，上海商务印书馆，1934，第 182 页。

如抽鸦片、赌博等。她们在实际的妇女运动中做出了切实的成绩，推动了女性觉悟的提升和妇女解放的进程。但她们"在组织上、方法上、技术上、人才上、经济上无一不有国际的后援与指导"，"恐终会成为外国资本的机械"①。

以上分析可知，上述三派妇女团体在推动妇女解放运动中各有侧重，方式各异，取得的成绩也各不相同。在民族矛盾空前严重的中国，实现国家独立是每一个妇女团体的最高价值追求。

2. 国家救亡是所有妇女团体的共同目标

三类妇女团体的群众基础不同、服务对象不同、斗争方式不同、直接利益诉求也不相同，但在实现国家救亡上却是一致的，这是奠定三类妇女团体结成统一战线共同抵制外国帝国主义侵略的基础。

中国劳动妇女深受帝国主义、资产阶级、封建势力以及男权社会的压榨，压迫最深、剥削最重、生活最苦，反抗也最激烈。她们始终处在斗争的最前沿，不畏强权、不惧牺牲。她们对阶级斗争感受最深刻，对帝国主义侵略感受更直接，对国家独立和民族解放的渴求最急迫。因而，"要完成妇女解放的使命，只有去找群众，只有去找生活最痛苦、要求解放最迫切、而最富有解放精神与魄力的群众。这种群众，方是我们妇女运动真正的基础"②。

女权参政运动者大多是知识分子，她们对时局动乱和人民疾苦有深刻的洞见，对妇女解放的途径虽然主要仰赖于妇女参政，但她们在妇女运动中逐渐向民族解放的目标靠近，将女权运动融入民族解放的政治革命中。她们认为，要实现女权，必须"先从封建的军阀手中将政权收回，归于平民掌握"③。四川女权运动同盟会在宣言中写道："我辈女子一面参与时局问题之解决，一面应无忘我们自身人格之解放运动，方能于智识上、法律上有男女真正平等的人格。方能尽我辈解决时局之继续

① 《向警予文集》，人民出版社，2011，第100页。
② 《向警予文集》，人民出版社，2011，第221页。
③ 谈社英：《中国妇女运动通史》，妇女共鸣社，1936，第123页。

责任。"① 大多数女权运动团体都提出了将争取男女平等与国家救亡相结合的目标，同时她们认为，在国家危亡的情况下，女子谋求参政权不仅是女性权利的张扬也是女性尽国家义务的必要。

基督教妇女团体较为特殊，一方面它是宗教组织，以传播基督教为主要目的，另一方面它在经济、组织等各方面均受制于英美等帝国主义国家。但基督教妇女团体既以中国为传播地，教会成员大多数是中国女性，势必无法逃脱中国社会的制约，而对家园的深厚感情必然在内心深处影响她们的行为选择。一方面，基督教妇女团体以很大的精力引导女性学习《圣经》等，着力提升妇女的文化水平，宣传教义发展教众；另一方面，将科教文卫的宣传与国家救亡相结合。如中华妇女节制会根据中国的实际情况，把禁毒作为首要的攻击目标。1926 年，刘王立明在上海学生会夏令讲学会上演讲时指出，中国应急切解决者当首推鸦片，鸦片乃强国之大敌，烟魔一日不除，国家不但无可筹之饷、可用之兵，且恐将永作人家奴隶。夏瑞莲在《今日我国学界的女青年对于拒毒的责任》一文中痛陈鸦片对个人、国家和社会的巨大危害，指出"今日救国的首务，就是如何铲除毒物"。在这里，妇女节制会的女基督徒们将节制运动与民族存亡相联系，激发妇女对国家前途和命运的关心。

向警予通过对三类妇女运动的差异性和共同性的细致剖析，号召广大妇女建立广泛的统一战线，在民族大义的旗帜下，推进妇女解放融入民族解放。

（二）目标上两位一体

向警予从妇女解放的迫切需求和民族解放的现实要求出发，提出将妇女解放融入民族解放，实现妇女个人综合素质的提升与实现国家独立的目标相结合，实现"个人本位"和"社会本位"两位一体的共同发展。

---

① 《向警予文集》，人民出版社，2011，第 156 页。

实现个人解放与发展是妇女解放运动的必然要求。马克思认为社会主义社会的最终目标是实现人的自由而全面的发展，人能够按照自己的意愿发展自己，从事自己喜欢的职业，"对于女性来讲，所谓'解放'说得实际一些，就是能走自己的路，能有自己独立的社会身份，能够做自己想做的事，选择自己愿望中的生活方式，还有能够爱她所爱，也能弃她不爱"①。女性按照自己的意愿生活，不依赖于人，不奴役于物，是妇女解放运动的直接指向。向警予在引导妇女走向民族解放运动的过程中，注重妇女的直接需求，以妇女个体为主体，注重妇女知识、能力等各方面的协同发展。她坚持理论与实践相结合，鼓励年轻女性要一面学习，另一面参加实际斗争，号召中学女生到女工农妇中去工作学习，帮助底层劳动妇女提升觉悟，改变认识；坚持社会科学与自然科学并重，引导女学生掌握正确的读书方法，既要学习历史学、社会学、社会进化史、经济学、政治学等，识明社会现状和历史方位，又要学习天文学、地质学、物理学、化学等自然科学，全面充实和提高自己。在她的影响和帮助下，杨之华、张琴秋、王一知等成为我们党内不可或缺的全面型发展人才：既会做群众工作，也能从事文艺创作，充分实现了在妇女解放运动中，女性个体综合发展的重要性。

民族解放是妇女解放的必然指向。近代中国国情的特殊性决定了各类群体奋斗的目标都必然要集中于国家救亡这一点上。中华民族的矛盾与外国帝国主义侵略者之间的矛盾成为近代中国社会的最大矛盾，无论是康有为、梁启超、孙中山还是李大钊、陈独秀，无数仁人志士莫不在探索一条救国救民的道路。无论是"中学为体、西学为用"还是"民族、民权、民生"抑或是"民主、科学"，文化高扬的背后是中国独立的价值目标。掩盖在国家救亡之下妇女问题等"在中国民族未达到自由平等以前，妇女绝对不会单独达到自由平等"②。因而，妇女解放以改造社会的工具为目标不仅是国家救亡的需求，也是妇女解放的必然出路。

---

① 李小江：《关于女人的问答》，江苏人民出版社，1997，第3页。
② 《向警予文集》，人民出版社，2011，第236页。

向警予以马克思主义关于人的全面发展学说为指导，结合中国社会实际，在妇女解放运动中，既注重女性个人素质的综合提升，同时又引导女性积极投身于民族解放运动，实现个人与社会共同发展的双重目标。

（三）方法上多元并举

政治革命是实现妇女解放的根本途径，但是在政治革命尚未实现以前，必要的社会改良对妇女切身处境的改变也有重要作用。因而，向警予在从事妇女运动中，运用多种方法，提升妇女觉悟，改变妇女处境。

政治变革是妇女解放的根本途径。中国社会的主要矛盾决定了社会的主要任务是实现民族解放，妇女解放必然要在民族解放后才能实现。与同时代的女权运动者相比，向警予不仅指明了妇女解放融入民族解放的必然趋势，而且提出无论是妇女解放还是民族解放都必须走暴力革命的道路。向警予认为，只有通过政治变革，建立真正代表人民利益的政权组织，才能从根本上实现国家独立。也只有在这样的政体下，妇女个人自由而全面的发展才能实现。她以苏俄为例，指出苏俄建立了无产阶级专政的政体，不仅人民取得了解放，妇女也一举取得了和男子一样的地位，这是西方女权运动组织奋斗几百年才实现的目标。

妇女教育是妇女解放的根本条件。教育以知识和经验为工具，使人拥有认识自己、发展自己以及实现自我价值的能力，这也是女性实现个体发展的必备条件。女性通过教育可以培养独立人格并全面发展自己。向警予认为女性倘若一无知识、二无技能，即便解放了也很难实现"上午打猎，下午捕鱼，傍晚从事畜牧，晚饭后从事批判。"[1] 向警予号召女性学习科学文化知识和职业技能，摆脱封建枷锁的束缚，养成独立判断的能力，提升整体素质，提高自我发展和完善的能力。她认为，"读书才能养成充分活动的能力，解放自身，担当改造社会的使命"[2]。反之，缺乏相应学识和能力的女性，往往被阻隔于争取参政权和接受高等教育

---

[1] 《马克思恩格斯选集》第1卷，人民出版社，2012，第165页。
[2] 《向警予文集》，人民出版社，2011，第184页。

的权利。"自今年以来，我国少数人的思潮，为之大变，大家都以非求社会的均齐发展，不能达到人生的共同幸福；所以对于全国二分之一的黑暗女子，也想把他从十八重地狱里提拔出来，于是乎'女子解放'、'女子解放'的声浪，一天高似一天。但仔细研究，全然是学识能力的关系。"[1] 女性因学识能力问题，瞻望校门而不入，申请参政而不准，在阶级压迫和男权制度下竟毫无办法。因而"提高女子学识能力"是"催促社会文化进步的唯一妙法"[2]。

妇女组织是妇女解放的重要条件。从"新民学会"到"周南女子留法勤工俭学会"，从"工学世界社"到"开放海外大学女子请愿团"，从组织丝厂女工成立上海丝厂女工罢工协会到妇女运动委员会，从发起上海女界国民会议促成会到中华全国女界国民会促成会再到"妇女解放协会"，从领导上海闸北14家丝厂10000多女工大罢工到领导上海南洋烟厂7000多工人的大罢工，从争取男女平等的教育权到领导妇女罢工，向警予在革命实践中逐渐认识到组成团体是解决时局的重要途径之一。她不仅善于参加各种社会团体，协同他人共同完成目标，而且经常发起组织团体，通过团体的力量向反动军阀和帝国主义势力施压，改善团体的生活处境。

以劳动妇女为主体，联合一切可以联合的妇女，运用各种方法和路径，引导妇女为共同的利益而奋斗是向警予妇女解放思想的鲜明特征。

四 向警予妇女解放思想的意义、启示及反思

向警予作为中国共产党早期著名的妇女运动领导人，她曾连续担任妇女部部长，对早期妇女运动具有深刻的认识。向警予关于妇女解放的思想在中国共产党领导妇女解放的过程中占有重要地位，她关于妇女解放的思想并没有因为历史的前进而掉色，相反，在社会主义现代化建设

---

① 《向警予文集》，人民出版社，2011，第6页。
② 《向警予文集》，人民出版社，2011，第6页。

过程中，仍然具有启发意义。

（一）历史意义

1. 丰富和发展了马克思主义妇女解放的理论

坚持马克思主义妇女观的基本原则和方法论。向警予在法国留学期间，比较系统地学习了马克思主义相关著作，树立了马克思主义的坚定信仰。1920 年她撰写的《女子解放与改造的商榷》是向警予第一次运用马克思主义妇女观剖析中国的妇女问题。她坚持运用辩证唯物主义和历史唯物主义的世界观、方法论，对妇女受压迫的根源、妇女解放的根本途径和具体方法进行了科学分析和详细论述。从教育平等到经济独立，从婚姻自决到儿童公育，"虽然一时候说不定替代一种什么主义与制度，最为美善适宜，然而二十世纪的新人生观，是以社会主义的互助协进来替代个人主义的自由竞争"[1]。向警予回国后，将马克思主义妇女解放理论与中国具体实际相结合，在坚持马克思主义的基本原则下，灵活运用马克思主义妇女解放的方法论，有针对性地开展妇女运动。

在中国革命实践中，向警予丰富和发展了马克思主义妇女理论。马克思主义不是教条，而是行动的指南。面对阶级成分复杂的中国社会现实，向警予不拘泥于传统的马克思主义妇女理论，她认为中国妇女解放运动的主体是生活在最底层的最广大的劳动妇女，但她们与资产阶级妇女并不是完全对立的，在中国目前面临巨大民族危机的情况下，两者不是一个阶级推翻另一个阶级，而是结成最广泛的团体，建立妇女统一战线，共同反抗帝国主义侵略和反抗军阀政府的残酷压榨。马克思主义认为资本主义大工业的发展造成工人阶级生活日益困顿，被剥夺了土地的无产阶级只能靠出卖劳动力维持生活，因而，推翻资产阶级私有制是实现无产阶级解放的根本条件。向警予在分析中国妇女现实情况时，也指出"经济独立，为女子解放的惟一条件"[2]，然而中国情况比马克思恩格

---

[1] 《向警予文集》，人民出版社，2011，第 12 页。
[2] 《向警予文集》，人民出版社，2011，第 13 页。

斯所论述的资本主义社会特殊，中国最广大的底层劳动妇女不仅深受资本家的剥削和压榨，还深受封建主义宗教伦理制度等框架的束缚。妇女解放，不仅要推翻资本主义私有制，还要推翻一切剥削人的财产私有制。妇女解放只有随着劳动大众的解放才能实现，广大妇女只有融入轰轰烈烈的政治革命中才能实现独立和自由。

中国特殊的国情既为马克思主义妇女解放理论提出了挑战，同时也为马克思主义妇女解放理论的丰富和发展提供了一手资料，两者在中国社会变迁中互动发展。

2. 是中国共产党妇女解放理论的主要组成部分

向警予是中国共产党二大、三大、四大的妇女部部长，中国共产党早期著名的妇女运动领袖，起草了中国共产党第三次全国代表大会《关于妇女运动的决议案》。她在政治上所处的地位使得她有条件、有能力影响中国共产党关于妇女政策的制定；同时，向警予回国后，深入女工集中的上海开展了轰轰烈烈的女工罢工运动，丰富的革命实践活动为她思考妇女问题提供了一手资料。向警予妇女解放思想与中国共产党妇女解放理论之间是相互融通的：一方面，以向警予为代表的早期妇女解放运动的共产党人深入实践开展妇女工作，她们在实践中发现问题、解决问题、总结经验教训，为中国共产党妇女解放理论建言献策；另一方面，向警予本身作为中国共产党妇女政策的制定人之一，她能够根据中国社会的实际发展和马克思主义妇女理论相结合，推动中国妇女解放理论的进一步发展和完善。中国共产党早期从事妇女解放运动的妇女工作者较少，有邓颖超、刘清扬、杨之华、王一知等，而且她们在政治地位和知识能力上都与向警予有较大差距。因而，客观来讲，向警予的妇女解放理论实质上是中国共产党早期妇女解放运动探索的理论成果之一。

中国女工在很多方面与马克思恩格斯所设想的资本主义大工厂的女工有很大不同。她们来源广泛：既有来自本地的家庭妇女，也有家庭手工业衰败的乡村女孩儿，还有为了生计而逃荒的无产阶级贫困妇女；家中经济情况不同，做工的目的也不同：有的来自较殷实的家庭，做工只是为了补贴家用，有的来自穷无所依的破产家庭，做工的收入是养家糊口的支柱；有的穿着讲究，有的蓬头垢面；大部分是文盲，少数妇女接受过一两年的教育；大多数女工从事又脏又累的工作，少数女工成为包工头或者管理者。因为血缘或者地缘的关系，她们中一部分人又容易抱团，或者为了反抗个别包工头的欺压或者为了争取某些共同的利益。面对中国女工成分复杂、来源广泛、利益差别大、觉悟程度参差不齐、地缘性、血亲性连接紧密等特性，向警予科学运用马克思主义妇女解放理论，以中国具体实际为根基，深入女工家庭开展工作，同时采取传统的"结拜姊妹"的方式融入女工团体，帮助她们提升阶级觉悟，引导她们走向无产阶级解放道路。

面对复杂多变的女工斗争，向警予灵活运用马克思主义的立场、观点和方法解决问题，吸取教训，总结经验，不断将实际斗争的经验教训转化为理论成果，并利用自身特殊的身份地位，影响党的妇女方针、政策，推动中国特色妇女解放理论的形成。

3. 推动了妇女运动的蓬勃发展

共产党成立之前，妇女运动的发展有两次高潮。第一次，辛亥革命时期。革命前，在全国大范围掀起禁缠足运动；革命进行时，女子组成北伐军，与男子一起共同作战；革命胜利后，女子掀起参政运动，但终因男子的反对而失败。第二次，五四运动时期。随着男女平等、天赋人权思想的传播，女性独立自主意识增强，很多女性摆脱家庭束缚，争取高等教育权和婚姻自由权。然而，无论这两次妇女运动发展得多么激烈，却始终与底层广大的劳动妇女关联甚少。大部分工厂女工对于"婚姻自决""教育平等"毫不感兴趣，她们一天到晚地工作，一年到头也得不到温饱，她们的收入还经常受到厂主、贪官、污吏、恶霸等的剥削。

向警予作为中国共产党早期著名的妇女运动领导者，她不仅从事一般意义上的宣传鼓吹，还深入工厂、女工家庭，结合女工的生活，运用多种方式途径，卓有成效地开展了轰轰烈烈的妇女运动。她亲自组织丝厂女工成立上海丝厂女工协会，领导妇女开展罢工运动；鼓动上海大学的女生，深入工农妇女工作中，号召她们参加国民会议；她联合南方大学女生、上海大学女生、虹口妇女平民学校等多个团体，成立上海女界国民会议促成会；她和恽代英一起，在上海公共体育场开展政治宣传……向警予和其他同志开展的妇女运动受到党中央的高度赞扬："在最近一月本党利用国民会议运动的机会发起组织妇女国民会议促成会，在各地颇生影响，许多进步的知识界妇女和女工群众都已集中到这种组织之下。"① 随着革命形势的发展，女党员、女团员迅速增加，女工、农妇也开始组织起来。向警予卓有成效的工作不仅推动了妇女思想觉悟的提升，也推动了实际运动的发展。在"五卅"运动中，上海有 10 余万女工参与罢工运动，成为 20 世纪 20 年代中国妇女运动的高峰。

"在向警予之前，中国没有真正的妇女运动的组织，只有几个小规模的、非政治性的资产阶级团体。"② 在党的领导下，经过向警予等的努力，妇女组织才逐步建立起来。

4. 唤起广大妇女的主体意识，推动妇女解放的历史进程

女性主体意识的缺乏主要表现在两方面：一是，对自身权利不重视，甘愿忍受封建伦理纲常的束缚。中国妇女解放运动伊始是妇女裹挟在时代潮流中被解放的运动，带有浓厚的"男性"色彩。无论是禁缠足运动还是争取女性教育权运动，都是由接受进步思想的男性知识分子从旁鼓动、摇旗呐喊开展的。宏观上，康有为、梁启超、严复等著书立说，呼吁女性接受进步教育；微观上，经元善、朱剑凡等进步教育家开设女校，吸引女性上学读书。广大妇女是在男性思想家们的启蒙下逐步意识到自身的权利，走上政治舞台。二是，国家主人翁意识淡薄，对民族兴衰、人民生活疾苦漠不关心。我国女性"依旧保留着大多数不识字，无人生和共和国民常识"③，她们或者专理柴米油盐酱醋茶，或者专注于胭脂茶

---

① 中华全国妇女联合会妇女运动历史研究室：《中国妇女运动历史资料》，人民出版社，1986，第 281 页。

② 〔美〕尼姆·威尔斯：《续西行漫记》，陶宜、徐复译，解放军文艺出版社，2002，第 196～197 页。

③ 《向警予文集》，人民出版社，2011，第 176 页。

粉、打牌逗乐，对于国家兴亡、社会动荡毫不关心，对与妇女密切相关的问题犹秦人视越人之肥瘠，毫不关痛痒。"中国妇女因历史的社会的特殊生活，演成了中国妇女特殊的心理和习性，最缺乏的是'政治的常识'和'社会的关心'。"① 缺乏相应责任感和使命感的女性，在面对帝国主义的侵略时，"永远是戏剧的看客"②，或者说是高级看客。

向警予认为由于广大妇女缺乏主体意识，不能正确认识妇女解放的目的和意义，不能主动参与妇女解放运动，整个妇女运动缺乏主动性，使得妇女的权利得不到真正实现，她认为必须唤起妇女的主体意识，让广大妇女主动参与到妇女解放斗争中，为实现全面解放而奋斗。一方面，她深入工厂对女工开展文化教育，剖析女工受压迫受剥削的原因，提升她们自身觉悟，引导女性将经济利益斗争转向政治利益斗争；另一方面，向警予积极培养进步知识分子，用马克思主义理论教育学生，提高学生的理论水平。同时，积极加强国家意识教育，国家意识承载着国家信念与民族大义，是反对外敌入侵和维护祖国团结统一的锐利武器。没有国家意识，就没有爱国之心，更没有爱国之举。她大力倡导中学女生"除与学校课本周旋外，应多读新书报，多与实际的社会接近"③，亲身从事社会实践活动，从事启迪妇女觉悟的工作，激发妇女的爱国意识，做"妇女运动的起重机"④。她希望她"培育起来的学生们能成长起来，摆脱封建的枷锁，摆脱愚昧无知，走上争取国家独立富强、争取妇女自身解放的道路。"⑤

在向警予的影响下，大量女性干部走上政治舞台，中国妇女活动家、瞿秋白的妻子杨之华就曾回忆道，除了工作上的交流，向警予"还常到我的宿舍里来，一谈就是几个钟头，谈工作、谈工人、妇女、学生的各

① 《向警予文集》，人民出版社，2011，第173页。
② 《鲁迅全集 编年版1920-1924》第2卷，人民文学出版社，2014，第363页。
③ 《向警予文集》，人民出版社，2011，第242页。
④ 《向警予文集》，人民出版社，2011，第141页。
⑤ 刘茂舒主编《向警予：传记·纪念与回忆·论述·资料》，武汉出版社，1995，第99页。

种情况，不断地帮助我，把我当作培养的对象"①。王一知也曾说："向警予同志在生活琐事上，不愿花去少许时间，对我们这些青年后进宣传马列主义，则是孜孜不倦的决不吝惜时间。特别是我们有问题向她提出的时候，她总是耐心地解答，总要把问题仔细阐明，滔滔不绝地谈上半天使你了然才罢。"② 可见，向警予总是利用一切时间帮助、教育进步青年，即便对于不认识的人，她也总是希望能够帮助她们。张金保曾回忆，她第一次参加在武汉召开的全国第五次党代表大会上，"一位年青女同志经常接近我，找我谈话，主动关心我，连上食堂、上厕所也陪我一道去……"这位女同志不是别人，正是刚刚从苏联学习回来的向警予，虽然她知识多、党内地位高，"可是在我这个年青工人心目中，却一点也没感到她有知识分子的架子，丝毫没有与工农不同的样子，我只觉得和她在一起挺可亲"③。类似于这样的回忆，数不胜数，很多进步青年如罗正璧、舒劲秋、张琴秋、谭乐华、邓锦珊等都深受向警予的影响。无论是党内进步青年的培养和党外劳工女性的教育，向警予都下了极大的功夫。在推动女性自身的觉醒和主体意识的提升方面，向警予做出了杰出贡献。20 世纪 20 年代女性罢工运动频发，也显示了女性主体意识的提升，她们开始通过主动罢工捍卫自身权益。

（二）现实启示及反思

向警予妇女解放思想是历史发展、社会变迁和个人实践的互动产物。一方面，它彰显了作为时代觉醒的女性先知对自身与社会的思考；另一方面，向警予妇女解放思想必然受到整个社会历史宏大叙事的影响和制约，在妇女解放的进程中有很多不彻底和不完善的地方。我们不能按照今天的标准苛求前人，不能脱离社会发展的实践评价前人。向警予妇女解放思想中不完善的地方不是思想理论的错误，而是实践探索中历史条

① 刘茂舒主编《向警予：传记·纪念与回忆·论述·资料》，武汉出版社，1995，第 103 页。
② 刘茂舒主编《向警予：传记·纪念与回忆·论述·资料》，武汉出版社，1995，第 108 页。
③ 刘茂舒主编《向警予：传记·纪念与回忆·论述·资料》，武汉出版社，1995，第 135 页。

件限制的不足。妇女解放作为一项宏大的社会事业，需要几代人乃至几十代人共同努力才能渐趋完善，向警予只是无产阶级妇女解放运动中的一个早期探索者。因而，向警予的妇女解放思想作为妇女解放历史进程中的一个阶段，必然有其遗留的历史性"尾巴"值得我们反思。

1. 民族利益与妇女利益的内在紧张关系

在近代中国妇女解放运动中，民族利益与妇女利益始终存在内在的紧张关系：一方面，妇女解放与民族解放双向互推互动，竭力实现民族利益与妇女利益的最大化；另一方面，在妇女解放融入民族解放并以实现国家独立为最高目标的历史进程中，妇女利益必然受到民族利益的压制，妇女解放得"不彻底"。

在抵制帝国主义的侵略、实现国家独立方面，妇女解放与民族解放有共同的利益诉求，利益重叠的地方即是两者互动频繁之处。"在中国民族未达到自由平等以前，妇女绝对不会单独达到自由平等。"① 妇女解放只有以民族解放为前提，才能实现自身利益。向警予以上海为例，指出如果任由上海租界一直扩大到西门、闸北、南市以至于全中国的领土都被变成租界，那么中国就变成了第二个朝鲜，妇女不要说争男女平权，恐怕就连两个人偶语都要被禁止。在中华民族面临空前严重的民族危急时刻，"民族国家的建构成为国人压倒一切的价值诉求，任何社会群体的特殊价值诉求都必须以让位和服务于这一宏大的目标，才能获得自身的正当性基础"② 妇女解放作为社会有机体的一个侧面，只有融入民族解放，才能在顺应历史的过程中谋求自身发展。反之，没有民族解放的支撑，妇女解放难以推动。从中国近现代妇女解放史来看，当外部危机严重时，妇女解放的呼声最弱；当外部危机减弱、国内处于相对稳定时，妇女解放呼声最强，如辛亥革命时期、五四运动时期。单纯地谋求男女平等、女子参政运动，不仅脱离了中国社会发展的需求，也不符合受压

---

① 《向警予文集》，人民出版社，2011，第236页。
② 揭爱花：《国家、组织与妇女：中国妇女解放实践的运作机制研究》，学林出版社，2012，第51页。

迫和受剥削的广大人民的诉求。况且，真正觉醒起来争女权的妇女实在是少数，她们的力量难以支撑起像西欧、美国等西方国家的声势浩荡的女权运动。女子参政运动，"真是费尽九牛二虎之力，虽然赢得一时成功，终免不了昙花一现的惨运。盖政治混乱之下的女权运动，犹之起屋沙上，随起随倒"①。

　　然而妇女解放并不等同于民族解放，民族解放实现，并不必然等于妇女解放的实现。民族解放以国家独立为目标，以整体社会和全体人民为着眼点，妇女只是人民中的一个群体。妇女解放以实现妇女自身的自由而全面的发展为最终目标，她的着眼点在于妇女个人及其女性群体的特殊权益的捍卫。妇女利益是微观的，民族利益是宏观的，在妇女利益让位于民族利益的历史过程中，妇女借民族解放的快车快速实现了法律上、制度上的男女平等，但其自身的内在素质提升难以匹配形式上的平等，妇女解放落实在女性个体身上，出现了"不彻底"。妇女解放实质上是国家层面和个体层面平行互动的：一方面，女性自尊、自信、自立、自强，另一方面，国家在法律制度层面为女性的"四自"保驾护航。但中国国情的特殊性，广大妇女在中国共产党的领导下，在民族解放中做出了巨大贡献和牺牲，从而在新中国成立后为自身赢得了法律和制度上的男女平等。但妇女自身的内在素质并没有跟上国家制度层面的进步，"中国妇女因历史的社会的特殊生活，演成了中国妇女特殊的心理和习性，最缺乏的是'政治的常识'和'社会的关心'。"② 这种现象直至中华人民共和国成立后依然存在。妇女解放并没有随着民族解放而自动解放，在民族救亡的宏大叙事下，女性自身的利益诉求无法得到相应的关照，妇女在婚姻、经济、参政等各种事项上的权利不得不让位于民族解放，妇女自身权利意识的觉醒让位于民族国家意识的唤起，妇女动员的主要目的是民族解放而不是个人的全面发展。为了达到妇女解放服务于民族解放的最终目的，向警予在从事妇女宣传时甚至贬低谋求妇女自身

---

①　《向警予文集》，人民出版社，2011，第 139 页。
②　《向警予文集》，人民出版社，2011，第 173 页。

利益的运动,"妇女解放也决不是鼠目寸光的仅仅注射于妇女本身、单做妇女运动所能办到的"①。压抑女性自身的主体权利意识,高扬民族国家意识,忽视女性自身的利益诉求,必然导致妇女解放呈现出形式上男女平等而实际上女性自身素质薄弱的情况发生。

尽管当时的妇女解放运动忽视了妇女自身权利意识的唤起,但并不能因此而否定中国妇女解放运动的历史逻辑性。"国民革命成功了,妇女并不能够得到完全解放。但是我们可以肯定的说,妇女应该参加国民革命,去打破封建的宗法社会制度,因为这样,可以使妇女解放运动得到一个很大的进步。"② 必须客观地看到,在国家救亡的宏大叙事中,无法顾及每一群体的均衡、全面的解放与发展。总结妇女解放的历史经验及教训,是为了进一步推动妇女解放和发展。

2. 男女平等不等于女性"异化"

男女平等是妇女解放的重要特征,但男女平等不是女性"异化",不是以男性为标准、为标杆,而是在尊重生理、心理差异基础上的男女平等。

中国妇女深受政权、族权、神权、夫权的压迫,经济不独立、婚姻不自主、政治不发言、文化不识字。因而,妇女解放的开端是争取与男子同等的权利,争男女平等的受教育权、婚姻自主权、土地所有权等。但相同的权利并不意味着相同的标杆,既有的标准是以男性为基准,但女性自身特殊的生理、心理素质都与男性迥然不同,因而,两性的考核标杆也应有所区别。由觉悟的男性开启的近代中国妇女解放运动,从一开始便出现了女性以男性为标准的"异化"。从宏观上来讲,近代妇女解放运动的倡导者康有为、梁启超、李大钊、陈独秀、李达等著书立说,力陈封建礼教对女子的残害,鼓舞女性求知好学,挣脱封建枷锁,逃离旧社会,投奔新社会,他们在号召妇女解放的运动中,自然而然成为领

---

① 《向警予文集》,人民出版社,2011,第172页。
② 中华全国妇女联合会妇女运动史研究室编《中国妇女运动历史资料(1921-1927)》,人民出版社,1986,第559页。

导者，成为典范；从微观来看，近代女性的崛起基本上是在父兄或丈夫的引领下逐渐觉醒，她们获得新知的来源是接受新式教育和具有新思想的男性家庭成员，受家庭氛围的熏陶以及自身的独立意识逐渐成为中国近代女性觉醒的先知，如秋瑾、唐群英、刘清扬、向警予、杨之华等，无一不是在父兄的影响下走上革命的道路。男性在女性觉醒的过程中，扮演着导师、引路人的角色，在潜移默化中，女性逐渐向男性看齐：如秋瑾身着男性服饰，向警予要求仆人叫她"向先生"而不是"蔡太太"。她们试图通过效仿男性获得社会对自身价值的认可。"现在的大谬误是一切以男子为标准，即妇女运动也逃不出这个圈子，故有女子以男性化为解放之现象，甚至关于性的事情也以男子观点为依据，赞扬女性之被动，而以有些女子性心理上的事实为有失尊严，连女子自己也都不肯承认了。"① 同时，社会也存在一种以男性为标准的标尺，"有许多人说，男人做什么，她们可做什么。她们可以把男子的行动来做她们的模范。但女子总是女子，这模仿男子的法子是做不到的。……女子万不能要学做男人，就禁止使用她们天生的特别性情。即使做得到，也是一件极愚蠢的事"②。

　　以男性为标杆，忽视女性独特的性别角色，抹去两性之间固有的差别的男女平等贯穿于近代中国妇女解放运动。在"国家兴亡、匹妇亦有责"的号召下，大量女性投身到政治革命中。无论是北伐战争还是淞沪会战，无论是太原会战还是淮海战役，女性或肩挑担水、或逢山开路、或后勤保障、或照顾伤员，甚至在战场上冲锋陷阵，为国家独立和民族解放做出了巨大牺牲。中华人民共和国成立后，面对满目疮痍、百废待兴的国家，女性积极融入社会主义现代化建设，在男女平等的旗号下，女性同男性一样"鼓足干劲、力争上游，多快好省地建设社会主义"，涌现出了铁姑娘战斗队和"三八"女子作业班，倡导妇女能顶半边天，不爱红装爱武装的去性别化的同等教育。女性在高空作业、高负荷劳动

---

① 周作人：《谈虎集》，河北教育出版社，2002，第274页。
② 《李大钊文集》（下），人民出版社，1984，第103页。

中扮演同男性相同的角色。在当时来讲，是社会的需要；然而从今天社会的发展来看，无视两性固有的差别，不仅不是男女平等，反而是对妇女的另一种伤害。两性有其特殊的成长和发育规律，妇女解放的标准不是也不应该是以男性为标准，妇女解放不是要求女子像男子一样，而是在尊重性别差异基础上的女性独立发展。"承认性别差异而不为其所束缚，将性别化的差异性品质与非性别化的共同品质，以及许多不同的与性别相关的现象，共同纳入科学的社会性别文化视野之内予以科学阐释，才能够更好地实现女性教育的科学性。"[1] 在事实上仍是男权中心视域下的男女平等，女性应当提升自我能力，提高女权意识，在既有规则的社会环境中不断完善充实自我，进而争取制定规则的权利，争取与男性同等的话语权。

3. 妇女解放与家务劳动社会化

家务劳动社会化是妇女解放的必然要求。以男性开启的近代中国妇女解放运动，并未认真了解女性的真正想法。他们一方面号召女性走出家庭，投身社会变革的洪流中；另一方面在生活上严重依赖女性。觉醒的女性陷入工作与家庭的两难困境。

传统观点认为女性依附男性、依附家庭而生活，不从事任何社会性生产劳动，而家务劳动则是妇女身为女性理所应当从事的，不产生任何社会价值。梁启超认为"女子无知识，故不可能就业，以至女子二万万，全属分利而无一生利者。惟其不能自养，而待养于他人也"[2]。女性是"分利者"而不是"生利者"，女性是伸手向男性、向家庭、向社会要经济支持者而不是创造社会劳动价值者，女性一旦脱离了她所依仗的丈夫或父亲便无法生存，因而在早期维新者眼里，如果中国想要富强，那么应"使人人足以自养，而不必以一个养数人"[3]。梁启超的观点实质上反映了男性看问题的性别偏见。只看到男性如何挣钱养家，却忽视女

---

① 贾梦喜：《女性教育研究的问题及其价值》，《中华女子学院学报》2014 年第 4 期。

② 朱有瓛：《中国近代学制史料》第 1 辑（下），华东师范大学出版社，1986，第 869 页。

③ 《梁启超全集》（第 1 册），北京出版社，1999，第 31 页。

性对家庭的照顾；只看到男性创造的社会劳动，却无视女性从事家务劳动的重要性。早期妇女解放运动的先进知识分子只看到缠足缚脚对女性身体的残害，只看到三纲五常对女性道德上的约束，只看到封建礼教对女性的束缚，却无法真正走进女性内心，探寻女性真正需要的解放。他们站在男性的视角，鼓励女性读书求知，号召女性挣脱包办婚姻的牢笼，引导女性从家庭逐渐走向社会。

　　然而从旧家庭中逃离出来的女性，终究还是要结成新家庭，她们不仅要从事社会劳动，还要从事家庭劳动；不仅从事社会生产，还要从事人自身的生产。向警予早在 1920 年《女子解放与改造的商榷》中就指出这一问题，"家庭是以女治乎内为原则的，故家庭的中心人物即女子，家庭又是以男子为主体的，但他自己却并不来成，一切的事，概由女子处理，己则服务社会，惟居指挥使命的地位，所以女子在家庭服务，简直可说是受丈夫的委托做他家庭的常驻委员而替他专理衣食住养老育儿诸琐务。小家庭不过范围缩小点儿，实质却仍是一样。故家庭制度一日存在，即女子常驻委员的职任一日不能脱离，又那里能够在社会与男子同样活动呢？"① 女性无论是在旧家庭还是新家庭，无可避免地要从事养老育儿等家务劳作。从表面上看，她们从旧家庭中解放出来了，实质上她们不得不承受社会生产与家务劳动的"双重负担"。既要参加工作、谋求自身独立，又要照顾家庭、抚育儿女，繁重的负担压在觉醒的女性肩上，使她们不堪负荷，不得不在两者中做出牺牲。向警予，1922 年 4 月 1 日，生下女儿蔡妮，9 月底就把孩子送回老家托家人抚养。1924 年 5 月 25 日生下儿子蔡博，未及满月，就将儿子委托蔡和森的姐姐蔡庆熙抚养。蔡博回忆母亲向警予时指出，"他们出生入死，历尽艰险，把抚养子女的责任完全交托给我们的祖母葛健豪和大姑妈蔡庆熙"② 。像向警予一样委托家人抚养子女，转移家务劳动的革命女性多的不可计数。

　　恩格斯指出"只要妇女仍然被排除于社会的生产劳动之外而只限于

① 《向警予文集》，人民出版社，2011，第 14 页。
② 刘茂舒：《向警予：传记·纪念与回忆·论述·资料》，武汉出版社，1995，第 71 页。

从事家庭的私人劳动，那么，妇女的解放，妇女同男子的平等，现在和将来都是不可能的。"① 列宁进一步指出了家务劳动对妇女的束缚，"甚至在完全平等的条件下，妇女事实上仍然是受束缚，因为全部家务都压在她们肩上。这种家务多半是非生产性的、最原始的、最繁重的劳动。这是极其琐碎而对妇女的进步没有丝毫帮助的劳动"②。所以，妇女要实现彻底的解放，消灭私有制、实现阶级的解放只是第一步，更重要的是还要推动实现家务劳动社会化，让女性从繁重的家务劳动中解放出来。为了能够在市场经济中与男性平等竞争，女性以消耗自身更多的精力和体力，扮演着事业与家庭中的双重角色，这对她们来说，不能不说是巨大的压力。"妇女的解放，只有在妇女可以大量地、社会规模地参加生产劳动，而家务劳动之占他们极少的功夫的时候，才有可能。而这只有依靠现代化大工业才能办到。"③ "我深信，只有在废除了资本对男女双方的剥削并把私人的家务劳动变成一种公共的行业以后，男女的真正平等才能实现。"④ 当然，家务劳动社会化的实现也有赖于现代化大工业的实现，"现代化大工业不仅容许大量的妇女劳动，并且它还力求把私人的家务劳动逐渐融化在公共的事业中"⑤。

妇女解放，不仅是女性自身提高觉悟，投身社会生产的事情，还需要社会提供家务劳动社会化的条件，帮助女性从烦琐的家务中解脱出来。否则，深陷家庭与工作双重负荷下的女性，永远也不能实现真正的解放。

4. 妇女解放的终极目标是实现女性个体自由而全面的发展

无论妇女解放运动在不同历史时期的不同目标导向是什么，妇女解放的终极目标是实现女性个体的自由而全面的发展。这既是马克思主义关于人的发展理论的终极目标，也是历史发展的必然趋势。

传统女性教育重在培养妾妇之道，教育女性三从四德、三纲五常，

---

① 《马克思恩格斯选集》第 4 卷，人民出版社，2012，第 178 页。
② 《列宁选集》第 4 卷，人民出版社，2012，第 48 页。
③ 《马克思恩格斯选集》第 4 卷，人民出版社，2012，第 179 页。
④ 《马克思恩格斯选集》第 4 卷，人民出版社，2012，第 577 页。
⑤ 《马克思恩格斯选集》第 4 卷，人民出版社，2012，第 179 页。

文化上"只须文理略通，字迹清楚，能作家书足矣"（《训学良规》）。到了近代，资产阶级维新派提出新"贤母良妻"主义，提出女性的培养目标应为"上可相夫、下可教子、近可宜家、远可善种"①，实质上"一批一批造出来的都只是些官僚军阀议员博士……的高等玲珑的玩物。"② 中国共产党成立后，积极引导女性投身社会变革的洪流中，以民族国家利益为价值导向，同时注重女性个体的全面发展，尽管在这方面下的功夫较少，但这也是当时的形势所决定的。马克思认为社会主义社会的最终目标是实现人的自由而全面的发展，人能够按照自己的意愿发展自己，从事自己喜欢的职业，"上午打猎，下午捕鱼，傍晚从事畜牧，晚饭后从事批判。"③ "对于女性来讲，所谓'解放'说得实际一些，就是能走自己的路，能有自己独立的社会身份，能够做自己想做的事，选择自己愿望中的生活方式，还有能够爱她所爱，也能弃她不爱。"④ 女性按照自己的意愿生活，不依赖于人，不奴役于物才是妇女解放应有的状态。

全面发展则是妇女实现解放、追求自由的条件。马克思认为"未来教育对所有已满一定年龄的儿童来说，就是生产劳动同智育和体育相结合，它不仅是提高社会生产的一种方法，而且是造就全面发展的人的唯一方法。"⑤ 妇女的全面发展，从内容上来讲，是德智体美劳等综合素质的培养，是人文素养和科学素养的共同培育，是知识素质、身体素质、心理素质和创新能力、实践能力等的综合发展；从价值指向上来讲，是个人本位与社会本位的辩证统一；从方法上来讲，是以妇女个体为主体，尊重女性成长规律和发育特点及个体需求，充分运用各种科学教育法，构建多维立体的、面向未来的教育理论。全面发展不仅是妇女充分发挥个人潜能，综合发展自身，实现自我价值的现实诉求，也是妇女适应社会发展需求的必然转型。未来社会需要全面发展的女性，女性实现个体

---

① 朱有瓛：《中国近代学制史料》第 1 辑（下），华东师范大学出版社，1986，第 883 页。
② 《向警予文集》，人民出版社，2011，第 212 页。
③ 《马克思恩格斯选集》第 1 卷，人民出版社，1995，第 85 页。
④ 李小江：《关于女人的问答》，江苏人民出版社，1997，第 3 页。
⑤ 《马克思恩格斯选集》第 2 卷，人民出版社，1995，第 212 页。

价值也需要全面发展。全面发展不是单向度的知识能力的提升，而是多元立体的，内外兼修的，集知识、能力、身体等于一体的综合发展。

向警予是我党早期妇女解放运动最卓越的组织者和领导者，她在与形形色色的资产阶级改良主义做斗争中，把千千万万妇女引向党领导的革命洪流。她的理论与实践，为中国妇女解放指明和开创了一条光明大道。她为中国妇女解放做出了卓越的贡献。在中国妇女解放思想史和中国妇女解放运动史上都有着极为重要的历史地位。

第五章 向警予报刊宣传思想

"向警予不仅是中国共产党早期妇女运动的领导人，同时也是一位杰出的女报刊宣传活动家。"① 她在贫寒的家庭生活和艰苦动荡的社会环境下，坚定马克思主义的理想信念，发扬报人坚贞不屈的傲骨风格，克服一切困难，坚持给《向导》撰稿、主编《妇女周报》和《大江报》，在革命实践中，逐渐形成了颇具特色的宣传思想。

一 向警予报刊宣传思想的形成

（一）近代中国报刊宣传的发展

向警予的报刊宣传思想是在启蒙、救亡的社会思潮与近代报刊发展洪流的催动下，为启迪民众、救亡中国而投身政治变革的过程中逐渐形成的。

近代中国的屈辱史自 1840 年的鸦片战争始，近代中国报刊也在那一时期破土而出。胡适在 1923 年给友人的一封信里谈道："二十五年来，只有三个杂志可代表三个时代，可以说是创造了三个时代：一是《时务报》；一是《新民丛报》；一是《新青年》。"② 他的话大体反映了近代中国报刊发展的三大高潮：维新变法时期，民国时期，五四运动时期。

1815 年 8 月 5 日，《察世俗每月统记传》在马六甲正式创刊，揭开

---

① 宋素红：《女性媒介：历史与传统》，中国传媒大学出版社，2006，第 120 页。
② 《胡适文存》第 2 集，华文出版社，2013，第 325 页。

了近代中国报刊发展史的第一页。它由英国传教士米怜创办，以宣传宗教为宗旨，同时传播西方文化与近代科技知识，还发表一些时事评论性文章，后因米怜的去世而终刊。随着鸦片战争战败，中国被迫割让香港岛，同时开放广州、厦门、福州、宁波、上海为通商口岸，报刊随着鸦片、贸易、移民、近代文化等在这些地方悄然兴起，外人在华办报以及国人自己办报逐渐发展，香港、上海先后成为中国的报业中心。

至19世纪90年代中期，第一个国人办报高潮随着戊戌维新运动的发展而在全国范围内兴起。"据不完全统计，从1895年至1898年的三年，全国出版的报刊有120种左右，其中80%以上是中国人办的，它们遍及全国的许多城市，推动了维新运动的发展，并且打破了外报在华的优势，成为中国社会舆论的主要力量。"[①] 甲午一战，强烈刺激了中国人。以康、梁为代表的资产阶级改良派看到了技术背后的西方资产阶级制度及其政体的优越性，治国、平天下的浓郁政治情结和知识分子忧国忧民的强烈责任担当，使他们走在了大多数人的前列。面对"九州生气恃风雷，万马齐喑究可哀"，报刊成为维新派实现振臂一呼，云集百应的首要选择。梁启超认为："觇国之强弱，则于其通塞而已。血脉不通则病，学术不通则陋。道路不通，故秦越之视肥瘠漠不相关，言语不通，故闽粤之于中原邈若异域。惟国亦然，上下不通，故无宣德达情之效。而舞文之吏因缘为奸；内外不通，故无知己知彼之能。故守旧之儒反鼓舌，中国受侮数十年，坐此焉耳！"[②] "大抵报馆愈多者其民愈智，其国愈富且强。"[③] 办报启民，以报传播政治主张是维新派的重要活动。在变革运动的推动下，维新派在全国各地创办了很多报纸，如众所周知的《中外记闻》《强学报》《时务报》，以及《知新报》《国闻报》《湘学新报》等。这些报刊冲破封建言论的限制，大胆抨击时政，陈述中国危急形势，揭露封建官僚官官相护、贪污腐败之勾当，戳穿日、俄侵华之阴

---

① 方汉奇：《中国新闻传播史》，中国人民大学出版社，2002，第86~87页。
② 《梁启超全集》第1集，北京出版社，1999，第66页。
③ 张耀南等：《戊戌百日志》，北京燕山出版社，1998，第197页。

谋，宣传变法之主张，很快赢得了大量知识分子的拥护和支持。据包天笑回忆："《时务报》在上海出版了，这好像是开了一个大炮，惊醒了许多人的迷梦……尤其像我们那样的青年，最喜欢读梁启超那样通畅的文章……不但是梁启超的文章写得好，还好像是他说的话，就是我们蕴藏在心中欲说的……一班青年学子，对于《时务报》上一言一词，都奉为圭臬。除了有几位老先生，对于新学不敢盲从，说他们用夏变夷，但究为少数，其余的青年人，全不免都喜新厌故了。"①

　　维新派以报刊为工具，一方面宣传新思想、新理念，传播西方进步政治理念和政治文化，启迪民众，从事大众的启蒙运动；另一方面，将报刊与政治主张、政治实践相结合，以报刊为扩音器，宣传自己的政治理念，从事政治救亡运动。将启蒙与救亡的两大时代主题与报刊宣传密切结合，一方面推动了报刊事业的发展，"自1896年8月《时务报》创刊到1898年9月戊戌政变发生的两年零一个月的时间内，全国各地创办的报刊达70余种，为70年代以来国人自办报刊总数的两倍多"②。同时，他们还冲破了封建统治者的言禁，大量维新派报纸如雨后春笋般涌现，在事实上冲破了封建统治者禁止民间议政的限制，迫使清朝统治者不得不允许报纸"据实昌言，不必意存忌讳"③。另一方面，维新派的政治主张广泛影响了进步青年，推动了维新派政治理念的传播和政治实践的发展。维新运动中，报刊与政治密切结合，两者合二为一，互推互进，成为近代中国政治家办报的源头。

　　戊戌变法虽然失败了，其创办的报刊也遭遇封禁，但是国人办报的热情并未消减，此后，随着资产阶级革命派的兴起，报刊业再次迎来发展的高潮。1901年，清王朝宣布实行"新政"，有限度地开放"报禁""言禁"，给予人民创办报刊的自由权利。"据不完整的统计，这一时期新创办的报刊，1901年为34种，1902年为46种，1903年为53种，1904

---

① 李彬：《中国新闻社会史（1815－2005）》，上海交通大学出版社，2007，第62页。
② 方汉奇：《中国新闻传播史》，中国人民大学出版社，2002，第92页。
③ 戈公振：《中国报学史》，中国文史出版社，2015，第44页。

年为 71 种，1905 年为 85 种……1906 年为 113 种，1907 年为 110 种，1908 年为 118 种，1909 年为 116 种，1910 年为 136 种，1911 年为 209 种。"① 其中，资产阶级革命报刊是第二次国人办报高潮的主流。

以孙中山为代表的资产阶级革命派，拿起报刊宣传的武器，积极传播民主革命思想。他们在国内先后创办《大陆》《苏报》《国民日日报》《俄事警闻》《神州日报》等革命报刊。影响较大的有《苏报》，1903 年 5 月，章士钊担任主笔后，明确提出"第一排满、第二排康"②的办报方针，大声疾呼革命，决心"扔出一束手榴弹轰开局面，报馆被封在所不惜"③，以犀利的言辞政论抨击腐朽的清王朝。还有于右任创办的《神州日报》，以"唤起中华民族之祖国思想，激发潜伏之民族意识"为宗旨，详细报道了革命烈士秋瑾遇害的经过以及列强觊觎我国领土的瓜分阴谋；在国外创办了诸如《民报》《醒狮》《复报》《鹃声》《南侨日报》《光华报》等四十多种中文报刊。其中，影响较大的是《民报》，该报是同盟会的机关报，以宣传"三民主义"为宗旨，着重宣传以推翻清王朝统治为核心的民族主义和以建立共和政体为目标的民权主义，同时宣传世界各地的资产阶级革命运动和民族解放运动。资产阶级革命派与资产阶级改良派虽然都是学习西方，主张走西方发达国家的道路，但在中国道路的选择、中国政体的设计等关键性问题上存在巨大差异，尤其是在清王朝的存留问题上，两者可谓针尖对麦芒。两派对这些问题的争论以报刊为阵地，展开了锣鼓喧天的宣传与辩论，在改良与革命道路的选择上，争得面红耳赤，间接促进了报刊的发展。郑贯公指出"报纸能宣布公理，激励人心，何异政令？报纸能声罪致讨，以儆效尤，何异警察巡兵？报纸能与人辩诬讼怨，何异律师？报纸能笔战舌战，何异军人？"④ 在论战中，两派以报刊为枪，为扩音器，为工具，宣传民主革命理念，争夺

---

① 方汉奇：《中国新闻传播史》，中国人民大学出版社，2002，第 134~135 页。
② 陈永忠：《革命哲人：章太炎传》，浙江人民出版社，2008，第 84 页。
③ 陈永忠：《革命哲人：章太炎传》，浙江人民出版社，2008，第 84 页。
④ 复旦大学新闻系新闻史教研室编《中国新闻史文集》，上海人民出版社，1987，第 70 页。

舆论高地，指责另一派的缺点与不足。

1912 年，以孙中山为首的南京临时政府，在颁行的《中华民国临时约法》中明确规定："人民有言论、著作、刊行及集会、结社之自由。"①同时废止亡清限制言论出版自由的各项条令法规，报刊发展迎来短暂春天。据戈公振《中国报学史》记载，在武昌起义后的半年内，全国的报纸由 100 多家猛增至 500 家，总销售数达 4200 万份。在新出版的报刊中，大多数是政党报刊。在"政党政治"潮流的影响下，全国涌现出300 多个大大小小的政党，他们纷纷创办报刊，宣传各自主张，拉拢国会议员，争夺席位。他们办报的最终目的是争夺权力，以报刊为工具影响舆论，争取舆论支持，使报刊沦为政治的附庸。到袁世凯与北洋军阀统治时期，这一现象更为恶化。袁世凯为了控制国内舆论，封查了大量坚持民主自由的报社，创办了一批御用报社，同时利用权力和金钱控制收买了一批报刊。北洋军阀统治时期，报刊业的发展更为光怪陆离，除部分大报外，很多报人报刊依附当地的政治势力而生存，他们以报刊为工具，投机政治，谄媚军阀，捞取政治资本，换取政治与经济利益。报刊言论的公正性、自由性消失殆尽，取而代之的是各式各样不入流的小报，刊登一些言情小说、武侠、娼妓等之类的文章，成为报刊业的毒瘤。

直至五四运动后报刊业的发展才进入一个新的发展阶段。报刊发行的对象不再局限于具有一定文化的知识分子，而是面向广大工农群众；以宣传马克思主义为主要内容的无产阶级报刊大量涌现，为共产党的成立做了舆论准备，同时在共产党成立后，宣传马克思主义，争取进步青年的支持；马克思主义报刊的出现，在扫荡封建思想糟粕和资产阶级腐朽思想方面以及启迪民众、发动、组织、鼓动群众方面做出了重大贡献。甲午战争后，中国既面临前所未有之变局，也经历前所未有之动荡，思想变迁之迅速、文化动荡之剧烈、政治势力之更迭均是今世之罕见。洋务派、资产阶级改良派、资产阶级革命派、无产阶级轮番登场，代表相

---

① 陈丽丹：《新闻传播法概论》，法律出版社，2015，第 55 页。

应属性的文化、政治、经济主张竞相引入中国，登上历史舞台。一派比一派更进步，一派比一派更勇敢，新旧势力的论争日益波涛汹涌。

新文化运动中，《新青年》高举民主与科学的大旗，对以往的封建糟粕发起总攻，批判尊孔复古、封建复辟、吃人礼教、男权家族、鬼神迷信、文言八股、男尊女卑……高扬人的价值，批判一切束缚人发展的制度和道德。《新青年》赢得了进步青年的狂热追求，1917 年，他的最高销售量每期竟达 15000 份。五四运动后，马克思主义在中国广泛传播，许多激进的民主主义者转变为马克思主义的拥护支持者，1920 年，进步青年在全国各地创建了共产主义小组，为了向工人宣传马克思主义，开展工人运动，相继创办了《劳动者》《劳动与妇女》《每周评论》《湘江评论》等刊物。中国共产党成立后，受国内办报高潮以及列宁、斯大林等的报刊宣传思想的影响，极其重视报刊宣传工作。从中央到地方，各级党组织都积极运用报刊等宣传工具，先后创办了《劳动界》《劳动者》《劳动音》等无产阶级革命刊物，扩大马克思主义理论教育和共产党思想主张宣传，启发群众觉悟，引导舆论导向，争取群众支持和拥护。

中国共产党第一次代表大会明确提出："公开宣传我们的理论，是取得成就的绝对必要条件。"① 在党内鼓励党员撰文发稿、办杂志的氛围下，向警予以报刊为阵地，以革命实践活动为素材，先后为《大公报》《前锋》《向导》《妇女周报》《觉悟》等撰文，抨击帝国主义侵略，号召人民反抗，形成了一系列关于报刊宣传的理论观点。

钩稽历史，我们可以清晰地发现，中国报刊从无到有，从低谷到高潮，报刊的发展与政治变动紧密相连。新旧势力以报刊为媒介，传播自己的政治主张以及新文化新思想新理念，报刊在新旧势力的论战中喷涌而出，不断突破旧势力的限制与束缚，不断发展完善自身。从总体上来讲，报刊推动政治向前发展并服务于政治，在社会发展的大潮流中，又不断大浪淘沙、适者生存。

---

① 李忠杰、段东升主编《中国共产党第一次全国代表大会档案文献选编》，中共党史出版社，2015，第 27 页。

（二）向警予报刊宣传思想的形成过程

向警予报刊宣传思想的形成既与她的个人成长息息相关，也与组织安排密切相连。在学习成长过程中，向警予认识到报刊的重要性；在工作历练中，向警予增长了宣传的本领，逐渐成为一位合格的女报人。

湖南近代教育在甲午战后的迅速兴起，成为当时"全国最富有朝气之一省"，女学发展引人注目。戊戌变法时期，湖南汇聚了一大批杰出的教育革新人才，如梁启超、谭嗣同、唐才常、熊希龄等，他们以《湘报》《湘学报》为阵地，以时务学堂和南学会为讲堂，宣传男女平等、倡导女性接受教育等进步思想，尖锐批评贵男贱女、女子不宜读书识字的迂腐论调，指出"男女同为天地之菁英，同有无量之盛德大业"①。在进步知识分子的努力下，湖南掀起一股轰轰烈烈的女学思潮，女性教育快速发展。向警予自幼即在父兄的带领下，阅读进步报刊书籍，接触外面的世界和学习新学。十二岁时，向警予随母亲来到常德，同在那里教书的大哥向仙钺住在一起。在这期间，她在大哥及他的同事的引领下，经常阅读《新民丛报》（梁启超于1902年创办于日本横滨，鼓吹君主立宪）和《民报》（中国同盟会的机关报，宣传民主革命纲领）等报刊，在新旧思想的斗争中，她的思想逐渐倾向于革命派，萌生出强烈的爱国意识和社会担当的责任感。

1912年，向警予考入湖南省第一女子师范学校，后转入周南女子师范学校求学。周南女子师范学校是湖湘女学的先导，校长朱剑凡曾留学日本，思想进步，热衷女学。在他和其他诸位教师的带领下，周南女校逐渐成长为一所生气勃勃、进步开放的现代女子学校，该校培养了一大批杰出的女性：女革命家蔡畅、帅孟奇、杨开慧、黄慕兰，著名文学家丁玲、廖静文，著名学者劳君展、肖先琼等。学校中，不仅教师思想进步，传播新知识新思潮，而且学生也比较激进，她们创办了自己的学生

① 《谭嗣同集》，岳麓书社，2012，第325页。

刊物《周南学生》，"虽乏鸿篇巨制、妙艺晶词，然其内容皆纯真之流露，救国之嘶鸣"①。开放的学习氛围和进步报刊的引导，使向警予的思想得到很大提升。

受到先进知识训练和新学培养的向警予，回到家乡创办了溆浦女校。在教书育人的过程中，向警予极其重视引导学生看书读报。她每次去长沙采购教学设备时，都要带回一些进步书刊向师生传阅，提升师生的思想觉悟，以社会现实教育封闭落后的溆浦学生。她认为"世界潮流社会问题都可于报章杂志中求之，有志做改造社会的人不可不注意浏览"②。

1919年，向警予在蔡畅的邀请下，离开溆浦前往长沙。此时的长沙，新旧思潮猛烈交锋。卢梭的《民约论》、柏拉图的《理想国》、达尔文的《进化论》、克鲁泡特金的《无政府主义》以及马克思学说争相传播。《新青年》《新潮》《觉悟》等进步报刊深受青年学生欢迎。向警予来到长沙后，即与陶毅、周敦祥、魏璧、劳启荣等共同编辑《女界钟》，宣传反帝反封建，反对女子缠足穿耳，反对包办婚姻，倡导男女平等，宣传妇女解放。向警予在参与编辑《女界钟》的过程中，逐渐积累了办报经验并加深了对报刊宣传的认识。

1919年，向警予和蔡和森、蔡畅、葛健豪等赴法勤工俭学。在法国求学期间，向警予和蔡和森等一道读完了《共产党宣言》《家庭、私有制和国家的起源》等法文版马克思恩格斯著作，接受了比较系统的马克思主义理论学习；并在留法的新民学会会员中间开展共产主义宣传，激烈抨击各种无政府主义和改良主义，向警予将蔡和森翻译的《共产党宣言》用纸抄好，一张一张地贴在教室四周的墙壁上，一边阅读一边解说，"她的作文和书法是非常杰出的，并有天赋的演说才能"③。在法国留学期间，向警予通过学习马克思恩格斯著作，参加勤工俭学运动，逐渐树立起坚定的马克思主义信仰。

---

① 转引自毛捧南《朱剑凡及其教育思想》，湖南人民出版社，2005，第89~90页。
② 《向警予文集》，人民出版社，2011，第305页。
③ 转引自戴绪恭《向警予传》，人民出版社，1981，第63页。

向警予从懵懂无知的少女到激进的民主主义者，进而成为坚定的马克思主义革命家，报刊在她的思想转变中发挥了重要作用，推动了向警予思想的成熟。同时，向警予也通过宣传、鼓动、组织群众，推动了妇女运动和中国革命的发展。

（三）影响向警予报刊宣传思想的若干因素

向警予是我们党内著名的宣传鼓动工作的能手，她在报刊宣传中取得的骄人成绩既与党对报刊宣传工作的重视以及组织、发动群众工作的需要密切相关，也与她自身擅长宣传鼓动有关。

1. 党对报刊宣传工作的重视

中国共产党在创建初期就重视宣传，以报刊作为宣传的一个重要工具。中国共产党从无到有、从弱到强、从艰难曲折、停滞徘徊到势不可挡、蓬勃发展、从 50 多位党员发展到今天这样一个拥有 8000 多万党员的执政党，宣传工作是决定性因素之一。而这些宣传工作所借助的传播工具，在革命战争年代，最主要的就是报刊。

从中国报刊发展史来看，报刊的发展得益于各派政治势力的需求，配合政治变革的需要，宣传各派政治势力的政治主张。虽然商业报刊也获得了很大成功，但从报刊发展的历史来看，它是随着政治报刊的发展而衍生出来的，无论是在办报的高潮期还是在政治变革的洪流中，它始终未占据主导地位，也未影响报刊或社会发展的趋势。然而政治报刊在社会变革中占据重要位置，舆论导向在很大程度上影响民众的接受度，从而影响社会发展的方向。无论是维新派还是资产阶级革命派，无论是国民党还是共产党都充分发挥报刊的宣传价值，影响舆论导向，占据舆论高地。共产党从成立伊始，就十分重视报刊宣传工作，将其作为党的事业的一个重要部分。中国共产党在"一大""二大"通过的决议中，明确提出，党的报刊"应由党员直接经办和编辑"，规定党的报刊应由"确实忠于无产阶级革命事业的可靠的共产党人来主持"等，党的主要负责人陈独秀、李大钊、蔡和森、瞿秋白、恽代英等，都亲自领导党的报刊宣传工作。

2. 组织、发动群众的需要

中国共产党的阶级性质决定了它必须以发动最广大的无产阶级为主要任务之一。然而从实际情况来看，中国的无产阶级生活在社会最底层，文化水平低，政治参与意识淡薄。虽然中国经历了维新变法运动，但涉及这些政治变革的是知识分子和官僚士绅，对于底层群众影响甚微。中国的无产阶级尚没有自发地产生斗争意识和反抗意识，对于政治权利的追求和个人价值的诉求无动于衷。《〈劳动界〉发刊词》指出："工人在世界上已经是最苦的，而我们中国的工人比外国的工人还要苦。这是什么道理呢？就因为外国工人略微晓得他们应该晓得的事情，我们中国工人不晓得他们应该晓得的事情。"① 因而，组织、发动群众是建党初期的重要任务。中国共产党成立后，立刻投入群众运动，启发群众觉悟，积极鼓动群众。报刊，作为一种最为普遍的宣传工具，自然成为党影响群众、发动群众的主要工具。

3. 自身能力与素质的展现

从事报刊的宣传鼓动对个人能力与素质具有较高要求。将自身的政治倾向、政治理念传播大众，影响大众是一项颇具艺术性的工作。在我们党内有很多理论家和革命实践家，但并不是每一个都能够在报刊宣传上做出较大贡献。如李达、李汉俊等擅长党的理论工作研究，凯丰、项英等擅长组织工人运动，周恩来擅长组织领导工作等。向警予作为党的早期领导人，一方面，她具有较为深厚的理论功底。向警予与蔡和森、蔡畅等到法国勤工俭学，比较系统地学习了马克思恩格斯著作；另一方面，向警予具有强烈的爱国热情和社会责任担当，具有较强的文字表达能力和语言感染能力，她在中学时撰写的文章经常被教师评为"甲"或"甲上"，五四运动期间，她在溆浦县城登台演讲，发表反袁打倒军阀统治的演说，能够引起群众的共鸣。她还参与周南女校的学生刊物《女界

---

① 《中国共产党一大代表早期文稿选编（1917.11－1923.7）》（上），上海人民出版社，2011，第406页。

钟》的创办编辑工作。这些都是向警予利用报刊宣传党的主张和方针政策的有力条件。

二　向警予报刊宣传工作的实践

向警予投身革命后，积极撰写文章，发表时评，指导妇女运动的开展。她协助蔡和森编辑《向导》，并在之后的革命运动中，主编《妇女周报》和《大江报》，在报刊宣传工作中积累了丰富的实践经验。

（一）《向导》重要撰稿人

1922 年 8 月 29 日到 30 日，中国共产党中央执委会在杭州西湖举行会议，根据共产国际的指示，中央决定创办《向导》周刊，作为中共中央的政治机关报，由刚从法国回来的蔡和森担任主编。在蔡和森主编《向导》期间，他们夫妇二人积极合作，讨论时局，撰写文章，使《向导》在短期内就赢得了广大读者的喜爱，"发行数由初始的三五千份，逐渐增至二三万份，甚至五万份。出版《向导汇刊》1～5 期，一再售尽。"《向导》明确提出以"反抗国际帝国主义""推倒军阀"，建立"统一、和平、自由、独立"的中国为目标，以反帝反封建为革命任务，它以鲜明的无产阶级革命性和无所畏惧的政治宣言在社会上产生了广泛影响，也得到了中央的认可。1925 年 1 月，中国共产党第四次全国代表大会高度评价了《向导》，认为《向导》在中国民主革命进程中，"立在舆论的指导地位"①。《向导》在传播马克思主义和共产党纲领、引领舆论发展方面取得的骄人成绩是有多方面原因的，其中向警予作为蔡和森的妻子，中国共产党早期妇女运动的领导者在《向导》的出版发行中，也做出了巨大贡献。

1. 向警予为《向导》积极撰稿

向警予是中国共产党内为数较少的、具有深厚理论素养和丰富革命

---

① 《中国共产党新闻工作文件汇编》（上），新华出版社，1980，第 18 页。

实践的女性革命家。从法国勤工俭学回来后，在中共二大上，向警予当选为中央妇女部部长，蔡和森为宣传部部长。夫妻二人在斗争形势复杂的上海，一方面认真研读马列主义和共产国际指示，另一方面深入实际，参加工人斗争运动。他们将革命实践中的斗争经验上升为理论，形成文章发表在《向导》等期刊上，用以指导全国工人运动的开展。据统计，两人共用"振宇"的笔名发表了约 36 篇文章。

2. 协助蔡和森，参与《向导》的编辑、校对等工作

《向导》初创时期，编辑人员极少，仅有七八个人，后来随着党的工作不断开展、党员队伍的扩大，编辑人员才日渐增多。《向导》作为中国共产党政策宣传引导的报刊，每周三出版。为了充分发挥《向导》引领社会舆论发展的作用，编辑人员不仅要广泛阅读国内外著名的报纸，如《申报》《上海民国日报》《字林西报》等，借鉴其他报刊的办报风格及内容方向，还要仔细研读共产国际指示，准确把握工人运动和革命实践的发展方向，迎合群众斗争需求等。同时，在报刊的排版过程中，还要仔细校对、注重文章排版、报刊样式等。每一份《向导》的出版，都需要极大的工作量，面对短缺的编辑人员，向警予常常在忙完自己的工作后，协助蔡和森在深夜编辑、校对文章。

3. 掩护蔡和森，躲避敌人搜查

《向导》以其激进的革命主张而在当时的报刊发行中引人注目，它不仅对帝国主义侵略进行无情抨击，同时对孙中山领导的国民党也多有批评，孙中山曾多次向共产国际代表鲍罗廷抱怨《向导》的火药味太浓。因此，《向导》的出版发行，不仅受到帝国主义的重重打击和严格监控，同时还受到国民党新闻管制的牵制。《向导》为躲避搜查，其出版发行地常常掩藏在长街深巷，封面上将出版发行地伪装成北京、广州等地。有一次，蔡和森在北京为躲避北洋军阀的搜捕，在北京高等师范学校避难，但他牵挂仍在北方区委办公机关的其他同志的安危，特意嘱托向警予以"女佣人"的身份留在北方区委办公机关，为不知情况的同志通知情报信息，掩护他们安全撤离。向警予独自一人留守在办公地点，

妥善地完成了善后转移工作。

4. 照顾蔡和森，以便于他专于《向导》的编辑工作

蔡和森是党内著名的艰苦勤奋的领导人，工作起来废寝忘食、不知吃饭睡觉休息。他在生活中不拘细节，常常将工作中的文件、书籍堆放的叠叠垒垒。同时，由于幼时营养不良、劳作辛苦，患有严重的哮喘病。在经济上，由于夫妻二人都专职从事无产阶级革命，只有书稿的稿酬等勉强维持生活，经济困难，导致向警予"甫抵国门，即受病磨，兼为贫困，奄卧沪上"①。这些都为蔡和森的工作增加了不少负担。向警予，一方面照顾蔡和森的生活，为他做饭洗衣等；另一方面，帮助蔡和森整理文件、书籍，为蔡和森编辑《向导》提供良好的工作条件。

（二）主编《妇女周报》

国共合作统一战线建立后，李大钊、董必武、周恩来、毛泽东、恽代英等相继参加了国民党的报刊宣传工作。向警予受党委托，以国民党上海执行部青年妇女部部长助理的身份参与主编《民国日报》的副刊《妇女周报》。

《妇女周报》是由中国妇女问题研究会和妇女评论社将《现代妇女》和《妇女评论》两刊改组后合并而成。《妇女评论》原本就是上海《民国日报》的副刊，1921年8月3日创刊，是当时国内唯一的一份固定出版、反映妇女运动的刊物。《妇女评论》创刊初衷，是想鼓舞女界志气，唤醒女性觉醒，推动妇女运动高涨，"然而感慨两周年已经过去了。社会上依旧是如何的景象，家庭中依旧是如何的景象呢？还怕你不'愧则有余，悔则无益'么？"②《现代妇女》由妇女问题研究会和中华节育研究社于1922年9月6日创刊。该刊汇集了一大批杰出的文人、报刊评论家，如沈雁冰、周作人、周建人等，以研究妇女问题为主要内容，帮助女性在生活上、工作上等各个方面逐渐向现代女性转变。国共合作后，

---

① 《向警予文集》，人民出版社，2011，第41页。

② 陈望道：《恋爱　婚姻　女权　陈望道妇女问题论集》，复旦大学出版社，2010，第154页。

为进一步加强妇女解放运动的力量，有效实现妇女解放的舆论宣传效果，两刊于1925年停刊，并在原有的基础上，组建《妇女周报》，邵力子、陈望道、沈雁冰、向警予曾任主编。

《妇女周报》是上海《民国日报》的副刊，每周三刊出，每期四开四版。该刊开辟了形式多样的栏目，如"国内妇女消息""国外妇女消息""社评""杂感"等，是第一次国共合作时期一份反映全国妇女运动状况的妇女报纸，也是第一份国共合作的妇女报纸。从1923年8月下旬开始，一直到1925年5月"五卅"运动爆发后不久，在近两年的时间里，向警予在《妇女周报》上发表了32篇文章，积极宣传党的妇女解放思想，引导该刊的宣传面向"要求解放最迫切，而最富有解放精神与魄力的"① 无产阶级妇女，呼吁妇女与被压迫的男子一道共同进行反帝反封建的民主革命。

向警予不仅为《妇女周报》积极投稿撰文，还负责该报的编辑、审阅、校对等多项工作。"警予同时参加上海执行部的青年妇女工作。她当时的工作是最繁重的。她正怀孕，每日清晨到法租界环龙路上班，傍晚赶回三曾里中央局工作。"② 在繁重的工作中，向警予依然坚持将《妇女周报》办成了一份以宣传马克思主义妇女解放理论为主导内容、为广大底层劳动女工奔走呼喊、客观反映妇女运动的报刊。

1925年"五卅"运动以后，随着国民党右派势力的抬头，上海《民国日报》的实际主持人叶楚伧逐渐右倾，《妇女周报》从刊发反映劳动妇女诉求的文章，逐渐转向发表一些关于男女两性恋爱、婚姻等文章。"西山会议"后，向警予退出《妇女周报》的编辑工作，《妇女周报》的国共合作时期随之结束。

（三）《大江报》主笔

1927年，向警予从苏联回国，到武汉参加中国共产党第五次全国代

---

① 《向警予文集》，人民出版社，2011，第221页。
② 刘茂舒：《向警予：传记·纪念与回忆·论述·资料》，武汉出版社，1995，第63~64页。

表大会后，留在武汉负责宣传工作，同时兼任湖北省委地下党报《大江报》的主笔。

《大江报》是湖北省委的机关报，原是四开铅印，后来因白色恐怖严重，印刷厂遭到破坏，改成八开油印，每期两张，约三千字左右。《大江报》内容丰富，栏目众多，有评论、消息、政治要闻、通讯讨论、短评、歌谣等。向警予主编《大江报》的时间大约为1927年10月至1928年3月。其间，因1927年年关暴动失败，敌人大肆搜捕，《大江报》暂时停刊，1928年2月7日复刊。中央档案馆保存有复刊后的《大江报》第一、二、四、六、七、十、十二、十三、十四、十九、二十、二十一等共十二期，这十二期刚好是向警予担任主编时刊印的。"她负责组稿兼审阅稿件，校看清样并亲自写稿，工作繁重，昼夜不息，而且重视工作效能，丝毫不苟。"① 据向警予的助手陈恒乔回忆，《大江报》的"社论全是大姐亲自撰写，文锋十分尖锐，号召工人阶级更加奋勇地与敌人作不妥协的斗争，并一一列举事实痛斥蒋、桂军阀任意狠毒屠杀革命青年的罪行"②。向警予以《大江报》为斗争武器，在白色恐怖极其严重的武汉，坚持地下宣传，鼓舞士气，增强斗志，直至1928年不幸被捕牺牲。

三 向警予报刊宣传思想的主要内容

（一）报刊是"改造思想、滋养思想"的有力武器

报刊通过纸张利用文字传播资料和信息，作为一种讯息传播工具，它既可以影响个人命运，也可以影响社会发展趋势。向警予认为报刊在改造人们的旧思想、滋养新思想方面具有无可替代的作用。

向警予在法国读书期间，就经常与蔡和森一起阅读进步书刊，从报

---

① 刘茂舒：《向警予：传记·纪念与回忆·论述·资料》，武汉出版社，1995，第66页。
② 刘茂舒：《向警予：传记·纪念与回忆·论述·资料》，武汉出版社，1995，第171页。

刊上接受新思想新信息。1918年7月24日，蔡和森在给毛泽东的信中写道："以为不但本国学校无进之必要，即外国学校亦无进之必要，吾人只当走遍各洲，通其语文，读其书报，察其情实而已足，无庸随俗拘苦为也。"① 蔡和森认为学习求知识并不一定要进学校，只要弄懂该国的语言，通过阅读报纸和四处游历，就能够了解国家的实情实况。因而，蔡和森到法国后，并没有急于进学校系统学习书本知识，而是"日唯手字典一册，报纸两页，以为常"②，他用一年的时间"蛮看报章杂志为事，一年后兼习说话听讲"③，每天通过看各种报刊，以摆脱"聋哑兼全"的困境。蔡和森通过报刊学习了《共产党宣言》等马克思恩格斯的著作，这种学习方法也深刻影响了向警予。她写信鼓励侄女要多阅读书报杂志，因为"世界潮流社会问题都可于报章杂志中求之"④。

中国妇女因为长期生活在闭塞落后的社会环境中，在"女子无才便是德"的教育目标下，不关心国家大事，不关心社会动乱，缺乏"政治的常识"和"社会的关心"。向警予认为通过阅读报刊，可以使"妇女们常常与政治的社会的消息相接触"⑤。现在正值社会大变动时期，唯有报纸杂志更新换代快，可以及时地反映世界社会问题。因此，每当有反映社会问题、立场客观、内容真实、服务大众的报纸刊行时，向警予都感到欣喜鼓舞。1924年1月，邓颖超在天津创办《妇女日报》的消息传到上海后，向警予异常欣喜，她希望《妇女日报》能够"成为全国妇女思想改造的养成所！"⑥ 在向警予主持全国妇女运动的工作中，她十分重视宣传的作用，在由她起草的中国共产党三大《妇女运动决议案》中决定"应设立妇女委员会外，要在全国妇女运动中树立一精神的中心，应

---

① 《蔡和森文集》（上），人民出版社，2013，第27页。
② 《回忆蔡和森》，人民出版社，1980，第104页。
③ 《蔡和森文集》（上），人民出版社，2013，第33页。
④ 《向警予文集》，人民出版社，2011，第305页。
⑤ 《向警予文集》，人民出版社，2011，第174页。
⑥ 《向警予文集》，人民出版社，2011，第174页。

创办一种出版物，以指导并批评日常的妇女生活及妇女运动。"① 在她的带动下，北京、上海、湖北、湖南、广东等地相继涌现出一批宣传妇女运动的报刊。

（二）报刊宣传要围绕党的中心任务

政治家办报的最终目的是报刊服务于政治家所属团体的信仰、纲领和目标。《中国共产党的第一个决议》明确规定："任何中央地方的出版物均不能刊载违背党的方针、政策和决定的文章。"② 向警予作为中国共产党早期重要领导人和中央妇女部首任部长，她的一言一行、一文一稿都要严格遵守党章和党的决议要求，服务于党的中心任务的开展。

宣传反帝反封建的民主革命纲领。党的二大提出反帝反封建、打倒军阀的民主革命纲领，正式确立了建立民主联合战线的方针。向警予的宣传实践围绕党的决议提出的中心任务开展：一方面，对突发性事件进行深入报道，揭批帝国主义的侵略和封建主义的剥削。如 1922 年葡萄牙公使提出"（一）希望中国即速实行华府决议案，即行裁兵；（二）如中国再不实行裁兵，将来发生兵变各事，列国损失须由中国担负完全责任；（三）中国之财政亟宜整理，而到期之外债尤宜清偿，以重信义"③。向警予针对这一事件，撰写《外交团劝告裁兵》，指出列强打着国际共管和华府决议的论调，密谋干涉中国内政，欺骗中国人民。她提醒中国人民不要妄想列强会帮助中国实现和平，他们只希望中国永远内乱与割据，绝不会"任中国得跑向不利于他们掠夺的经济上和政治上的独立方面走。"④

引导妇女建立统一战线。在共产国际的帮助下，中共三大做出与国民党建立统一战线的决定。按照国共合作的统一部署，在国民党旗帜下

---

① 戴绪恭：《向警予传》，人民出版社，1981，第 84～85 页。
② 中国社会科学院新闻研究所编《中国共产党新闻工作文件汇编（上）》，新华出版社，1980，第 1 页。
③ 《向警予文集》，人民出版社，2011，第 47 页。
④ 《向警予文集》，人民出版社，2011，第 47 页。

开展统一战线运动，号召劳动妇女、知识妇女的大团结，引导妇女运动融入民族解放运动是妇女部的重要任务。上文提到，在中国从事妇女运动的团体多种多样，利益诉求不同，斗争方向不同，各自作战。国共合作后，向警予号召各界妇女团体在利益共同点上建立统一战线。向警予指出中国妇女解放运动的主体是生活在最底层的最广大的劳动妇女，但她们与资产阶级妇女并不是完全对立的，在中国目前面临巨大民族危机的情况下，两者不是一个阶级推翻另一个阶级，而是结成最广泛的团体，建立妇女统一战线，共同反抗帝国主义侵略和反抗军阀政府的残酷压榨。向警予认为"盖伟大的事业，必须要有一个伟大的组织"①。

　　向警予以《妇女周报》等报刊为阵地，以公开演讲为传声筒，以实际行动为纽带，"集中自己的势力"，建成组织明确、纲领鲜明和强有力的领导核心的妇女团体，在团体的旗帜下团结一切可以团结的妇女，反映她们的愿望和诉求，扩大影响，造成声势。为此她强调"妇女不独应有各地的组织，而且应有全国统一集中的组织，使全国的妇女运动在同一的目标同一的策略之下有系统有计划的进行，然后妇女运动才能成功一支社会的实力而唱最后的凯歌"②。她在上海国民会议促成会上发出倡议，由各地女界国民会议促成会派代表，在北京或上海组织一个"中华全国女界国民会议促成会"。她预言，这个组织的成立必将是"中国妇女运动在同一的目标同一的策略之下有系统有计划的进行的历史之序幕"。这个倡议，首先得到了何香凝领导的广州女界国民会议促成会的赞成。1925 年 4 月 25 日，出席全国国民会议促成会代表大会的各地女代表在北京召开大会，成立了中华女界联合会（后改名为全国各界妇女联合会），为统一中国妇女运动拉开了序幕。为了推动妇女运动的发展，向警予又提议以劳动妇女为主体，团结各界妇女，组织"妇女解放协会"。在1925 年爆发的"五卅"运动中，向警予所领导的妇女解放协会达 30 万人。

① 《向警予文集》，人民出版社，2011，第 201 页。
② 《向警予文集》，人民出版社，2011，第 207 页。

　　鼓动妇女参加国民会议。1924 年 10 月,冯玉祥发动"北京政变",消灭了直系军阀在华北的势力,党针对形势发生的变化,指出召开国民会议。同月,孙中山发表北上宣言,也主张召开国民会议,打倒帝国主义,推翻军阀统治,谋求中国统一。向警予《在上海女界国民会议促成会的成立大会上的讲话》中指出,国民会议是人民组织起来奋斗的武器,通过全民参与的国民会议,代表人民提出政治要求,废除一切不平等条约;代表全体妇女提出自身的要求,废除一切束缚女性发展的法律,"重新订立男女平等的法律,并且还要特别助进女权的发展"[1]。向警予认为国民会议是人民团体的会议,依靠人民自己的力量实现国家救亡的途径,既然是所有人都参加的会议,那么妇女团体也必然应该参与。

　　然而在事实上却面临两方面困难:一是妇女自身无法意识到参加国民会议的意义,因而不愿参加国民会议。中国妇女在几千年封建政治经济的压制下,自身没有丝毫政治、经济、社会意识,大部分妇女仍然过得是"生殖机"和"灶下婢"的生活,思想上仍处于懵懂无知的状态,自己尚处于蒙昧状态的妇女,如何奢求她们主动参加国民会议?因而,向警予号召有知识、有文化、有思想的中学女生利用寒假的时间下力气宣传国民会议的意义,宣传国民会议与妇女自身利益的关系,唤醒妇女沉睡的意识,提升妇女觉悟,打开妇女眼界,开拓妇女视野,引导女性从封闭走向开放,从家庭走向社会,推动妇女积极主动地参加国民会议。只有妇女团体参加国民会议,才能提出符合切身发展的利益诉求,"妇女团体如果不列席国民会议,又有何法与一般顽固男子抗争而使我们的主张——男女平权的主张能够得着胜利呢?"[2] 向警予积极鼓动各地妇女结成团体,共同争取妇女权益,在她的号召下,上海、天津、杭州、广州、温州等地先后成立了女界国民会议促成会,同时上海女界国民会议促成会还建议成立一个中华全国女界国民会议促成会,"由此必然形成一个将来专为妇女解放奋斗的全国集中统一的机关,使全国各地的妇女

---

① 《向警予文集》,人民出版社,2011,第 193 页。
② 《向警予文集》,人民出版社,2011,第 200 页。

运动能在同一的目标同一的策略之下有系统有计划的进行"①。

二是保守势力阻止妇女团体参加国民会议，以各种理由剥夺女性的参政权。1924 年直系军阀被推翻后，皖系军阀段祺瑞在日本帝国主义的支持下，成立临时政府执政。1925 年 2 月，段系政府召开所谓"善后会议"，与孙中山倡导的"国民会议"相对抗。善后会议不仅剥夺了女子的参政权，连整个国民会议的军事、外交、财政等各项权利全都收归到段祺瑞一人之手，"他又在草案上立了一些很巧的名目将大多数人民轻轻飘飘地一笔撇开，二万万女国民当然更不在眼里"②。他完全剥夺了全体女性的国民权利，建立了一个独裁专断的政府。向警予认为"权利不是支配阶级给予我们的恩赏物，而是我们向支配阶级手里夺回的战利品"③。她鼓动妇女团体积极争取属于女性本身的权利，不要幻想支配阶级会主动把权利送给妇女，"只有与全国被压迫的人民团结起来，促成真正的国民会议，只有全国被压迫的妇女，团结在一个有目标有计划极严整极统一的妇女团体之下，继续不断的奋斗"④，国民会议才能真正代表人民利益，维护妇女权益。

向警予在报刊上发表的文章密切配合时局发展和政治斗争的需要，围绕党的中心工作，以马克思主义指导妇女工作的开展，服从革命形势需要，服务于党的实际工作开展，坚定地反帝反封建反资本主义，号召广大民众团结起来共同抗争。

（三）报刊宣传要为民族解放服务

1. 引导工人运动、妇女运动融入民族解放运动

报刊是党的宣传鼓动工作中最有力的工具，报刊宣传的最高任务与中国共产党的最高目标是一致的。在实现国家救亡的历史潮流中，向警

---

① 《向警予文集》，人民出版社，2011，第 208 页。
② 《向警予文集》，人民出版社，2011，第 216 页。
③ 《向警予文集》，人民出版社，2011，第 224 页。
④ 《向警予文集》，人民出版社，2011，第 231 页。

予认为，报刊要始终注意引导妇女运动、工人运动融入民族解放运动，以实现全民族的解放为最终目标。

列宁认为工人运动不可能自发地产生科学社会主义意识，必须由资产阶级社会里进步知识分子在掌握了先进的世界观并总结工人革命运动经验的基础上，才能创立这种思想。在中国，工人阶级的思想觉悟尤其偏低，大多数工人运动都是为了争取自身的经济利益，对政治权益的争取尚处于萌芽状态，并且由于经济限制，大多数罢工运动不能持续较长时间。向警予在报刊宣传中，积极宣传马克思列宁主义理论以及党的方针政策，积极纠正工人运动中的自发倾向，引导工人运动融入民族解放运动，引导工人经济利益与政治权益相结合，在理论和实践中不断推动工人阶级形成科学社会主义意识。

向警予积极推动妇女运动融入民族解放运动。她指出妇女运动绝不仅是女权运动，同时也是争民权的运动，妇女运动只有融入民族解放运动，以国家救亡为最终目标才能得以发展。一方面，中国面临空前严重的民族危机，国势垂危、社会动荡、民生凋敝，女性肩负"谋振刷东方民族之精神"① 的重任；另一方面，"在中国民族未达到自由平等以前，妇女绝对不会单独达到自由平等"②。她以上海为例，指出如果任由上海租界一直扩大到西门、闸北、南市以至于全中国的领土都被变成租界，那么中国就变成了第二个朝鲜，妇女不要说女权，恐怕就连两个人偶语都要禁止。她批评了王碧华关于女子从事做官运动的言论，指出"若妇女心营目注的只一个'女权'，而于'国权'漠不关心，任洋人共管也好，军阀专横也好，是先已自己剥夺了自己的'人格'和'民格'，而反腼颜以求女权，岂非天下大愚，可耻之尤！"③ 向警予在《今后中国妇女的国民革命运动》中指出"妇女解放与劳动解放，是天造地设的伴

---

① 《向警予文集》，人民出版社，2011，第5页。
② 《向警予文集》，人民出版社，2011，第236页。
③ 《向警予文集》，人民出版社，2011，第155页。

侣"①。她极力推动妇女运动摆脱单纯的女权运动，融入民族解放运动，这是妇女解放的必由之路。

马克思主义是指引中国革命正确方向的理论武器，是先进中国人在不断探索、对比后寻求到的实现国家救亡的唯一途径。是否坚持马克思主义，是否坚持暴力革命的道路，是否坚持无产阶级专政是宣传先进与否的重要标志。民国时期，各种报刊风云迭起，为帝国主义和封建主义、军阀专政服务的报刊总是命不久矣，被人民群众所抛弃，被时代所抛弃。而宣扬新文化、新思想的报刊总能生机勃勃。向警予在主编《妇女周报》和《大江报》期间，站在时代发展的桥头，不断为报刊引入新思想的源流，推动社会思想的提升，推动报刊引领时代的发展，以先知先觉的思想引领报刊不断进步，推动报刊宣传为民族解放服务。报刊的"社会角色需要符合人们对它的期望，获得社会认知和理解，符合事物发展的规律，并在社会实践活动中不断充实其社会期望内容，这样才能形成其特殊的角色地位"②。民国时期，报刊众多，在芸芸众生之中，《向导》《妇女周报》《大江报》等留下了浓墨重彩。他们在唤醒民众觉悟、推动社会觉醒、凝聚社会合力等方面做出了重要贡献。

2. 激励斗志，鼓舞信心

报刊是引导人民进行斗争的有力舆论工具，是开展革命斗争的锐利武器，是革命事业的一盏明灯。尤其是在中国革命处于白色恐怖最为严峻时期，反映无产阶级利益诉求的报刊的存亡与工人运动的兴勃及革命士气的高涨休戚相关。

1927年，蒋介石在上海发动"四·一二"反革命政变后不久，汪精卫也撕掉了左派的假面具，发动了"七·一五"反革命政变，第一次国共合作正式宣告失败。9月，宁汉合流，蒋、汪联手反共反苏，大肆屠杀革命党人。1927年，仅湖北一省被杀害的农会会员就达4700余人。汪精卫提出"宁可枉杀一千，不可使一人漏网"的口号，大量革命党人

---

① 《向警予文集》，人民出版社，2011，第170页。

② 高金萍：《中国近代早期报刊的传播功能分析》，《中国文化研究》2009年第2期。

甚至疑似革命党人的群众来不及仔细审查即被枪决。据向警予的交通员邓锦珊回忆，1927 年 11 月，胡宗铎、陶钧来到武汉任卫戍司令部正、副司令，两人一个在汉口，一个在武昌，开展杀人竞赛，成批地残杀共产党员和革命青年。① 血腥屠杀使整个武汉面临肃杀的白色恐怖。很多人对革命产生了悲观情绪，丧失了革命信心，有的甚至叛变革命。向警予在《大江报》复刊第一期，即对国民党的残酷镇压和叛变嘴脸进行了无情抨击，号召"农民与兵士领导于责任重大的无产阶级共起革命，用革命的手段，用群众的力量，实行夺取政权的总暴动，建立工农兵苏维埃政府，打倒'二七'屠杀的凶手——中外资本家军阀国民党"②。既指明了革命斗争的对象、方法、途径，又指出了革命的奋斗目标，为低沉的革命形势打了一针兴奋剂。

1927 年 11 月 27 日，向警予在湖北省委扩大会议上指出"我们内部报告太迟缓，且不能使一般群众明瞭各处工农争斗之情形"③。因而，在她主编《大江报》时期，十分注重对各地群众斗争的舆论宣传，用以激励群众斗志，增强革命信心。《大江报》刊登了海陆丰苏维埃政府、广东琼山成立苏维埃政府等消息，报道了湖南平江、醴陵、郴州等地和湖北兴山、黄冈、鄂南等地的农民暴动以及武汉三镇的工人罢工消息。这些消息既鼓动了尚未斗争的广大人民群众，又给气焰嚣张的国民党反动派以打击，同时给广大革命者以极大的鼓舞和信心。

（四）报刊宣传要联系实际、联系群众

党的二大决议提出：党的宣传"不要空洞洞说成无产阶级专政为一种流行的烂熟的公式，应当用实际的宣传方法，把每日的生活事实系统的讲解于我们得报刊上面，使一切劳动者，一切工人，一切农民，都觉

---

① 刘茂舒：《向警予：传记·纪念与回忆·论述·资料》，武汉出版社，1995，第 150 页。
② 《向警予文集》，人民出版社，2011，第 258 页。
③ 《向警予文集》，人民出版社，2011，第 256 页。

得有无产阶级专政的必要"①。向警予在主编《妇女周报》和《大江报》期间，始终坚持理论与实践相结合，竭力使党的方针、政策接地气，推动实现党的纲领为普通百姓所认知。将枯燥的理论与鲜活的生活相结合，将"高大上"的会议文件与实际斗争需要相结合，以理论指导实践发展，以实践总结经验，以报刊为媒介，实现理论与实践的良性互动。在党的二大会议上做出《关于妇女运动的决议》提出"中国共产党除努力保护女劳动者的利益而奋斗——如争得平等工价、制定妇孺劳动法等之外，并应为所有被压迫的妇女们的利益而奋斗"②。党的三大通过的《关于妇女运动决议案》中提出"本党女党员应随时随地指导并联合这种运动"③。如何使党关于妇女运动的决议落地生根是作为中国共产党首任妇女部部长的向警予的重要责任。在她主编《妇女周报》期间，并不是坐而论道，而是深入女工罢工运动的一线，了解女工罢工的原因和目标；深入女工家庭，了解女工的实际生活状况和面临的困难；走上街头，为女工罢工奔走呼号，用最直接的方式传播女工罢工的消息。在实际斗争中，贯彻党关于妇女运动的方针、政策，做实际运动推动女工团结和联合；同时将罢工运动中的经验、教训加以总结，以报刊的方式传播出去，指导其他地方的女工罢工，实现女工罢工与党的指导紧密互动，既推动了罢工运动的发展，也推动了党的决议的实现。

密切联系群众是报刊宣传的基础。马克思指出："批判的武器当然不能代替武器的批判，物质力量只能用物质力量来摧毁；但是理论一经掌握群众，也会变成物质力量。"④ 宣传功效的发挥是以受众接受并内化为自身的追求为前提的。中国共产党早期之所以重视宣传，最重要的还是因为报刊具有其他传单、演讲等宣传所不具有的广泛性和普及性，因

---

① 《蔡和森的十二篇文章》，人民出版社，1980，第33页。
② 中华全国妇女联合会妇女运动历史研究室：《中国妇女运动历史资料》，人民出版社，1986，第30页。
③ 中华全国妇女联合会妇女运动历史研究室：《中国妇女运动历史资料》，人民出版社，1986，第68页。
④ 《马克思恩格斯选集》第1卷，人民出版社，2012，第9页。

而报刊只有为受众所接受，获得受众的认可才能达到政治家办报的目的。党的早期领导人曾满怀信心地指出："一切被压迫的农、工、商、兵、民众中都可以有我们得党员，这样的党员都可以号召指挥他那一方面的民众；假令我们的党员是有纪律的，一个中央部的命令下来，几万的党员便可同时活动，他们便有能力号召几十万乃至几百几千万的民众；这样，为什么怕全国一致的革命不能成功？"[①] 密切联系群众是实现宣传功效的重要基础。

报刊要想得到受众的支持就需要了解受众的所需所求，而不是空发议论，高高在上，无视群众的实际需求和切身利益。恽代英曾指出，作为一名宣传者，"你要知道被宣传人的生活，从他的生活中找你说话的材料，找那些可以证明你所说理由的例子，而且利用他生活中常要听见的土话或其他流行的术语说明你的意思"[②]。这里就强调了传播者与受众密切互动、紧密联系的重要性。向警予"是一个很好的领导干部，是深入基层、联系群众，脑力劳动与体力劳动相结合、知识分子与工农群众相结合的模范"[③]。她不仅自己深入罢工群众，还要求身边的工作人员"深入了解群众要求，关心群众疾苦，扎根在群众之中"[④]。在实际调查中，她了解到工人之所以不敢罢工的原因"一怕学九姑娘坐监；二怕军警的毒枪恶棍，加之生活太苦，得罪了厂家便要请你滚蛋，坐在家里受饥饿的刑罚"[⑤]。因而，她在报刊上为九姑娘撰文，在舆论上给腐败当局施加压力；同时上街募捐，为罢工工人筹集罢工期间养家糊口的经费。同时，在报刊的栏目设置上，对群众的心声予以专栏。如在《大江报》上就设有"工友消息"，反映工人的实际需求。《妇女周报》则有专门的撰稿人员对妇女劳动、婚姻恋爱、家庭、儿童教育等分门别类地调查、撰写。

---

① 《中国共产党宣传工作文献选编（1915－1937）》，学习出版社，1996，第599～600页。
② 《恽代英文集》（下），人民出版社，1984，第698页。
③ 刘茂舒：《向警予：传记·纪念与回忆·论述·资料》，武汉出版社，1995，第159页。
④ 刘茂舒：《向警予：传记·纪念与回忆·论述·资料》，武汉出版社，1995，第167页。
⑤ 《向警予文集》，人民出版社，2011，第148页。

（五）报刊宣传要真实、客观反映妇女运动全貌

一切新闻都必须真实是报刊存在的基本条件和基本要求。向警予在报刊宣传中，坚持以事实为基础，以客观公正为准则，对女生学潮、女工罢工、女子参政运动、基督教妇女运动等进行了全面报道，既赞扬她们争取女性权利的勇气和行动，同时指出运动的不足。

女生学潮。新思想与旧文化、新知识与旧教育、新道德与旧伦理，新旧势力的冲突在学校激烈上演，引发了学生与传统教育卫道士的一次又一次的冲突。在 20 世纪初，各地不断爆发学潮，女生学潮也渐隐成势，如直隶第二女师学潮、北京女子师范大学学潮、湖北省立女子师范学潮……她们不再柔顺服从、怯懦畏避，而是毅然决然地团结起来公开从事积极革新运动，反对黑暗腐朽的封建教育，反对束缚女性发展的三从四德，反对钳制女性发展的三纲五常，积极争取研究、阅读、言论与集会等自由。虽然"一般舆论机关非将此等学潮视同等闲，即将此等学潮编为笑话，除此以外并无正当批评"[1]。但是向警予却在《妇女周报》上为她们摇旗擂鼓，认为她们"为学问问题、人格问题……同心誓死奋斗……此种反抗之精神，正义之主张，实为女子自身团结革新女子教育的第一声，在女子教育革新运动上具有伟大的价值"[2]。同时，向警予也指出了女生学潮运动中的不足，比如未能将"学校的根本坏处在宣言和呈文中显然指出，亦未能将你们对于学校根本改革的意见在宣言和呈文中具体提出"[3]。向警予认为要彻底实现学校女子教育改革，最根本的还是依靠学生的自觉，通过学生监督，使校长和教员不敢对教育敷衍塞责；通过学生参与，推动学校教学课程内容改革；通过学生组织，逼迫学校跟上时代发展的步伐。"只有学生团结起来，造成学生'自觉的压力'，

---

① 《向警予文集》，人民出版社，2011，第 188 页。
② 《向警予文集》，人民出版社，2011，第 188 页。
③ 《向警予文集》，人民出版社，2011，第 210 页。

压着学校接受我们的要求"①，唯有如此，才能实现女子教育的根本革新。

女工罢工。第一次世界大战期间，中国的资本主义经济迎来春天，纺织业和面粉业快速发展。上海，作为中国近代轻工业发展最快速的城市，集中了大量产业工人。"1916年全国24万产业女工……产业女工比男工人数要多"②，女工的生活极其悲苦，她们"劳动时间长，劳动强度大，劳动条件差，工资水平低，不仅要受资本家的残酷剥削，还受到各种封建性的超经济剥削"③。据载"在纺织厂，工人每日工作十二至十五个小时。几乎在所有的工厂，白天只为吃饭给工人二十至三十分钟的时间。五百个工人只配给两张上厕所的许可证，女工们在组织起来之前，不得不为大小便的自由而争斗"④。她们每日勤勉小心地工作，仍难免被资本家随意克扣工资，增加工时。"日资工厂里，日本监工身上常常佩枪支，其手下的工头使用皮鞭、竹板，甚至有的用钢丝鞭子象抽打牛马一样，殴打工人，女工还常常遭到他们的污辱。"⑤ 身心疲惫、忍无可忍的女工曾举行了一次又一次地罢工，掀起了女工罢工高潮。资本家和官厅暗中勾结，用尽一切狠毒手段，逮捕罢工工头，殴打罢工女工等，迫使女工上工。然而"上海的舆论界对于偌大的社会问题——关系十余万生命的竟毫不加以注意"⑥，对女工罢工不仅不加宣传，反而与资本家沆瀣一气，污蔑女工罢工。对此，向警予十分愤慨。她一面在报纸上发文，对女工的工厂遭遇进行客观宣传，对罢工进行舆论声援；另一面揭露资本家与官厅昏夜苞苴、狼狈为奸的行为，劝告女工放弃对官厅主持公道的幻想，放弃对军阀和外力等的告哀乞怜，因为他们都是与资本家沆瀣一气的，现在的社会"完全是资本家的社会，是银子的社会，金钱的势

---

① 《向警予文集》，人民出版社，2011，第228页。
② 陈真、姚洛编《中国近代工业史资料》第1辑，三联书店，1957，第22页。
③ 郑永福、吕美颐：《中国妇女通史·民国卷》，杭州出版社，2010，第114页。
④ 中村三登志：《中国工人运动史》，中国工人出版社，1989，第18页。
⑤ 中村三登志：《中国工人运动史》，中国工人出版社，1989，第17～18页。
⑥ 《向警予文集》，人民出版社，2011，第123页。

力可以颠倒是非混淆黑白，法律也是专帮富人欺压穷人的"①。向警予在《丝厂女工团结起来》中号召女工团结一致，不要怕学九姑娘坐监（九姑娘王熙春，因带头领导上海丝厂女工罢工，被警厅非法污蔑，遭遇逮捕。——笔者注），不要怕军警的毒枪恶棍，联合一切受压迫的人共同抗争，罢工必然会取得胜利。

女权运动。20 世纪 20 年代，资产阶级女权运动趋于高涨，各地纷纷成立以女子参政或争取男女平权为目标的妇女权益组织。如上海妇女问题研究会、上海女权运动同盟会、北京女权运动同盟会、北京女子参政协进会、湖南女界联合会、浙江女权运动同盟会等。妇女权益组织的成立，反映了女性自我意识的觉醒，她们开始为争取政治权利和经济、文化权利而奋争，"女权运动的意义在于免除性的压迫，发展男女同等的本能，和争回妇女应有的人权。"② 向警予站在无产阶级的立场，指出女权运动的两个不足：第一，女权运动不等于少数女子做官做议员的运动，必须依靠群众妇女运动的后援才能成功。"试看各国热中做官的妇女，简直是与妇女群众风马牛不相及。伊们开始冒着女权的招牌，结果只赢得一身官僚气，白的进去，黑的出来！"③ 第二，女权运动不能仅仅关注女子自身利益的实现，应该自觉将女权运动融入民权运动，将男女平等、女子参政等融入实现中华民族解放的最终目标中。"政治问题如果不解决，妇女问题是永远不能解决的……盖政治混乱之下的女权运动，犹之起屋沙上，随起随倒，这是多么可伤的一回事！"④ 向警予号召"我辈女子一面参与时局问题之解决，一面应无忘我们自身人格之解放运动，方能于智识上、法律上有男女真正平等的人格，方能尽我辈解决时局之继续责任"⑤。

基督教妇女运动。基督教妇女团体主要有中华基督教女青年会、中

① 《向警予文集》，人民出版社，2011，第 149 页。
② 《向警予文集》，人民出版社，2011，第 130~131 页。
③ 《向警予文集》，人民出版社，2011，第 131 页。
④ 《向警予文集》，人民出版社，2011，第 139 页。
⑤ 《向警予文集》，人民出版社，2011，第 156 页。

英美妇女会、妇女节制会等，成立时间比女权运动团体早，且人数众多，仅以中华基督教女青年会为例，"据 1920 年的统计，中国 101 个地方有女青年会，即包含了 12 个城市及 89 所中学或大学建立的女青年会组织，交费会员总数 6414 人"①。她们开展各项社会服务活动，如募捐、救济、公共卫生教育、扫盲教育、家务培训、职业技能培训等，深受妇女欢迎。对于社会上议论说"教会团体对于政治从来是不轻易表示态度的，又说教会团体无一不与现社会下的权力阶级发生密切的关系，英美旅华的宣教师往往受有本国政府的津贴，国内教会无一不与外人通声气，所以基督旗帜之下的青年绝少政治观念，一不反抗外力侵掠，二不反抗军阀压迫"②。向警予认为以上言论虽然大部分属实，但是从基督教成立的历史来看，他本身是具有反抗精神的。因而，她"希望女青年会的姊妹保持耶稣原有的精神，慷慨激昂加入国民革命的战线！"③

（六）报刊宣传要以马克思主义为指导，重视舆论导向

报刊作为一种文字传播媒介，可以引导舆论走向；报刊作为党的宣传工具，有责任有义务引导舆论向正确的方向发展。在军阀混战、社会动荡时期，报纸依附政治势力而生存，为经济和政治利益，不惜歪曲事实，不分黑白；有些报纸甚至是在帝国主义的扶持下，为侵略者的罪行美化，诋毁爱国救亡运动。列强打着"友爱中国促进和平"④ 的旗号，对中国实行经济和文化殖民，无论是英国退还庚子赔款充当华人教育经费，还是日本、比利时宣布退还赔款用于中国的"文化"事业，他们的本质不是为了中国的发展，而是用压榨中国人民的血汗钱培养他们的在华势力，"以后一切对华侵略，皆将以教育形式出之"⑤；打着"中外互

---

① 郑永福、吕美颐：《中国妇女通史·民国卷》，杭州出版社，2010，第 226 页。
② 《向警予文集》，人民出版社，2011，第 138 页。
③ 《向警予文集》，人民出版社，2011，第 138 页。
④ 《向警予文集》，人民出版社，2011，第 78 页。
⑤ 《向警予文集》，人民出版社，2011，第 87 页。

利"的旗号，列强"携手"侵略中国，声称"中国政府，缺乏责任能力"①，竟然号召"凡在中国国内有利益之各国，……不能更无所行动"②，打着门户开放、国际共管的幌子实行"协同"侵略；打着"建立一稳固政府"③的旗号，暗中培植军阀势力。日本扶植张作霖、段祺瑞，英美扶植吴佩孚等不一而论。"美国帝国主义惯使阴柔手段，笼络吾国人民……其实他的宣传政策早已把中国人民麻醉了，大规模的经济侵略（如新银行团）和政治上无形隶属中国的阴谋，早已布置妥当。"④列强的宣传工具《泰晤士报》《字林西报》等帝国主义在华报刊不仅歪曲事实，还美化侵略。无论是《泰晤士报》（英国帝国主义在华报刊）还是《顺天时报》（日本帝国主义在华报刊）以及《字林西报》（英国帝国主义在华报刊）经常鼓吹国际共管，干涉中国内政，将帝国主义的侵略说成是帮助中国发展，将因资本家的压榨剥削而奋起罢工的斗争泼向"红色煽动者"的谣言；用蒙古问题挑唆中俄关系……向警予对他们隐瞒事实真相、掩盖帝国主义侵略的本质进行了无情鞭挞。

对于这种报刊宣传，向警予在《向导》《妇女周报》以及《大江报》上进行了猛烈回击。她在实际工作中用直白的、贴近群众的语言指导革命斗争，宣传马克思主义，劝导民众放弃对帝国主义的幻想，坚定走暴力革命的道路。

1. 与劳农俄国密切联系，共同推翻帝国主义的侵略。1919年，俄国十月革命的成功震惊了世界，也给寻找中国出路的先进知识分子指明了方向。学习马克思主义、学习俄国成为一股主要的社会潮流，一时间各地纷纷组建共产主义小组，在俄国共产党的帮助下，1921年，一个以马克思主义为指导思想、以向俄国学习为标杆的无产阶级政党——中国共产党成立。党在成立后即确定了联俄的斗争方针。之所以如此，是因为

---

① 《向警予文集》，人民出版社，2011，第73页。
② 《向警予文集》，人民出版社，2011，第73页。
③ 《向警予文集》，人民出版社，2011，第73页。
④ 《向警予文集》，人民出版社，2011，第89页。

俄国建立在社会主义之上，消灭了一切剥削和压迫，建立了无产阶级专政的国家，真正实现了劳动阶级当家做主。而建立这样的一个中国，正是中国共产党和中国人民所需要的。因而，向警予疾呼我们"首先与最可信的劳农俄国同盟"①。

2. 放弃幻想，组织民众武装的国民共同抗击国际帝国主义。在同国际帝国主义斗争的过程中，向警予批评了民众斗争中的两种错误倾向：第一，幻想得到英、美、法的同情和帮助，幻想依靠英、美、法抗击日本帝国主义侵略，实现国内和平。向警予指出英、美、法与日本帝国主义是一个鼻孔出气的，他们是缔结四国协定的"同盟军"，他们都是宰割弱小民族的侵略者，他们都是宰割中华民族的老主顾，幻想依靠同盟中的三个侵略者反击另一个侵略者，简直是痴人说梦。第二，只做外交不管内政。向警予认为我们不能在痛心疾首"二十一条"的时候，不管袁世凯政府；不能在巴黎华盛顿一再抗议的时候，而不管国内政府的歌舞升平。在外交上，寸土不让，寸权必争；但在政府内政上，民众却毫无举动，向警予认为这种只做外交不管内政的行为，无异于"我们专做救国的运动，至于卖国政府继续不断的卖国勾当我们可以不过问！"② 向警予认为这两种倾向都是目前斗争中所应避免的，她指出真正的斗争方向是"一面力争自由，扩大民众组织的战斗力，尤其应当帮着工人阶级完成其大规模的组织之战斗力——因为他是最真正的革命势力——以打倒卖国的军阀政府而建设人民政府，同时与反帝国主义的苏俄亲密联盟，并组织民众武装的国民军"③。只有通过这种途径，只有通过走社会主义的道路才能最终战胜日本帝国主义与国际帝国主义的侵略，才能实现真正的解放。

在舆论引导上，向警予站在马克思主义立场，及时纠正斗争中的错误倾向，同时旗帜鲜明地指出了革命斗争的方向和途径，为鼓舞民众投

---

① 《向警予文集》，人民出版社，2011，第53页。
② 《向警予文集》，人民出版社，2011，第85页。
③ 《向警予文集》，人民出版社，2011，第85页。

身社会变革做出了巨大贡献。

四　向警予报刊宣传实践的社会影响

向警予的宣传工作赢得了党内诸多同志的认可，她被称为"宣传鼓动的能手"。她的卓有成效的工作在宣传、动员群众，揭露、批判敌人，反映、引导舆论以及指导和开展工作方面发挥了重要作用。

（一）宣传、鼓动群众

如何使群众觉悟起来、动员起来、组织起来是党成立初期的重要任务，向警予开展宣传活动的目标群体即是广大的人民群众，通过对 20 世纪 20 年代的工人运动考察，向警予的宣传活动在受众群体中产生了积极有效的社会动员效应。

在网络媒体和自媒体尚未出现的 20 世纪 20 年代，报纸作为宣传的重要手段在社会动员中发挥着重要作用。中国共产党自创建伊始就十分重视宣传工作，强调"必须集中全副精力向知识分子和工人阶级进行宣传和组织工作"[①]。在党的安排下，向警予回国后即投入宣传事业，她先后担任《向导》《妇女周报》和《大江报》的编辑和主编，发挥"一支秃笔和三寸不烂之舌"的宣传功力，唤醒千百万麻木不仁、隔岸观火的中国人，积极号召工人阶级组织起来，团结起来，鼓舞他们积极参与社会变革。

（二）揭露、打击敌人

在救亡压倒一切的民族危机下，宣传的矛头只有对准帝国主义的侵略和资本主义的压榨才能赢得群众的支持。与资产阶级报刊在帝国主义与本国民族主义之间摇摆不定的立场形成鲜明对比的是，向警予以报刊

[①] 中国共产党中央文献研究室中央档案馆编《建党以来重要文献选编（1921－1949）》（第 1册），中央文献出版社，2011，第 11 页。

为阵地，集中火力炮轰帝国主义侵略和资本主义的残酷剥削，猛烈揭露敌人的丑恶嘴脸，批判敌人对中国人民的剥削和对中国主权的侵犯，同时毫不犹豫地指出资产阶级的软骨病，指责资产阶级与帝国主义相勾结，联手掠夺劳动人民的剩余价值。在为《向导》撰文的近 40 篇文章中，无一不是对帝国主义丑恶面目的揭批。《蒙古王公与外国资本家的勾结》《美人私运军火与临城土匪军火之来源》《南洋烟草资本家打破罢工之恶辣手段》等，篇篇文章都是对敌人侵略与剥削的血的控诉。在主编《妇女周报》和《大江报》期间，她充分发挥报刊在舆论宣传中的功效，在撰写文章的内容上和在报刊栏目的设置上，集中一切宣传力量，激发民众对敌人的憎恶和痛恨，号召人民团结起来，为反抗帝国主义的侵略建成统一战线。

（三）反映、引导舆论

"革命的理论必须和革命实践相密切联结起来，否则理论便成空谈。然而实行革命运动而没有理论，也就要变成盲目的妄动……所以列宁说：'没有革命的理论，决不能有革命运动。'"[①] 在工人运动风起云涌的 20 世纪 20 年代，在群众自发地、无目的地起义和斗争中，报刊要自觉肩负起反映、表达和引导舆论的责任，"工人本来也不可能有社会民主主义的意识。这种意识只能从外面灌输进去"[②]。面对数量庞大的工人群众，单纯地依靠共产党员一对一地进行启发显然是不够的，只有报刊，只有依靠共产党员创办的、坚定无产阶级立场的报刊，才能把马克思主义灌输到群众各阶层中去，唤醒民众的阶级觉悟。无论是在《向导》工作期间还是在主编《妇女周报》和《大江报》时期，她坚持报刊直面群众呼声，回应群众需求，引导群众投身社会变革。急群众之所急，应群众之所呼，坚定无产阶级立场，坚持走暴力革命的道路，将无秩序地、懵懂的工人运动引向自觉地、有组织地工人运动。

---

① 瞿秋白：《瞿秋白文集　政治理论编》第 3 集，人民出版社，2013，第 29 页。
② 《列宁选集》第 1 卷，人民出版社，2012，第 317 页。

（四）指导、拓展工作

向警予并不是职业报人，她是一位革命家，一位立志以己之力匡扶国家的女革命家，无论是参与《向导》的编辑工作还是主编《妇女周报》和《大江报》，目的都是为了以报纸为工具，揭批敌人的侵略和掠夺；以报刊为旗帜，宣传马克思列宁主义；以报刊为阵地，引导群众走向革命的道路。她参与报刊的一切工作都是为了推翻帝国主义和封建主义、资本主义的统治，实现国家救亡的目的。她自觉以党的方针、政策为指导，宣传内容密切贴合党的中心任务，宣传党的理论、路线，反映党的工作重点，推动实现党的方针大众化，党的政策民众化，党的口号平民化，以宣传推动党的各项方针政策的实现。

"一人之辩，重于九鼎之宝；三寸之舌，强于百万之师"（《文心雕龙·论说》），充分说明了语言与舆论宣传所蕴含的强大威力。党的声音要靠报刊来传送，党的形象要靠报刊来维护，党的方针政策要靠报刊来传达，它们是党的重要舆论宣传阵地，发挥着振奋人心、凝聚人力的重要作用。向警予在宣传的舞台上，充分展示了政治家办报的风格，推动宣传马克思主义化，推动报刊受众无产阶级化。

五　向警予报刊宣传思想的特点和局限

向警予作为中国共产党早期重要的领导人之一，她在报刊宣传工作中，形成了一系列具有独特特征的宣传思想；同时她的报刊宣传实践代表了中国共产党早期对报刊宣传工作的探索，既有可资借鉴的经验，也有深受历史条件限制所具有的局限。总结经验，吸取教训，推动宣传继续向前发展是我们探究向警予宣传思想的意义之所在。

（一）向警予报刊宣传思想的特点

向警予作为中国共产党早期著名的领导人和妇女运动的先驱，在从事宣传活动中，形成了一系列个性鲜明的特征。

1. 鲜明的无产阶级立场

向警予在宣传中始终站在工人群众的立场，坚持宣传面向群众，反映群众呼声，以马克思主义为指导，强调报刊的无产阶级属性。

报刊的发展与政治、经济、社会的发展密切相关，受制于具体的历史条件。报刊的宗旨反映了报刊代表谁、为谁服务的阶级立场。向警予自加入中国共产党后，所从事的一切工作皆以国家救亡和无产阶级解放为目标，在宣传中，始终坚持无产阶级立场。她代表人民发声，为劳动大众的解放奔走呼号；为白色恐怖中依然坚持斗争的工人擂鼓助威；为罢工工人寻找舆论声援。她痛斥资本家与军阀、帝国主义的暗中勾结，痛斥黑心工厂对工人的残酷剥削，痛斥地方政府的作威作福、欺压百姓。向警予在宣传中，大声号召广大劳动人民结成团体，共同反抗帝国主义的侵略和封建主义与资本主义的剥削，为建立无产阶级专政而奋斗。

2. 既通俗易懂又尖锐泼辣的语言风格

通俗易懂、尖锐辛辣是向警予宣传的语言风格，她在行文中用通俗易懂的白话文反映群众疾苦，便于广大工人群众接受和理解；用反语、讽刺、双关等各种文学修辞毫不留情地鞭笞帝国主义的侵略。

她将受封建宗法制度几千年压迫的劳动妇女比喻为"生殖机"与"灶下婢"，寄深切同情于她们，表无限哀悼于她们对社会事务的麻木不仁。对封建宗法制度的代言人——腐朽、专制的教师——则称之为"老冬烘"，对他们进行猛烈抨击，指责他们对女性发展的束缚和钳制。对资产阶级孤立的女权运动给予深刻批评，指出在政治混乱的社会生态中，独独谋求女权运动"犹之起屋沙上，随起随倒"①。运用比喻的手法将封建妇女无自主的生活描写的栩栩如生，把教师的腐朽无能刻画得惟妙惟肖，把脱离劳动妇女的、忽视国家危亡的女权运动叙述地生动有力。同时，她用平白的、易于为群众所接受的话语宣传党的主张，号召妇女团

---

① 《向警予文集》，人民出版社，2011，第139页。

结。她在号召中学女生从事鼓动宣传工作中，大声疾呼"姊妹们，女界先觉的姊妹们！寒假到了，我们赶快到妇女群众中去努力宣传！"① 鼓动妇女参加国民会议失败后，她鼓励女界"我们不要因失败而灰心，要因失败而加倍努力！"② "此外，向警予化名或不署名，在《大江》经常撰发一些'三字经''四字经'之类的通俗诗歌，这些诗歌朗朗上口，富有鼓动性和很强的感染力"③。

在对敌人的抨击上，向警予毫不留情，运用一切语言修辞方式强化反帝反封反资的决心，激起群众的愤怒，引导群众投身社会革命。向警予在对帝国主义和封建主义、资本主义的批判中，文章大多短小精悍，语言犀利，尤其擅长使用幽默讽刺之方式，表达对敌人的憎恶和厌烦。在《向导》发文的 38 篇文章中，近一半的文章字数都在 400 字左右，文章标题直指主旨，如《国际帝国主义老实不客气了》《可敬可骇的交还威海卫条件》《美国供给奉张军械与上海总商会的希望》等，文章内容擅长使用"呵""吗""呢""呀"等词缀反衬帝国主义丑恶的嘴脸，讽刺帝国主义的伪和平。向警予在《大江报》上撰写的社论更是凸显了她尖锐泼辣的文字风格，据与她一起工作的陈桓乔回忆："社论全是大姐亲自撰写，文锋十分尖锐，号召工人阶级更加奋勇地与敌人作不妥协的斗争，并一一列举事实痛斥蒋、桂军阀任意狠毒屠杀革命青年的罪行。"④

3. 反映民众需求的舆论导向

从《向警予文集》刊发的文章来看，向警予在宣传上的每一篇文章都是对重大现实问题的回应，她站在劳工大众的角度，以报刊为阵地，反映他们的真实生活状况和实际需求，同时"以敏锐的眼光看清此等必然的趋势，因势利导，以宣传组织的力量缩短历史进化的过程"⑤。

---

① 《向警予文集》，人民出版社，2011，第 201 页。
② 《向警予文集》，人民出版社，2011，第 231 页。
③ 任武雄：《向警予和〈大江报〉》，《湖南党史》1995 年第 5 期。
④ 刘茂舒：《向警予：传记·纪念与回忆·论述·资料》，武汉出版社，1995，第 171 页。
⑤ 《向警予文集》，人民出版社，2011，第 173 页。

报刊作为一种传播媒介，是传播者与受众之间思想互动交流的载体，一方面，报刊传播者的思想，宣扬符合报刊宗旨的内容，引导受众朝向传播者传播内容的方向发展；另一方面，受众的支持与否是报刊生存和发展的决定性因素，因而报刊需要根据受众的接受心理宣传受众喜闻乐见的内容。向警予在从事宣传实践中，一方面自觉以党的方针、政策为舆论导向，积极引导工人运动朝着正确的方向发展；另一方面，给予工人罢工舆论声援，为工人罢工争取广大人民群众的同情，给腐败的当局以舆论压力。国共合作后，向警予按照党的统一战线工作部署，号召女界摒弃一切成见，联合最广大的劳动妇女建立最广泛的统一战线。同时，给予妇女罢工运动舆论声援。她对上海女工的罢工运动进行了及时报道，对在罢工运动中惨遭逮捕的女工给予舆论声援，号召从事女权运动的妇女团体从政治、经济、社会等各方面给予女工罢工支持，指责资本家和政府当局的官商勾结，陷害女工，阻挠罢工运动，揭露沦为资本家入幕之宾的丝茧女工会的虚伪面目，鼓励女工团结起来，坚持斗争，"呻吟于资本家铁鞭之下的姊妹，团结起来呵！"①

在向警予的努力下，《妇女周报》"成为当时唯一能反映中国妇女运动全貌、指引妇女运动方向和任务、鼓动全国妇女解放思潮的刊物"②。1927年，向警予在白色恐怖极其严峻的武汉主编的《大江报》也得到了群众的认可，"大江！大江！你确为我们武汉几十万无产阶级的明星啊！你能够知道我们得痛苦，你能够把我们得深冤诉，你更能够将正义露布……"③

4. 宣扬男女平等的女权主义思想

唤醒女性的主体意识，宣扬男女平等的理念，号召女性投身社会变革的女权主义思想是向警予报刊宣传的鲜明特征。

向警予作为近代中国妇女解放的先驱，对男女平等具有敏锐的感知

---

① 《向警予文集》，人民出版社，2011，第150页。
② 郑保卫主编《中国共产党新闻思想史》，福建人民出版社，2004，第72页。
③ 任武雄：《向警予和〈大江报〉》，《湖南党史》1995年第5期。

意识，在她幼年时期，即反对母亲给她缠足穿耳，少年时期跟随父兄启蒙求知，十六岁即作词"男女平等，图强获胜"①。"她绝对的与一般娇弱的女学生不相同，她自幼男女同学，青年时代出入一般男女学生群众及农民群众之中而常居于指导的地位，故她的言行完全像一个最诚恳的传教师。"② 她具有强烈的女性主体意识，对男尊女卑、男强女弱深感痛苦。在赴法勤工俭学期间，更受到西方女权主义思想的影响，男女平等意识伴随着时间、阅历在她的内心日益坚定。然而，在她投身革命活动后，"精神上常常感受一种压迫，以为女同志的能力不如男同志，在她看来，仿佛是'奇耻大辱'"③。关于向警予的女权主义思想的考量，前文已作探讨，本节不再赘述。然而从蔡和森对向警予回忆的这一段话来看，男女平等的女权主义思想自幼年至向警予的生命结束，始终伴随着她，同时在宣传中鲜明地体现出来。

向警予在主编《妇女周报》期间，报纸杂志的刊文围绕女性解放进行了大量宣传。首先，倡导婚姻自由。《妇女周报》刊发了大量关于恋爱自由与结婚、离婚自由的文章，鼓励男女双方自由结合，对传统婚姻制度、习俗、形式等进行了猛烈批判。如《传统的贞操观》《结婚仪式的问题》《自由离婚的是非》《恋爱，自由恋爱与恋爱自由》。其次，号召女性结成团体，鼓励女性参政，争取与男性平等的政治权利。如《妇女参政运动》《女子解放与女权运动者的责任》《女子团结起来》《青年女子与国民会议》《受四重压迫的人们还不觉悟吗？》《中国政治与女子参政》。最后，宣传外国女性在男女平等、婚姻自由、参政议政等方面取得的成就，鼓励国内女权主义者和劳动妇女向外国女性学习。如《日本妇人组成工会》《英国女劳动议员当选国会议员》《苏俄妇女地位的改进》《德国妇女的进步》。报刊的刊文内容反映了报刊主编者的思想倾向，《妇女周报》在向警予担任主编期间，发表了大量启迪女性觉悟、

---

① 《向警予文集》，人民出版社，2011，第 1 页。
② 《向警予文集》，人民出版社，2011，第 342 页。
③ 《向警予文集》，人民出版社，2011，第 343 页。

鼓励婚姻自由、号召女性团结斗争的文章，充分反映了向警予坚持男女平等的女权主义思想。从向警予本人刊发的文章来看，她更主张通过政治革命，从根本上消除男女两性的性别压迫，争取男女平等。

向警予的报刊宣传思想，体现了先驱女性自觉以报刊为工具，宣传妇女解放思想，引导女性群体实现自我解放，使觉醒的女性在社会变革中，通过妇女报刊获得个人身份的认同。

（二）向警予报刊宣传思想的历史局限性

个人的努力在宏大的历史叙事背景下，总是渺小的。民国时期，变革不断，英雄辈出，向警予为社会发展做出的努力，终因能力有限、环境困难等诸多因素而制约努力成果的功效。她的宣传实践不可避免地带有历史局限性。

1. 受众的文化程度制约了报刊的宣传效果

宣传以文字、图画等为载体，宣传传播者的思想，报刊的传播效果受制于受众的文化程度。尽管向警予在宣传时使用白话文，语句尽量短小精悍，奈何受众的文化水平确实较低，很难完全读懂报刊内容。

经过对《向警予文集》中报刊文章的分析可见，宣传的真正受众并不是底层的工人或劳动妇女，而是具有一定阅读能力的和文化知识水平的学生和资产阶级小知识分子，向警予力图通过他们唤醒广大劳动者，号召他们深入工人群体，密切联系群众，鼓动、组织群众。她对女权运动、知识妇女运动、女生学潮等多有论述，但真正直接面向广大劳动妇女的却较少。这一方面是由当时具体的历史条件所决定的。广大底层群众知识水平有限，对他们实行直接的宣传功效甚微；经济水平较低，养家糊口已捉襟见肘，没有余钱买报刊等宣传品。另一方面与党的中心任务密切相关。党成立初期，党的重心在城市，城市中从事革命活动的大多数是学生和小资产阶级，影响并争取他们投身无产阶级革命是党的重要任务。在各种社会思潮涌动的 20 世纪 20 年代，宣传在占据舆论高地、争取民众支持上具有无可比拟的优越性。

中国共产党上海发起组成员之一的施存统在对革命各种力量进行具体分析时指出:"实行社会革命,最有力量的人,是无产阶级和兵士"①,然而这两种人"连自己的名字都不认识,怎么样叫他们能看各种宣传品呢!"② 在"工人群众没有知识,不识字,十人当中只有一人能看报"③的情况下,向警予力图通过宣传唤醒广大劳动群众的功效自然是大打折扣的。据北伐时期进入河南的国民革命军各军政治部的报告反映,"人民识字的程度非常低下,不及十分之一二,标语宣传失其效力"④;"言语不通,莫论广东福建的语言,即是湖北话也不能通用"⑤;"所用的成语,如军阀、贪官、打倒等,亦须反复解释"。受众不识字,传播者与受众之间言语不通等严重制约了宣传应有的传播效果。对于生活在底层的劳动妇女来讲,这种情况更为严峻。在男尊女卑、男主外女主内的传统封建社会生活下的妇女,不要说根本就无法接触到报刊,即便接触到报刊,自身的文化水平也制约了女性主体的觉醒。"所以在支那用文字宣传社会革命,只能宣传到一般学生,多数无产阶级还是宣传不到的。"⑥

中国共产党从建立之初就十分重视宣传工作,在党的一大通过的决议上,明确要求"每个地方组织均有权出版地方的通报、日报、周刊、传单和通告"⑦。党的任务就是用一切可行的办法启发民众觉悟,向工人阶级和农民阶级灌输无产阶级意识。但从宣传效果来讲,民众的文化知识水平显然制约了宣传的效果和党的目标的实现程度。

2. 宣传者的政治倾向性在一定程度上影响了宣传的客观性

"传播作为一种社会现象,最容易受到政治的制约和干预。"⑧ 向警

① 《中国共产党宣传工作文献选编(1915-1937)》,学习出版社,1996,第311~313页。
② 《中国共产党宣传工作文献选编(1915-1937)》,学习出版社,1996,第311~313页。
③ 中央档案馆编《中国共产党第一次代表大会档案资料》,人民出版社,1982,第14页。
④ 王奇生:《国共合作与国民革命(1924~1927)》,江苏人民出版社,2013,第284页。
⑤ 王奇生:《国共合作与国民革命(1924~1927)》,江苏人民出版社,2013,第284页。
⑥ 《中国共产党宣传工作文献选编(1915-1937)》,学习出版社,1996,第311~313页。
⑦ 中央档案馆:《中国共产党中央文件选集(1921-1925)》(第1册),中国共产党中央党校出版社,1989,第6页。
⑧ 戴元光、苗正民:《大众传播学的定量研究方法》,上海交通大学出版社,2000,第13页。

予作为一位杰出的女革命家，在宣传中不可避免地带有政治倾向性，从而影响了宣传报道的客观性和真实性。

反映事件的真实情况是报刊的内在属性和必然要求。然而政治家从事报刊宣传，不可避免地带有政治倾向性，尤其是在 20 世纪 20 年代，各政党、团体喷涌而出，为各自的政治主张发文宣传，拉拢民众支持，中国共产党也不例外。十月革命"建成了一条从西方无产者经过俄国革命到东方被压迫民族的新的反对世界帝国主义的革命战线"①，党在宣传上的重点是马克思列宁主义思想及其在俄国的实践。这种宣传对政治家、对国家救亡来讲无可厚非，但是在复杂的国家利益面前，政治倾向性的宣传不可避免地会出现这样或者那样的偏差。

在 1921 年召开的中共一大上，中国共产党接受了共产国际代表马林所阐述的"国际无产阶级必须相互援助"的观念，同意接受共产国际的领导和财政援助。党的二大上通过了参加共产国际的决议。这意味着中国共产党的重大决策和主要领导人的任命都必须经过共产国际的批准，"共产国际作为统一的世界共产党的组织……其指示、决议不管正确与否，也不管是否符合本国的实际情况，都必须无条件地执行"②。同时，由于苏联共产党在共产国际的特殊地位，"有时讲苏联，有时讲俄共，有时讲共产国际，但通常都是一回事"③。因而，中国共产党各方面的建设深受共产国际和苏联的影响，这种影响的程度之深甚至达到以苏联的国家利益为标准。在两国利益一致时，苏联能较好地帮助中国革命，如帮助中国共产党开展工农运动，推动国共合作等；但是，在两国利益发生矛盾时，他们会毫不犹豫地要求中国革命服从苏联利益。在"外蒙古"的问题上尤其明显。"外蒙古"自古以来即是中国的领土，然而在1921 年 7 月，"外蒙古"在苏俄扶植下成立了蒙古人民革命政府，建立

---

① 《斯大林选集》（上），人民出版社，1979，第 126 页。

② 黄修荣：《共产国际及其与中国革命关系问题概述》，《思想理论教育导刊》2008 年第 10 期。

③ 中国共产党中央党史研究室第一研究部编《联共（布）、共产国际与中国国民革命运动（1926 – 1927）》（上），北京图书馆出版社，1998，第 131 页。

了蒙古人民国（君主立宪制）。9月14日，苏俄政府外交人民委员契切林致电"外蒙古"政府："劳农政府及人民对蒙古人民革命政府之建立，与从外国的桎梏及满清血腥的统治下获得自由，谨表衷心之欣悦与祝贺。"① 虽然"苏联政府承认外蒙为完全中华民国之一部分，及尊重在该领土上的中国之主权"②，并表示同意自外蒙撤军。然而事实上苏联不仅长期在"外蒙古"驻军，而且变本加厉地影响和控制"外蒙古"的政治、经济和军事等。

面对苏联分裂"外蒙古"的事实，有读者质疑"蒙古独立之后，谁能担保蒙古不为帝国主义所侵犯？"③ 然而，向警予一味站在苏联的立场上，替苏联辩护，把苏联对蒙古的经济掠夺说成是"帮助他提高那半原始的经济地位"④；把苏联变蒙古为事实上的附属国说成是"蒙古独立与解放的主要条件"⑤。虽然这与中国共产党的宣传口径是一致的，然而却是违背事实的，同时也是严重损害中国国家利益的，与帝国主义干涉中国内政、分裂国家主权无异，是典型的大国沙文主义。

从共产国际与中国革命发展的历史来看，国家利益冲突是影响中国共产党与共产国际关系的重要因素。随着中国共产党逐渐成熟，自身实力逐渐壮大，共产国际和苏联对中国共产党的控制力日渐变小，中国共产党宣传的客观性日渐增强。

向警予和蔡和森结婚后，由于两人都从事革命工作，无固定收入，因而常常发生断炊之事。因为经济困难，两人在上海租住在一间黑暗的筒子楼里，艰苦工作。即便环境如此艰苦，向警予仍然积极投身革命斗争，她一面投身社会革命实践，指导工人运动；一面以报刊为阵地，高举马克思主义旗帜，宣传、鼓动组织群众。她是中国共产党早期从事宣

---

① 转引自杜君《20年代初期苏俄扶持外蒙古独立评析》，《内蒙古民族大学学报》2005年第31期。
② 吕一燃：《北洋政府时期的蒙古地区历史资料》，黑龙江教育出版社，2014，第525页。
③ 《向警予文集》，人民出版社，2011，第71页。
④ 《向警予文集》，人民出版社，2011，第61页。
⑤ 《向警予文集》，人民出版社，2011，第70页。

传鼓动工作的卓越领导人，在号召民众打倒帝国主义、封建主义和资本主义方面取得了重要的历史功绩；以报刊占据舆论高地，为女工罢工伸张正义；在 20 世纪 20 年代的女工罢工运动中，扮演了极为重要的领导角色，"五卅运动"的成功，向警予功不可没。作为中国共产党早期重要的领导人之一，她的宣传实践活动具有探索性质，受制于历史条件的发展，不可避免地会出现各种错误。总结经验，吸取教训是今后宣传工作的重点。向警予在宣传中积累的经验对中国共产党报刊宣传的发展具有重要意义。

第六章　向警予思想的评析

向警予思想对中国共产党思想理论的形成尤其是妇女解放理论的形成做出了重大贡献，也确立了向警予在中国共产党内的早期领导人地位。她的思想一方面具有对历史发展把握的前瞻性，具有鲜明的特征和重要历史作用；另一方面也受当时条件的限制，具有不可避免的历史局限性。

一　向警予思想的特征

（一）彻底的革命性

向警予思想是以马克思主义为指导，以中国具体实际为依据，在实现国家独立和人民解放的过程中逐渐形成的。与之前的资产阶级女革命家秋瑾的思想相比，向警予思想具有彻底的革命性。

秋瑾生于1877年，卒于1907年，是中国近代杰出的女革命家，"是中华民族觉醒初期的一位前驱人物，她是一位先觉者，并把自己的生命奉献给了反封建主义和争取民族解放的崇高事业"①。在秋瑾和向警予短暂的革命生涯中，两人既有相似的革命经历，相似的革命主张，又有不同的阶级立场，不同的指导思想。她与向警予都是近代中国革命史上杰出的女革命家，为推动妇女解放和民族解放不遗余力，但向警予思想具有更为彻底的革命性。向警予和秋瑾都认为妇女受压迫的根源在于经济

---

① 《秋瑾史迹·序》，上海古籍出版社，1991，第3～4页。

不独立。因为经济上严重依赖男子，因而女性被束缚在家庭中无法得到自由发展，只有经济独立，女性才能摆脱男子和家庭的桎梏。但对经济剥削的根源剖析以及妇女解放的路径选择上，两人存在明显的分歧。

秋瑾将女性在经济上的严重依赖性归因于性别压迫和女性奴性的宿命论。秋瑾认为女性之所以不独立是因为受着男子的压迫。女子日日受制于男权之下，生活的喜怒哀乐全看男子的脸色，在日复一日的压迫中，女子不仅没有一丝一毫的反抗意识，相反，竟采用各种手段、方式讨好男子，希图男子可以"施舍"一点阳光给自己。女子仰仗男子的鼻息而生活，一生的荣辱挂靠在男子的身上，对于这种奴隶般的生活，大多数女性将之归结于"命也"[1]。秋瑾认为，正是由于女子安于现状、甘于做男子的牛马玩物，才使得女子千百年来一直深受男子的压迫，并在这种压迫之下，形成了扭曲的人生价值观——"自己把自己看得太不值钱，不去求自己生活的艺业学问，只晓靠男子，反死命地奉承巴结，谄谀男子，千方百计，想出法子去男子前讨好。"[2] 正因为"女子无生计"[3]，所以在妇女解放的路径上，秋瑾积极倡导女子放足，通过自谋职业，自食其力，摆脱家庭和男子的束缚。秋瑾认为，女性只有掌握一定的谋生技能，在社会上可以自食其力，实现经济独立，才能摆脱家庭束缚和男子的奴役。

向警予则透过女性受压迫的种种经济现象深入本质——经济私有制。向警予认为，从现象上来看女子所承受的诸多压迫，固然是男子施加的。然而，所谓男子、男权不过是封建礼教、制度的代言人。从本质上来讲，男子也是封建制度的受害人。"我国近来人才之不经济，实因群趋于臭肉的政治之上，男子因此尚不知受了多大的损失……"[4] 枯燥无味的八股取士制度、维护皇权的参政制度、深受地主剥削的经济制度……这样

---

① 郭延礼，郭箐：《秋瑾集　徐自华集》，中华书局，2015，第36页。
② 郭延礼，郭箐：《秋瑾集　徐自华集》，中华书局，2015，第167页。
③ 郭延礼，郭箐：《秋瑾集　徐自华集》，中华书局，2015，第190页。
④ 《向警予文集》，人民出版社，2011，第13页。

的封建制度对于广大身处贫苦现状的农民而言，其压迫是不言而喻的。向警予大声疾呼，"摧残女权的并不是男子，是社会一切恶制度和恶势力"①，财产私有制则是"万恶之源"②，男子，不是妇女解放运动的斗争对象，而是可以合作的伙伴。向警予虽然也主张女子通过求学等获得自我谋生的技能，逐渐实现妇女解放，但是这种方式从本质上来讲只能解决一时的问题，却不能实现永久的妇女解放；只能推动部分女性实现经济独立，无法使大多数女性实现经济独立。向警予指出，不变更社会制度之下的女性经济独立是无从谈起的，女性的压迫只是从家庭转移到了工厂。只有实现社会制度的根本变革，实现人类总体的解放，妇女解放才能彻底实现。从妇女解放的历史规律来看，向警予明显找到了妇女解放的根本途径。

从宏观上看，秋瑾和向警予对推动妇女解放的历史进程都做出了巨大的历史贡献。作为妇女觉醒的先驱，她们敏锐把握历史发展规律，积极启发女性觉悟，投身轰轰烈烈的国民革命。然而仔细梳理两人的思想逻辑，可以明显发现两者存在质的区别，这种区别实质上代表了两个阶级对历史发展的宏观把控不同。"欲脱男子之范围，非自立不可；欲自立，非求学艺不可，非合群不可。"③ 这句话实质上是秋瑾妇女解放思想的中心主旨。秋瑾将女性遭受压迫的来源归根于性别压迫，解决的途径是经济自立。向警予将女子受剥削的根源探寻到制度层面，只有实现制度变革，才能实现真正的解放。秋瑾在革命活动中停留于具体的现象，导致她的妇女解放思想虽然在她那个时代达到了理论的顶峰，却没有延续长久的命运。从历史的发展来看，与她同时代、且思想相近的唐群英、徐自华、吴芝瑛等最后要么走向了女子参政运动，要么投身教育事业。在不变更制度情况下的任何革命活动都是徒劳无益的，妇女解放只是一句空话。

秋瑾和向警予思想差别产生的根本原因在于指导思想的不同。向警

---

① 《向警予文集》，人民出版社，2011，第 215 页。
② 《向警予文集》，人民出版社，2011，第 13 页。
③ 郭延礼、郭箐：《秋瑾集　徐自华集》，中华书局，2015，第 53 页。

予思想以马克思主义为指导，马克思主义理论建立在辩证唯物主义和历史唯物主义的基础上，具有彻底的革命性和斗争性。马克思主义从创立伊始，就将斗争的矛头直指一切不合理的现实的社会关系，作为一个完整的理论体系的马克思主义，是在同各国工人运动和革命斗争实践的结合中发展起来的；是在同各种错误思潮的斗争中得以发展的；是在对时代发展提出的新问题和出现的新情况进行创造性研究过程中不断发展的。它用剩余价值学说揭穿了资本主义雇佣劳动制度的本质，公开宣布废除私有制，消灭一切人剥削人的现象，消灭一切不合理的现实运动和社会关系。在《共产党宣言》中，它公开宣布："共产党人不屑于隐瞒自己的观点和意图，他们公开宣布：他们的目的只有用暴力推翻全部现存的社会制度才能达到。"① 向警予思想继承马克思主义理论的彻底的革命性和斗争性，对中国一切不合理的社会制度和社会现象进行了猛烈抨击。她的思想是在领导无产阶级实现民主革命纲领的过程中逐渐形成，以无产阶级的革命斗争为实践基础，代表了无产阶级的利益诉求。马克思恩格斯认为无产阶级的根本任务在于，"利用自己的政治统治，一步一步地夺取资产阶级的全部资本，把一切生产工具集中在国家即组织成为统治阶级的无产阶级手里"②，这一点就必然决定了"共产主义革命就是同传统的所有制关系实行最彻底的决裂"③。无产阶级所肩负的推翻一切剥削制度的历史任务决定了它的斗争性和革命性的历史必然性。"在实践方面，共产党人是各国工人政党中最坚决的、始终起推动作用的部分；在理论方面，他们胜过其余无产阶级群众的地方在于他们了解无产阶级运动的条件、进程和一般结果。"④ 她对妇女受压迫的根源进行了深刻剖析，对妇女受压迫的现象进行了无情揭露，对妇女解放的具体途径进行了科学分析。她不仅在理论上为妇女解放进行了艰苦探索，还深入实际，

---

① 《马克思恩格斯选集》第 1 卷，人民出版社，1995，第 307 页。
② 《马克思恩格斯选集》第 1 卷，人民出版社，1995，第 293 页。
③ 《马克思恩格斯选集》第 1 卷，人民出版社，1995，第 293 页。
④ 《马克思恩格斯选集》第 1 卷，人民出版社，1995，第 295 页。

在革命运动中指导妇女拿起马克思主义的理论武器，为自己的权益和解放而斗争。她号召女性接受新式教育，破除封建枷锁的束缚，学会自我独立的本领，求得自我生存的技能，在社会革命的洪流中，将个人解放融入社会解放。秋瑾思想以资产阶级民主主义理论和西方女权主义理论为指导，资产阶级的软弱性决定了其思想的不彻底性和妥协性。

（二）广泛的群众性

向警予思想始终坚持一切依靠群众、一切为了群众、一切面向群众，坚持从群众中来，到群众中去的群众路线。与资产阶级女革命家秋瑾的思想相比，向警予思想具有普遍的群众性。

在推动妇女解放的过程中，无论是秋瑾还是向警予都意识到个人力量的有限性，因而扩大群众基础成为两人共同探寻的焦点。但是在寻找"合作伙伴"的过程中，两人产生了较大差异，秋瑾渴望中国女界能够产生出一批像她一样的忠勇志士可以投身妇女解放，向警予则将眼光转向广大劳动妇女，依靠广大群众的力量推动妇女解放。

"合群"思想是秋瑾思想的重要内容。所谓"合群"就是结成团体，共同抵抗压迫，实现自身解放。秋瑾在革命斗争中，时刻感到自身力量的有限性，孤身一人斗争的寂寞凄凉让她深感悲哀。她在日本求学期间，目睹日本国内民众齐心协力拥护打仗的场景深受感触，她认为，倘若在中国人人都不怕死，结成一个永固的团体，无论多么艰难的事情都能做到。反观国内女界，都是自求多福，达官贵妇只管求菩萨拜神祈求自己多子多福，无视身边饥饿苦难的女同胞。因而，秋瑾极其重视组建团体，力图以团体的力量推动妇女解放的历史进程。她在日本发起组建共爱会，用以帮助在日本遇到困难的女留学生，联合有志青年共同致力于女界解放；创办《中国女报》，"以开通风气，提倡女学，联感情，结团体，并为他日创设中国妇人协会之基础为宗旨。"① 观察这些团体成员，据可见

---

① 郭延礼、郭箐：《秋瑾集　徐自华集》，中华书局，2015，第31页。

都是有知识有一定的经济能力的上层知识妇女。因为在 20 世纪初期的中国，有能力出国留学的一般是家庭经济宽裕、个人受到了良好教育的女性。"大家组织起来，快快组织起来呦，有钱的呢，把钱拿出来养兵，或做些兴学堂、开矿山、修铁路、造轮船的事，把自己国中的东西都保住了，免得把外人得了去。"① 那么无钱的该怎么办呢？秋瑾在后文中并没有提及，显然，无钱的劳动妇女并不在救国主体的范围内。因而，无论从团体的鼓动对象还是团体的组织成员或是从团体组建后的任务均可看出，团体是上层有经济能力的妇女的集合体。在秋瑾看来，普通的芸芸大众不是革命联合的对象，是革命待拯救的对象；是拖革命的后腿，而不是跟随革命一起进步的对象。秋瑾对国内民众懵懂无知、麻木不仁深感痛心，她在《精卫石》中将中国比喻成睡国，将国民形容成"生性好睡，弄到一代重一代，竟有常常睡着不晓得醒的；并且会不知不觉的一睡死了的时候都有……"② 众人皆睡我独醒，让秋瑾深感"其奈势力孤，群材不为助。因之泛东海，冀得壮士辅"③。"群材"显然指的就是不堪扶助的广大民众，秋瑾对他们失望透顶，时局如此危急，可怜同胞仍旧昏睡不堪，没有一丝一毫的亡国意识，甚至还跟在帝国主义的后面助纣为虐，兴风作浪，"可奈同胞蠢似豕！"④ 此一句，即可看出秋瑾对民众的失望程度。

相反，向警予则认为妇女运动的基础有赖于广大劳苦群众，有赖于生活在最底层的劳动妇女。在向警予看来，那些有钱人家的夫人、太太、小姐出来做运动，无非闲着没有事情做，打发时间而已，她们并不是真心想从事妇女解放运动。她们处在深闺之中，衣食无忧，出门坐轿，在家有仆人，整日里打牌斗鸟，没有生活上的困扰，没有生存上的危机，因而也就没有自我解放的意识。"她们过的是小姐太太的生活，经济上

---

① 郭延礼、郭箐：《秋瑾集　徐自华集》，中华书局，2015，第 26 ~ 27 页。
② 郭延礼、郭箐：《秋瑾集　徐自华集》，中华书局，2015，第 164 页。
③ 郭延礼、郭箐：《秋瑾集　徐自华集》，中华书局，2015，第 109 页。
④ 郭延礼、郭箐：《秋瑾集　徐自华集》，中华书局，2015，第 164 页。

处于纯附属的地位，她们秉赋着几千年传统依赖性，吃惯了这碗奴隶饭，未嫁靠父，既嫁靠夫，夫死靠子。她们出来做运动不过一时高兴装点门面。实际上丝毫不感需要。"① 对于上层具有一定经济能力的女性，在向警予看来，她们是既联合又批评的对象，因为她们中也有少数觉悟奋斗的分子，但她们中的大多数"一方面摆不脱旧礼教的遗毒闹出不许姨太太加入的笑话；另一方面又嫌劳苦妇女知识浅薄衣服破烂玷辱了她们美丽修整的行伍。所以始终是个几十人飘飘洒洒好看无用不足轻重的团体"②。"她们以为几十个人开开会打打电报上封书便已尽了女权运动问题的能事。"③ 对于真正需要帮助的劳动妇女的事情"毫无实力的援助，甚且视如秦越，恬不加意！"④ 反观大多数的劳动女性，她们面临严重的生存危机，迫于生活不得不去工厂工作，受资本家的残酷压榨，对于剥削和压迫有切身体会。她们不仅有反抗意识，更有反抗行动，当剥削威胁到她们的生存时，她们会奋起反抗，争夺属于个人的应得权利，即便官商勾结，把她们关入监狱，她们仍会坚持斗争。"独有穷无所归工厂卖力的劳动妇女，她们为争自由争本身利益常常以几千几百的群众——至少也有几百——用罢工的手段一致与资本家积极作战，忍饥挨饿牺牲工钱或被革除都所不惜。"⑤ 向警予对劳动妇女的勇敢、坚强进行了毫不吝啬的褒扬，认为她们才是妇女运动乃至国民运动的先锋与主力。

同样是结成团体的思想，秋瑾的合群是合上层知识妇女的群，向警予则是联合最广大最基层的劳动妇女，对上层知识妇女采取既批评又团结的方针。向警予曾对中国的妇女进行了分类："全中国妇女的大多数，是过的农村的生活，'三从四德'、'相夫教子'不用说是伊们的天经地义；次多数过的是太太奶奶的生活，伊们的丈夫尽是官僚、军人、学者、教员、商人、买办……伊们都可以在其丈夫的广大翅膀下偷生过活；至

① 《向警予文集》，人民出版社，2011，第98页。
② 《向警予文集》，人民出版社，2011，第98页。
③ 《向警予文集》，人民出版社，2011，第98页。
④ 《向警予文集》，人民出版社，2011，第98页。
⑤ 《向警予文集》，人民出版社，2011，第97页。

于因生活鞭策感觉到独立自营的必要的只有最少的一部。"① 秋瑾和向警予的不同之处就在于对待这两部分最主要的妇女人群的态度。秋瑾只看到了广大群众的懵懂无知，麻木不仁，对国民性进行了无情抨击，却没有看到群众中蕴藏的强大反抗力量，没有认识到群众觉悟的可塑性。因而，无论是秋瑾东渡日本留学还是回国从事革命活动，她寻找的合作对象、鼓动宣传对象都是具有一定经济能力的上层知识分子，而没有致力于动员广大民众参加革命。这也是秋瑾、徐锡麟革命失败的主要原因，革命起义缺乏广大群众的支持，单纯依靠个别人物的努力是无法取得成功的。只有发动最广大的群众，只有看到群众的闪光点，挖掘群众的潜力，争取群众的支持和参与，革命才会取得成功。

（三）严谨的科学性

向警予思想在马克思主义的指导下，对中国革命的实际做出了实事求是的分析，对中国革命的前途和道路做出了科学的预测。与资产阶级女革命家秋瑾相比，向警予思想更具有科学性。

秋瑾以资产阶级民主主义思想为指导，以暗杀、实现少数人的暴动等为途径，以反清复汉为目标指向，具有狭隘的民族主义思想倾向。秋瑾认为造成当今中国山河触目、风云变幻，"叹民间流离颠沛贫穷极，朝廷方梨园歌舞宴洋臣。若有不忍微言者，捉将菜市便施刑。如斯暴虐如斯恶，甘把江山送别人"② 的惨状的根本原因在于满族清朝的入侵，而非帝国主义的侵略。反清复汉、建立共和政体是秋瑾民族解放的最终目标。在秋瑾的诗词中，可以看到她对满清王朝的无情鞭挞和发自内心的厌恶，对汉族人甘做满清奴隶的现状深恶痛绝。她称满清王朝的统治为"流寇猖獗，小丑跳梁"③，"满贼汉奸，网罗交至"④，对汉族人的奴

---

① 《向警予文集》，人民出版社，2011，第 173 页。
② 郭延礼、郭箐：《秋瑾集　徐自华集》，中华书局，2015，第 172 页。
③ 郭延礼、郭箐：《秋瑾集　徐自华集》，中华书局，2015，第 39 页。
④ 郭延礼、郭箐：《秋瑾集　徐自华集》，中华书局，2015，第 42 页。

性鄙夷至极，"夫汉族沉沦二百有余年，婢膝奴颜，胁肩他人之宇下，有土地而自不知守，有财赋而自不知用，戴丑夷以为主，而自奴之"①。面对"汉人失势，满族枭张"②的惨败景象，秋瑾愿以一己之力投身于反清复汉的革命活动中。1904年，秋瑾加入冯自由、梁慕光以"推翻满清王朝、恢复中华"为宗旨的"三合会"；1905年，秋瑾在徐锡麟的介绍下，加入以"光复汉族，还我河山，以身许国，功成身退"为宗旨的光复会。这些团体无一不是幻想依靠个人的力量铲除剥削制度的代言人——皇帝及个别腐朽昏庸的官员，它们认为推翻了满清王朝，民主共和以及国内和平等自然就能实现，即只看到了剥削现象，而无法深入思考剥削来源，对革命途径及前景，缺乏科学论证。

向警予与秋瑾不同的是，向警予并不认同中国目前面临危局的根本来源是满清政府，她认为是腐朽的封建制度和嗜血的帝国主义侵略，即便推翻了满清王朝，由汉人重新建立一个新政权，在不推翻封建制度的前提下，中国依然面临不可避免的亡国危机。因此，民族解放并不是反清复汉，并不是推翻旧王朝建立新政权这么简单的事情，而是用暴力打碎代表封建制度的国家，用革命驱逐帝国主义的侵略，用民主建立代表人民利益的新型国家政权。因此，"妇女在国民运动中一面要能代表全国人民的要求提出救国救民的政见；另一面要能代表全体妇女的要求提出男女平权的主张"③。向警予的民族解放思想中不存在狭隘的民族主义以及排斥其他少数民族的思想，她认为民族之间不存在压迫与剥削，中国境内的各民族是平等的；中国只有剥削阶级和被剥削阶级之分，她号召所有被压迫阶级联合起来，共同投身于推翻剥削阶级的统治，实现中国各民族的解放和共同发展。

"理论只要说服人，就能掌握群众；而理论只要彻底，就能说服人。

---

① 郭延礼、郭蓁：《秋瑾集 徐自华集》，中华书局，2015，第43页。
② 郭延礼、郭蓁：《秋瑾集 徐自华集》，中华书局，2015，第43页。
③ 《向警予文集》，人民出版社，2011，第203页。

所谓彻底，就是抓住事物的根本。"① 向警予思想的科学性主要建立在以下四个方面：

（1）向警予思想的指导思想是正确的。马克思主义是在总结无产阶级斗争经验和人类自然科学、社会科学优秀成果的基础上产生的，它深刻揭示了客观世界特别是人类社会发展的普遍规律，揭示了社会主义必然代替资本主义并最终实现共产主义的普遍规律，是无产阶级进行革命和建设的科学思想体系。向警予思想是在以马克思主义为指导，运用历史唯物主义和辩证唯物主义，坚持用马克思列宁主义基本原理分析和解决中国问题的过程中形成的。它将马克思主义的立场、观点和方法运用于妇女解放运动和报刊宣传活动，以马克思主义为指导又不拘囿于马克思主义的条条框框，坚持辩证的、发展的马克思主义。

（2）向警予思想的实践依据是实事求是的。马克思主义是科学的理论体系，但我们坚持以马克思主义为指导，并不意味着就能自然而然地运用马克思主义解决中国的实际问题。如何使诞生于西方无产阶级斗争中的马克思主义运用于中国，解决中国问题是我们坚持马克思主义为指导的目的所在。向警予在探索马克思主义与中国实际结合的过程中，始终坚持从中国的具体情况出发，结合中国妇女运动和工人运动的实际情况，考虑生活在最底层的劳动人民的利益诉求，从教育和报刊宣传着手，提升国民素质，启迪觉悟，教育和引导民众投身革命洪流。在国共合作中，她坚决反对陈独秀的右倾投降主义错误，坚持共产党在统一战线中的领导权；在大革命失败后，她从党的实际军事力量出发，极力反对"左"倾盲动主义，主张保存实力。

（3）向警予思想的内容是符合人民利益和历史发展规律的。历史的发展以优胜劣汰为"选拔"机制，以人民的终极利益为价值选择。大浪淘沙，优者胜、劣者汰。近百年来中国社会的发展和妇女的进步，显示出向警予思想的科学性。向警予从妇女的切身利益出发，既关照女性个

---

① 《马克思恩格斯选集》第1卷，人民出版社，1995，第9页。

体成长的特殊性，同时着眼于民族大业的救亡；既以报刊为工具，宣传中国共产党的思想和路线，同时遵从报刊发展的客观规律，坚持客观公正地报道社会现象；既以教育提升国民素质，同时注重对传统教育进行改良，输入新式教学法和教育理念，培养符合社会发展需求的人才。

（4）向警予思想的目标指向是科学的。向警予坚持中国革命走暴力革命的道路，反对走资产阶级改良主义运动，并站在历史发展的宏观视角，指出中国革命的前途必然是代表人民利益的无产阶级专政的共产主义社会。

二　向警予思想的历史作用

（一）推动思想文化启蒙

启蒙与救亡是近代中国的两大历史主题，也是向警予思想的历史作用之所在。

作为现代意识的"启蒙"是伴随科学与理性、自由与民主、个性与解放等近代西方思想体系的出现而形成的一种理念。康德在其《什么是启蒙》一文中曾说：启蒙就是使"人类脱离自己所加之于自己的不成熟状态"[1]。所谓"不成熟状态，就是不经别人的引导，就对运用自己的理智无能为力"[2]。在长期的小农经济体制和封建皇权制度下生存的中国人民，由于生产力水平低，有文化有知识的占少数，大部分民众目不识丁，女性作为男性的"依附体"，其文化水平低而又低。文化上的蒙昧导致中国民众不仅容易被封建统治者的宣传所蒙蔽，而且深陷其中。根深蒂固的封建迷信思想，直至现代仍若隐若现。向警予，作为具有现代价值取向的女性先驱，虽然她的思想深度、理论见识、教育水平等与近代启蒙思想家卢梭、孟德斯鸠、霍布斯、洛克、康德等根本无法相比，但是

---

① 康德：《历史理性批判文集》，何兆武译，商务印书馆，1990，第22页。
② 康德：《历史理性批判文集》，何兆武译，商务印书馆，1990，第22页。

她在推动中国民众尤其是中国女性的觉醒方面做出了巨大贡献。

1. 清除封建思想障碍

自鸦片战争以来，近代中国知识分子对国民性的批判从未断绝，与之相伴的是对国民性的启发也未曾中断。但康梁的戊戌变法，旨在维护封建统治，根本无法触及封建文化的劣根；孙中山的"中华民国"，仅仅在形式上消除了两千年的封建王朝，建立民主共和政体，实质上的封建沉渣依然存在，导致袁世凯黄袍加冕，张勋复辟。青年时期的向警予笃信教育救国，立志以教育改变中国社会的落后状况。她不遗余力地劝导妇女放足读书，引导农民改变传统封建思想，鼓励女性上学求知。在教育中，她以中国传统优秀文化为立足点，引进西方进步教育理念和教育方法，在教育目标上突出社会价值的主导意义，转变广大学生为读书而读书或为工作而读书的价值观；在教育内容上强调国家意识，培养学生的爱国精神和社会责任意识，同时注重历史、地理、科学等近代课程的学习；在教育方法上坚持以学生为本体，引导学生个性发展，注重因材施教；在教育管理中，既严谨又开放民主，注重学生在教育教学活动的个体参与度，调动学生的积极性。转变为马克思主义者后的向警予，对妇女解放运动倾注了大量心血，她对妇女受压迫的文化根源、政治制度以及经济和社会束缚进行了彻底批判。文化上，她痛斥束缚女性发展的男尊女卑、三从四德；政治制度上，她认为以维护皇权为根本任务的封建政治制度与以男权为核心的社会伦理，在价值取向上是一致的，女性仅仅是作为男性的依附体而存在，女性的根本任务是繁衍后代、维系家庭；在经济上，女性被剥夺了一切社会生产的能力，牢牢禁锢于封建家庭中。总而言之，向警予对传统文化中愚昧、落后、腐朽的内容进行了猛烈批判，对一切阻碍社会发展进步的旧文化旧道德旧伦理进行了清理。

2. 宣传马克思主义

五四运动后，马克思主义在中国开始广泛传播并影响塑造了中国共产党早期领导人和积极分子。然而无产阶级革命作为一场深刻影响社会发展的现实变革运动，仅仅依赖少数进步青年和知识精英是不可行的，如何发展大量共产主义运动的积极分子、如何启蒙共产党的阶级基础——工人、如何赢得全国大多数人的支持是早期共产党人的重要任务。向警予在加入中国共产党后，显然也意识到了这一问题。如何开展这一活动，列宁指出"我们应当积极地对工人阶级进行政治教育，发展工人阶级的政治意识。"① "激发政治上的不满，唤醒沉睡者，鼓励落后者，提供各方面的材料来提高无产阶级的政治意识和政治积极性"② 。向警予在从事启蒙运动的过程中，从中国实际出发，首先传播自由、民主等近代科学思想，唤起被启蒙者的自我意识，使其认识到自我作为个体的存在而不是依附于任何他人的存在；是自己解放自己的主体，而不是等待救世主的被救对象。通过提升国民的自我意识，唤起国民对国家和社会的责任感和义务意识。其次，传播马克思主义，将自身的政治理念和价值观念通过报刊、演说、传单等各种鼓动方式影响被传播者，争取被传播对象转变为马克思主义者或支持、同情无产阶级革命的"伙伴"。

（二）促进社会救亡运动的开展

如果说启蒙是向警予的理论与实践所着力的第一步，那么紧随其后的便是救亡。启蒙是救亡的先导，救亡是启蒙的目的。

在近代中国社会中，启蒙与救亡相互纠缠、相互促进、相互碰撞，启蒙是一种思想上的文化运动，救亡是一种社会上的政治变革运动。李泽厚认为在"启蒙与救亡的双重变奏"中，"救亡的局势、国家的利益、人民的饥饿痛苦，压倒了一切，压倒了知识者或知识群体对自由平等民主民权和各种美妙理想的追求和需要，压倒了对个体尊严、个人权利的注视和尊重。"③ 近代中国社会面临的生存危机，使得救亡不仅具有逻辑上的优先性，而且具有现实实践的优先性。空前严重的生存危机和迫在

---

① 《列宁选集》第 1 卷，人民出版社，1995，第 342 页。
② 《列宁选集》第 1 卷，人民出版社，1995，第 380 页。
③ 李泽厚：《中国现代思想史论》，天津社会科学院出版社，2003，第 27 页。

眉睫的救亡任务，使得启蒙让位于救亡，然而这并不等同于放弃启蒙。救亡的实现以启蒙为前提，启蒙的力量只有在救亡的政治变革中才能发挥作用。只有觉醒的国民，才能在尖锐的民族矛盾中自觉投身社会变革。如果没有救亡的社会实践，启蒙只不过是一场仅仅流于精神狂欢的盛宴，丝毫无助于实际的民族解放与社会变革。救亡作为一种拯救国家和民族的集体命题，不能仅仅依赖于某些先知先觉者的个体觉醒，"夫救亡图存，非仅恃一二才士所能为也；必使爱国思想，普及于最大多数之国民而后可。"① 它既需要持久耐力的精神启蒙，又需要以新思想凝聚最广泛的人心感召力；既要诉诸国民的个体觉醒，又要激发出人们的群体感情；既要具有先觉者的思想引导，又要立足于社会共同体的实践活动。

最大限度地动员一切愿意国家独立、民族解放的人们投入艰苦的革命斗争，投身反帝反封建的民主革命运动，是新民主主义革命胜利的关键。向警予在从事革命活动中，将启蒙与救亡统一于中国社会实践的变革活动中。一方面，她积极启发进步青年，引导青年知识分子投身工人运动，推动理论与实践相结合，知识分子与工人群众相结合，引导工人自发的罢工运动变为自觉捍卫个人权益和国家独立的政治变革运动；另一方面，在统一战线中，她对资产阶级女权主义者和基督教女权主义者进行批评、教育和团结，指出她们工作的不足之处，教育她们改正资产阶级软弱性的缺点，团结她们成为社会变革的支持者，为北伐战争奠定了群众基础。

在救亡的策略上，向警予将国家命运的改变与个人命运的救赎相结合。救亡，首先指的是国家独立和民族解放，在宏大的历史叙事中，国家命运是不同利益群体的共同交接点。然而，对于尚处于蒙昧状态的中国民众来讲，他们更看重自身救赎的重要性。向警予从实质上剖析了自身救赎与国家命运的利益一致性。在引导工人罢工运动中，给予工人人文关怀，关注工人自身生活的维系和改善。向警予先后担任妇女部两任

① 程志强：《中华成语大词典》，中国大百科全书出版社，2003，第 385 页。

部长，对妇女解放运动做出了有益探索，"她根据马克思主义的唯物史观指出：中国妇女解放运动是中国整个革命运动的一部分，只有推翻剥削阶级，才能实现妇女的真正解放；妇女运动必须与革命运动相结合，妇女运动必须唤起最受压迫的千百万女工、农妇和一切劳动妇女参加，而有组织、能战斗的新兴劳动妇女是妇女解放的先锋，是民族民主革命的前卫。她很重视知识妇女和劳动妇女相结合，提倡、鼓励有觉悟的知识妇女到女工、农妇中去工作、学习、锻炼，努力增进劳动妇女和知识妇女的团结。而她自己身体力行，最早深入到女工群众中去进行实际运动。"①

（三）推动妇女解放与人类解放

妇女解放是人类解放的一部分，实现人的解放必然要求妇女解放；同时人类解放为妇女解放创造条件，二者在社会变革运动中同向发展。向警予在理论与实践中，不断探索推进妇女解放运动与人类解放运动的发展。

妇女解放是人类解放的一部分，马克思曾指出："每个了解一点历史的人也都知道，没有妇女的酵素就不可能有伟大的社会变革。社会的进步可以用女性（丑的也包括在内）的社会地位来精确地衡量。"② ①妇女解放与人类解放在目标上具有一致性。两千年漫长的封建社会的历史，是一部阶级斗争史，同时也是人类自我奴役、自我异化的历史。人类的自我异化，不仅有物质财富对人的奴役，男权对女性的奴役，同时也有剥削阶级对被剥削阶级的奴役，后者占据历史发展的主导趋向。近代中国的民族危机决定了解除阶级压迫对于性别压迫上的优先性，在阶级斗争中，人类解放与妇女解放的方向是一致的。马克思指出，"被剥削被压迫的阶级（无产阶级），如果不同时使整个社会永远摆脱剥削、压迫和阶级斗争，就不再能使自己从剥削它压迫它的那个阶级（资产阶级）

---

① 刘茂舒：《向警予：传记·纪念与回忆·论述·资料》，武汉出版社，1995，第 29 页。
② 《马克思恩格斯选集》第 4 卷，人民出版社，1995，第 586 页。

下解放出来"①。女性同男性一样，都处于被剥削被压迫的地位，两者面临共同的奋斗目标。向警予曾大声疾呼，"现在全世界处奴隶地位的两性人口总在人类全数的五分之四以上。所以劳动解放、民族解放、妇女解放的呼声，布满全球，历史的进化，业已踏上人类总解放的时期"②。实现人类解放，内在地包含妇女解放的要求。妇女，作为人类二分之一的群体，实现人类解放，就必然要实现妇女解放。妇女解放运动的兴起始自十八世纪末的法国大革命，启蒙思想深入人心之际，法国女性提出了争取妇女人权、男女平权的政治要求。然而，在早期的启蒙思想家中，如卢梭、伏尔泰等，对个人权益的关注点并不包含女性，甚至是公开反对妇女解放的。向警予认为妇女解放是人类解放的必然要求和历史发展的必然趋势，是无产阶级革命事业的内在要求。无产阶级革命运动是以实现全人类的解放为目标的运动，缺失了妇女解放的人类解放显然是不完整的。社会的发展，是男女两性的和谐发展，男女两性犹如车之两轮，缺失了任何一方，都会导致社会的不均衡发展。妇女解放推动了人类解放。在近代西方进步思潮的影响下，中国妇女逐渐觉悟，自主意识日渐提升，广大女性开始挣脱封建思想的禁锢，从男性引导启发、被动走向解放到个体觉悟、积极主动走向解放。女性解放并不单纯地为了争取男女平等，获得女性应有的政治、经济和社会、文化地位，在实际的社会变革中，尤其是在近代中国的历史背景下，女性要争取女权，必须推翻阶级压迫才能获得自身的权利。女性在争取自身解放的过程中，间接推动了人类解放。从向警予的革命实践来看，觉悟了的女性积极投身工人罢工运动和北伐战争，参加共产党领导的社会革命，她们在运动中实现了个人价值，同时也推动了无产阶级革命运动的发展。

　　人类解放为妇女解放创造条件。①思想启蒙。从近代中国妇女解放的历史来看，对妇女的重视源于国家救亡的需求，对妇女进行启蒙源于"宜家善种"的社会需求。无产阶级革命运动首先指向的是人类解放，

①　《马克思恩格斯选集》第 1 卷，人民出版社，1995，第 252 页。
②　《向警予文集》，人民出版社，2011，第 166 页。

其次才是妇女解放。在人类解放的视域下，妇女解放获得了相应的关注。对人的价值的重视和关照，得到了女性的回应。鸦片战争后，魏源、林则徐等睁眼看世界，传播西方近代科学文化，历经洋务运动、戊戌变法和辛亥革命，从封建主义到资本主义，从改良到革命，中国走了一条曲折的探索道路，在这一过程中，国民素质不断提升，妇女逐渐觉醒。每一次社会变革，都会带来思想的震撼与启蒙，推动女性从蒙昧到逐渐觉醒。从缠足到天足，从一夫多妻到一夫一妻，从大字不识一箩筐到识文断字到接受新式教育到男女同校，从女子不干政到参政议政，从大门不出二门不迈到积极融入社会变革，女性的解放从身体到思想。妇女解放的过程伴随着整个社会和人类解放的历程而不断进步，女性觉悟在人类整体觉悟提升的过程中日渐提升。②社会条件。人类解放为妇女解放创造了社会条件，实现人类解放必然要求推翻一切私有制社会关系，推翻人压迫人的制度，通过民族斗争和阶级斗争，为妇女解放提供稳定的政治环境。同时，人类解放必然会冲击传统文化、道德、伦理等思想，为新思想的流入与传播提供条件，为妇女解放创造宽松环境，推动妇女解放向前发展。

（四）对中国共产党的创建和中国革命的基本问题进行了有益探索

向警予思想是马克思主义基本原理与中国具体实际相结合的产物，是马克思主义暴力革命理论、阶级斗争理论等在中国的运用和发展，对中国共产党的创建，对中国革命的道路、方式、依靠力量、中国的社会制度等基本问题进行了有益探索。

1. 对中国共产党的创建进行了有益探索

马克思、恩格斯在领导无产阶级革命斗争中，不断总结革命斗争中的经验教训，深刻阐释了无产阶级政党的性质、阶级基础、任务等，形成了丰富的建党学说，对向警予积极投身共产党的创建工作产生了重要影响。巴黎公社失败后，马克思、恩格斯吸取革命失败的教训，提出工人运动必须同科学社会主义理论相结合，各国工人应当建立"有自己的目的和自己的政治"① 的独立政党，这个目的和政治必须"集中反映着政党所代表的阶级和阶层的根本利益，表达了党的指导思想、主张和奋斗目标"②。在科学社会主义指导下的共产党，以无产阶级为依靠力量，"他们没有任何同整个无产阶级利益不同的利益"③，他们始终代表最广大的劳动人民的利益和诉求，在推翻一切私有制的社会关系的变革运动中，运用暴力革命的方式，砸碎一切束缚人发展的锁链。向警予在法国勤工俭学期间，就与蔡和森等根据马克思主义的建党学说，反复讨论了在中国建立一个无产阶级政党的必要性和可能性，他们认为应当把"一切热情集中于共产主义运动的倾向，纠集同志们及华工中的先进分子形成这种倾向的组织"④。1920 年 2 月，向警予和蔡和森、赵世炎、周恩来等一起，以新民会员为基础，筹建了一个以"信仰马克思列宁主义和实行俄国式的社会革命"⑤ 为宗旨的"勤工俭学励进会"（后改为"勤工俭学世界社"），这是旅欧共产主义小组的早期组织，是对创建中国共产党的实践摸索。1920 年 7 月，在蒙达尼会议上，向警予明确提出要成立一个"主义明确、方法得当，和俄一致的党"⑥ 的主张，对党的指导思想、革命主张及革命策略进行了初步探索，为中国共产党的创建做出了重要贡献。

2. 对中国革命的基本问题进行了初步探索

马克思恩格斯并没有对中国革命进行过系统论述，但基于对人类历史发展的规律和资本主义必然灭亡、社会主义必然胜利的革命趋势的认识，对工人运动夺取革命领导权和建立无产阶级专政进行了详细分析。马克思认为，历史上任何反动阶级都不会自动退出历史舞台，因此，"在每一次社会全盘改造的前夜，社会科学的结论总是'不是战斗，就

① 《马克思恩格斯选集》第 3 卷，人民出版社，1995，第 124 页。
② 顾海良、梅荣政主编《马克思主义与现时代》，武汉大学出版社，2006，第 337 页。
③ 《马克思恩格斯选集》第 1 卷，人民出版社，1995，第 285 页。
④ 《向警予文集》，湖南出版社，1985，第 2 页。
⑤ 刘万能：《张昆弟年谱》，湖南人民出版社，2015，第 63 页。
⑥ 中国革命博物馆：《新民学会资料》（2），人民出版社，1980，第 131 页。

是死亡；不是血战，就是毁灭。问题的提法必然如此'"①。无产阶级"只有用暴力推翻全部现存的社会制度"② 才能达到解放人类，建立无产阶级专政，走武装夺取政权的革命道路。列宁在此基础上，进一步论证了在落后国家建立无产阶级专政的必要性，列宁认为一切革命的根本问题是国家政权的问题，任何反动阶级在被迫退出历史舞台前，必然会用尽各种手段和阴谋诡计进行殊死反抗和斗争，因此，"要完成这个社会革命，无产阶级应当夺取政权，因为政权会使他们成为生活的主宰，使他们能够排除走向自己伟大目的道路上的一切障碍。在这个意义上说来，无产阶级专政是社会革命的必要政治条件。"③ 向警予接受马克思主义后，就摒弃了改良主义思想，始终坚持中国革命走俄国革命道路的必然性。她认为中国与俄国建立稳定的联盟关系是实现国家救亡的必要条件，暴力革命则是无产阶级革命的必然选择，"暴动之目的是要夺取政权，根本解除工农的痛苦"④，通过建立真正代表最广大人民利益的政权机关——无产阶级专政，实现阶级解放和人类解放。在这场深刻的社会变革运动中，无产阶级首当其冲成为革命的依靠力量和主导力量。但在中国具体国情的限制下，中国无产阶级的力量显然不足以完成其历史使命，在主持湖北省委工作期间，向警予指示同志们深入农村中去，"组织和发展农民武装，派干部，筹军饷，积极支持建立农村革命根据地。"⑤

三　向警予思想的历史局限性

向警予的生平实践主要集中于民国时期，这一时期社会思潮交叉集汇，无政府主义、吉尔特社会主义、国家主义、西方自由主义、乌托邦

---

① 《马克思恩格斯选集》第1卷，人民出版社，1995，第195页。
② 《马克思恩格斯选集》第1卷，人民出版社，1995，第307页。
③ 《列宁全集》第6卷，人民出版社，1986，第193页。
④ 马红：《向警予与〈大江报〉》，《求索》1985年第5期。
⑤ 转引自陈元九《向警予对马克思主义中国化早期探索的理论贡献》，《湖湘论坛》2016年第3期。

主义等涌入中国，在纷繁复杂的社会思潮中，人们的信仰选择具有很大的不确定性。中国革命道路选择处于十字路口，尚未明确方向，国民党的三民主义、共产党的共产主义以及民主党派的第三条道路等，各自都在宣传自身的科学性和正确性，但对广大的民众来讲，究竟选择哪一条道路、追随哪个党派都是一个未知数。同时，向警予生命短暂，政治生涯较短，1895 年出生，1922 年从法国回来后正式入党，1928 年即牺牲，生活在社会动荡、风雨飘摇的中国，投身于不成熟的共产党建设。人物生平及革命生涯的短暂性及社会动荡的不确定性等特定的历史条件，造成了向警予思想本身的不成熟性和探索性。

（一）对资本主义的认识存在片面性

1. 对资产主义在历史上的进步作用认识不足

马克思恩格斯在创立马克思主义的过程中，对资本主义的政治、经济、文化、意识形态展开了全方位的批判，在一定意义上甚至可以说，马克思恩格斯的全部著作就是在论述资本主义灭亡的历史必然性以及如何走向灭亡的。但这并不意味着马克思恩格斯对资本主义持全盘否定的态度。马克思主义在对资本主义必然灭亡的批判中，承认资本主义在历史发展过程中的进步作用。《共产党宣言》和《政治经济学批判大纲》，赞扬了资本主义在颠覆传统的意识形态和制度以及在极大地扩展人类生产力方面所发挥的革命性作用。认为资本主义推翻了封建主义的各种不平等关系，打破了封建主义对人性的枷锁，赋予并促进了人人应有的平等自由和尊严，更好地维护个人的权益。可以说，资本主义文化思想是对封建主义的文化思想的解放。同时，在生产力方面，资本主义的社会化大生产为创造新的生产力和广泛应用自然力以及科学技术开辟了道路。马克思、恩格斯指出："资产阶级在它的不到一百年的阶级统治中所创造的生产力，比过去一切世代创造的全部生产力还要多，还要大。"[1] 客

---

[1] 《马克思恩格斯选集》第 1 卷，人民出版社，1995，第 277 页。

观来讲，资本主义在历史发展的过程中，曾经起到过进步的推动作用。

向警予在运用马克思主义解决中国具体问题的过程中，对资本主义在历史上的进步作用的认识是不足的。她猛烈抨击了资本主义在政治上、经济上和文化上等对人发展的束缚，尤其是对资本主义经济在剥削、压迫人的剩余价值，禁锢人的自由发展上多有批评。向警予认为，资本主义大工业的发展导致工人阶级生活日益困顿，被剥夺了土地的工人阶级只能依靠出卖劳动力生活，与封建主义相比，资本主义虽然使多数妇女摆脱了家庭的束缚，但她们从此"带上工钱的枷锁，从前死生祸福由丈夫作主，此刻死生祸福由资本家作主。"① 显然，向警予看到了资本主义同封建主义的共性——私有制，但对资本主义在历史发展中的贡献的认识不够。产生这种现象的原因是多方面的，一方面是中国救亡的现实诉求。中国在历经资本主义的改良道路和革命道路后，对资本主义改变中国命运的信心已经远不如二十世纪初期。戊戌变法的失败和辛亥革命的探索，并没有从根本上改变中国贫穷、落后、被侵略被殖民的命运，对于接受了马克思主义信仰的知识分子来讲，资本主义的选择已经被他们坚决地抛弃了，连带着对资本主义的进步性认识。实质上，不仅向警予对资本主义的批判居多，在当时党内的领导人中，如李大钊、李达、蔡和森等都对资本主义进行了猛烈批判。

当时共产党人对社会主义的快速接受，一方面建立在对科学社会主义理论科学性的认识上，另一方面建立在对社会主义代替资本主义的历史必然性的认识上。在"两个必然"的理论下，共产党人对马克思主义的认识也集中体现在两个方面：一是马克思主义的阶级斗争理论是解决中国问题的重要法门；二是共产主义是历史发展的必然趋势，资本主义和封建主义作为传统落后的思想，必然要被社会主义代替，也必然遭到社会主义的抛弃。于是，党内领导人对资本主义的批判居多也就可以想象了。另一方面的原因是，资本主义在世界各国的发展中呈现一种危机

---

① 《向警予文集》，人民出版社，2011，第171页。

和病态。第一次世界大战暴露了资本主义腐朽、丑恶的面目，资本主义国家不断爆发的经济危机和为了争夺垄断地位而掀起的恶性竞争和血腥的殖民经济，以及国内频繁的工人罢工等，令在法国勤工俭学的向警予感受颇深。向警予在法国勤工俭学期间，一方面学习法文和文化知识，另一方面要到工厂做工，资本主义的罪恶带给向警予的不是书本理论上的图景，而是真实的感受。在领导勤工俭学生争取生活费和学费的斗争中，法国政府与北洋政府狼狈为奸，对手无寸铁的学生殴打、拘捕，进一步加深了向警予对资本主义的痛恨感。

2. 对资本主义选举权进步性的认识不足

向警予对资本主义进步性的认识不足，鲜明地表现在她对资本主义普选权问题的认识。马克思深刻揭示了资产阶级的剥削本质，指出了资本主义必然灭亡和社会主义必然代替资本主义的历史趋势，引导无产阶级用暴力革命的方式推翻资产阶级的统治。但这并不意味着马克思对资本主义选举权的排斥，相反，他和恩格斯认为，普选权是一种历史的进步。1852 年，马克思在《宪章派》一文中谈到普选权对英国无产阶级革命的意义时，从理论上肯定了普选权的进步性。他认为，在工人阶级人口占绝大多数的英国，普选权的实行在很大程度上就是一种社会主义的举措，是对工人个人权利的重视，这比欧洲大陆上其他国家推行的所谓社会主义的措施更具有实际意义，在英国"实行普选权的必然结果就是工人阶级的政治统治"①。马克思恩格斯甚至认为无产阶级可以通过和平的方式过渡到社会主义社会，建立无产阶级专政。同时，在工人阶级的日常斗争中，马克思和恩格斯十分看重普选权的斗争方式。19 世纪 70 年代，西班牙是个社会经济方面比较落后的国家，资产阶级民主革命尚未进行到底，无产阶级革命形势并不具备。恩格斯在写给国际工人协会西班牙联合会委员会的信中，要求西班牙工人阶级在进行经济斗争的同时，不要放弃政治斗争，"如果放弃在政治领域中同我们的敌人作斗争，

---

① 《马克思恩格斯全集》第 11 卷，人民出版社，1995，第 411 页。

那就是放弃了一种最有力的行动手段，特别是组织和宣传手段。"① 恩格斯不仅肯定了普选权在日常斗争中的意义，还认为这一斗争方式是一种十分有效的途径。随后，他还列举了一些国家在利用普选权所获得的成就，希望引起西班牙工人阶级的重视。然而，1873 年夏，西班牙工人阶级由于受巴枯宁主义的影响，不顾客观条件是否成熟，妄图通过发动起义来达到所谓的"自治"，却反而落入资产阶级的圈套，遭受重大损失。当然，马克思和恩格斯也多次强调，和平手段的运用是以敌人不用暴力对待工人阶级为前提，否则，工人阶级必将用暴力捍卫自己的利益。

也就是说，在马克思和恩格斯看来，暴力革命和和平的斗争方式并不是绝对对立的，但在向警予的思想中，暴力革命的斗争方式不仅占据主导地位，并且是与和平的斗争方式相对立的。向警予对女权运动及参政运动进行了过激的批评，指责她们"除了叩头式的请愿和打拱式的哀求，对旧社会从不敢有反抗的表示，甚至这些叩头式的请愿和打拱式的哀求还是最少数人做的，大多数职员会员连平常一个会议也到不齐，好象甘心做无人格的附属品、可耻的玩物、无用的寄生虫似的，镇日里装饰得天仙化人一事不管！"② 可以说是基本否定了女权运动及妇女参政运动，而一味高扬工厂女工的罢工运动。

实质上，20 世纪 20 年代，女权运动及妇女参政运动对社会发展起到了一定程度上的进步作用，促进了妇女觉悟提升，推动了妇女解放运动的发展。1922 年，北京女子参政协进会和北京女权运动同盟会成立后，立即派人到全国各地宣传妇女解放思想，鼓动妇女争取参政权。在她们的积极努力下，上海、天津、江苏、四川、湖北、江西、山东、吉林、辽宁、河南等地都成立妇女参政组织，在全国范围内掀起妇女参政的高潮。这些女权运动组织并不全都是如向警予所批评的，是少数人做官做议员的运动，只追逐女性个人权利而忽视民族解放。部分女权组织也提出了先争取国家政权即民权的实现，其次再争女权，将妇女解放与

---

① 《马克思恩格斯选集》第 2 卷，人民出版社，1995，第 639 页。
② 《向警予文集》，人民出版社，2011，第 97 页。

政治革命相结合；她们不仅关注女性的参政权，而且对女工个人权益的保护、童工的生活保障、妇女的教育、就业等均有涉及。

当然，就当时中国的实际情况来讲，暴力革命是实现国家救亡的根本途径，在政治混乱、社会动荡之下的中国社会，争取选举权只能使人民获得部分利益、部分解放，而不能从根本上改变人民和国家的命运。但无可否认，选举权的争夺与暴力革命并不是绝对对立的，选举权的斗争是对暴力革命的有益补充。

（二）对农民阶级的潜力认识不足

马克思、恩格斯认为，农民阶级因为其具有一定数量的土地，并不是真正的无产者，因而在政治上具有二重性，一方面牢牢守住自己的土地不松手，拥护土地私有制；另一方面，农民阶级深受资产者高利贷的剥削和压榨，同无产阶级具有相同的革命利益诉求，具有一定程度上的革命性。并且随着资本主义的发展，小农阶级日益贫困，同无产阶级在推翻资产阶级统治上利益诉求日趋一致，共同的利益诉求是民主革命中农民阶级成为无产阶级联盟的基础。但农民阶级在革命运动中并不是主导力量，农民阶级由于小农经济活动的孤立性、土地的分散性以及地域的封闭性，而难以作为一个独立的阶级从事争取和维护自身利益的运动，他们往往通过追随其他阶级来实现自己的利益。马克思指出："小农人数众多，他们的生活条件相同，但是彼此间并没有发生多种多样的关系。他们的生产方式不是使他们互相交往，而是使他们相互隔离……各个小农彼此间只存在地域的联系，他们利益的同一性并不使他们彼此间形成共同关系，形成全国性的联系，形成政治组织……他们不能以自己的名义来保护自己的阶级利益。"[1] 因此，在建立工农联盟的基础上，工人阶级始终是领导阶级，因为"只有现代大工业所造成的、摆脱了一切历来的枷锁、也摆脱了将其束缚在土地上的枷锁并且被一起赶进大城市的无

---

[1] 《马克思恩格斯选集》第 1 卷，人民出版社，1995，第 667 页。

产阶级，才能实现消灭一切阶级剥削和一切阶级统治的伟大社会变革。"① 马克思恩格斯对工人阶级的革命性、进步性以及优越性进行了历史和现实的剖析和论证，强化了工人阶级是科学社会主义运动的领导者，农民阶级是这场运动的同盟者的思想。

受此影响，中国共产党早期马克思主义者对发动工人参加社会变革运动具有强烈的积极性和主动性，而对于农民阶级的发动尚处于理论层面。在向警予起草的《中国共产党第二次全国代表大会关于妇女运动的决议》和《中国共产党第三次全国代表大会关于妇女运动的决议案》中，仅仅泛泛提到了保护女劳动者的利益以及为所有被压迫的妇女们的利益而奋斗，针对农民劳动妇女的鼓动、宣传以及利益保护等均未涉及。从向警予个人发表的文章来看，她对工厂女工罢工的原因、路径以及斗争方向进行了系统分析，对妇女参政运动以及基督教女权运动等进行了较多批评，但对农村妇女的发动仅仅局限于"工农联盟"的口号上，着墨不多。并且工农联盟思想的出现，也是在大革命失败后，工人罢工运动基本处于停滞状态，党的力量在城市基本被毁灭之后。向警予对农民阶级潜力认识的不足以及对鼓动农民的工作较少触及的原因，一方面受马克思主义对工人阶级基础更为重视的影响，另一方面与党的工作重心不可分割。建党初期，党的工作重心在宣传鼓动工人阶级，党的主要领导人深入工人密集的工厂，积极鼓动工人罢工，试图学俄国革命道路，走以城市为中心的革命暴动道路。向警予作为中央妇女部的部长，她的主要工作是发动女工参加革命斗争，配合整个革命形势的发展，在领导妇女运动的过程中，积累了丰富的女工斗争经验，形成了较为系统的妇女解放理论。她的工作区域分布于女工集中的大城市，鲜少涉及农村，因而对农民阶级的认识只存在于书本上，缺乏实际工作经验。尽管这也是无法苛求于她的。

---

① 《马克思恩格斯选集》第 3 卷，人民出版社，1995，第 149 页。

结　语

向警予思想形成于19世纪末20世纪初，正值社会大变革之际，清朝覆灭、"中华民国"建立、北洋军阀政府的统治、北伐战争等。一系列的政治变革在向警予思想中留下了深刻的社会印记。向警予思想是时代发展与向警予个人成长的产物，反映了向警予对国家救亡的思想变化——从改良走向革命的道路，反映了向警予以教育培养人才、以报刊鼓动群众，通过唤醒女性的觉悟，共同推动民族解放的思想逻辑。由于向警予牺牲较早，她的很多思想没有得到进一步展开，具有不成熟性，但这并不妨碍它在推动中国共产党的创建、妇女解放理论的创立以及报刊宣传中的理论贡献。

向警予思想主要包含教育救国思想、妇女解放思想以及报刊宣传思想，三者并非孤立、互不相干，而是密切贴合，共同服务于民族解放的大业。向警予曾指出，共产党人要"以敏锐的眼光看清此等必然的趋势，因势利导，以宣传组织的力量缩短历史进化的过程"①。这句话实质上涵盖了教育、报刊宣传以及民族解放之间的关系。以教育培养具有远见卓识的先进知识分子，通过报刊进行广而告之的宣传；用少数知识精英启迪大众觉悟，引导无产阶级共同实现妇女解放和民族解放。

社会变革中最主要的因素是人，如何使数量庞大、生活在最底层的无产阶级，成为社会革命的积极参与者，这是共产党人发动革命的重要

---

① 《向警予文集》，人民出版社，2011，第173页。

问题。列宁认为"工人本来也不可能有社会民主主义的意识。这种意识只能从外面灌输进去，各国的历史都证明：工人阶级单靠自己本身的力量，只能形成工联主义的意识"①。共产党人作为无产阶级的精英代表，洞悉社会发展规律，对社会问题具有远见卓识，有责任有义务启发无产阶级，提升群众的革命意识，变自发、盲动的起义、罢工为自觉、理性的革命斗争。教育，作为一种社会活动，它本质上是传递、传播社会文化的手段，是培养人才的摇篮，是社会变革中政治精英的发源地。教育，为无产阶级革命的发动提供人才储备。无产阶级革命作为人类历史上范围最广、变革最彻底的革命运动，它不仅需要具有马克思主义理论素养的政治精英，还要有大量革命的支持者。面对中国民众懵懂的社会意识，报刊作为一种广泛的传播活动在鼓动民众方面具有无可替代的价值。报刊，宣传无产阶级革命思想，为政治变革提供舆论支持；报刊，尤其是无产阶级报刊，是一种有目的性的宣传活动，旨在通过马克思主义思想和中国共产党的方针政策的传播，期待宣传对象的思想感情甚至行为按照宣传者的意向变化，为无产阶级革命准备大量的革命后备军。教育与报刊密切贴合，共同服务于社会解放。而女性作为被解放者的一半力量，其解放作为社会解放的重要组成部分，具有历史必然性。

向警予思想不仅是一种变革现实的革命思想，也是一种实现人的价值的社会理想，它体现了工具理性和价值理性的统一。实现人的解放是以向警予为代表的中国共产党人的最终奋斗目标。马克思说过："人的依赖关系（起初完全是自然发生的），是最初的社会形式，在这种形式下，人的生产能力只是在狭小的范围内和孤立的地点上发展着。以物的依赖性为基础的人的独立性，是第二大形式，在这种形式下，才形成普遍的社会物质变换、全面的关系、多方面的需要以及全面的能力的体系。建立在个人全面发展和他们共同的、社会的生产能力成为从属于他们的

---

① 《列宁选集》第1卷，人民出版社，1995，第317页。

社会财富这一基础上的自由个性，是第三阶段。"① 马克思详细分析了人的解放的三种历史形态，指出人的解放不是一蹴而就的，而是一个历史过程，受制于具体的历史条件限制，如社会发展、政治变革、经济活动、文化素质等。从最初的原始社会，人受制于自然条件，只能团体生活，在狭窄的范围内求得生存；再到私有制的产生，物质生产的发展推动了人的生存条件的改善，同时推动了人的解放程度，从人的依赖性到物的依赖性。从物的依赖性再到人的完全解放，是一个漫长的历史过程，"只有当现实的个人把抽象的公民复归于自身，并且作为个人，在自己的经验生活、自己的个体劳动、自己的个体关系中间，成为类存在物的时候，只有当人认识到自身'固有的力量'是社会力量，并把这种力量组织起来因而不再把社会力量以政治力量的形式同自身分离的时候，只有到了那个时候，人的解放才能完成。"② 在近代中国的历史背景下，人的解放，不是单纯地消除私有制等生产关系，而是消除帝国主义侵略和封建军阀的统治，这是实现人的解放的政治前提和基础，是一切健康而自由的发展的基本条件。只有消除政治压迫，实现国内和平，人的解放才得以可能。向警予思想是在国家救亡的历史背景下形成的，它的出发点和逻辑归宿点都是国家救亡，无论是教育、报刊宣传还是妇女解放，最终都服务于民族解放。

在国家救亡的宏大历史背景下，向警予将人的工具性与价值性相结合，在推动社会解放的过程中，最大限度地实现个体价值。作为个体的人，挣脱各种枷锁，追求人作为自我存在的价值，是人从事一切社会活动的刚性价值逻辑。"环境的改变和人的活动或自我改变的一致，只能被看作并合理地理解为革命的实践"③，个体的人在从事社会变革的同时，也在进行自我的主客观世界的改造。在宏大的历史叙事中，个人既致力于国家独立和民族解放的宏大社会变革，同时在历史活动中实现自

---

① 《马克思恩格斯全集》第 30 卷，人民出版社，1995，第 107 页。
② 《马克思恩格斯全集》第 3 卷，人民出版社，2002，第 189 页。
③ 《马克思恩格斯选集》第 1 卷，人民出版社，1995，第 55 页。

我价值，为自我解放准备条件。但在救亡压倒一切的政治呼声下，个人价值的实现始终是以国家利益为前提，民族解放始终具有理论与现实的优先性，个人的解放则是有限度的解放。

同时，向警予思想是不成熟的。一方面，从文中对向警予思想形成过程的历史考察来看，向警予无产阶级革命思想从萌发到形成，仅有10年时间，而这10年恰恰是中国社会动荡变化剧烈时期，向警予对教育、妇女以及报刊宣传等问题的认识也处于一个不断变化不断发展时期，是她用马克思主义不断深入了解中国问题变化的阶段。另一方面，从中国新民主主义革命发展的整体历史进程和中国共产党对马克思主义中国化问题的认识的历史过程来研究，向警予思想仍是不成熟的。这一时期，是中国共产党的幼年时期，对于刚刚拿起马克思主义理论武器的中国共产党人来讲，情感上是激进的，行动与理论上是幼稚的，既要遵循共产国际的指导，又要与国民党妥协，还要与各路军阀周旋，更要面对凶恶的帝国主义，如何在复杂的国内国际环境中，既坚持马克思主义，又发展壮大自身，实现国家独立和人的解放是一个十分艰巨的任务。在马克思主义与中国实际相结合的过程中，中国共产党不断调整自身角色定位，在马克思主义中国化的道路上左右摇摆，直至遵义会议后，才逐渐稳健。受这种大的历史背景影响，向警予思想也呈现出一定程度的不成熟性，对很多问题的认识具有历史局限性。如向警予认为劳动妇女是妇女解放运动的基础，但她对劳动妇女中农村女性鲜少涉及；向警予全盘否定了资产阶级选举制，没有看到它对封建等级制度的优越性；向警予虽然重视个人利益的实现，但在民族救亡的时代背景下，个人的解放终究是不彻底的。向警予思想站在历史发展的前沿指出了革命运动的方向和道路，具有前瞻性和科学预见性；但受历史发展和个体经历的限制，具有不可避免的不成熟性。

然而不成熟的思想却以它的先验性在后世放出光芒。中国的教育改革、妇女解放以及报刊宣传在吸取向警予思想的合理内核的基础上进一步发展，推动社会进步。向警予思想在思想文化启蒙、社会救亡、妇女解放与人的解放以及马克思主义与中国实际相结合的道路上做出了有益探索，这些思想共同构成了中国共产党在新民主主义革命时期对中国道路探索的一部分，对毛泽东思想的形成做出了重要贡献。深入研究这一思想，对于拓展中国共产党创建史研究，拓展马克思主义在中国传播史研究，拓展中国妇女解放运动史研究，以及拓展早期共产党人和女干部的研究，均具有重要的理论和现实意义。

参考文献

文献著作

[1] 《马克思恩格斯选集》第 1~4 卷，人民出版社，1995。

[2] 《毛泽东早期文稿》，湖南人民出版社，2013。

[3] 习近平：《习近平谈治国理政》，外文出版社，2014。

[4] 中国共产党中央文献研究室中央档案馆编《建党以来重要文献选编 (1921-1949)》（第 1 册），中央文献出版社，2011。

[5] 《中国共产党中央文件选集》第 1、2 册，中央党校出版社，1989。

[6] 《中国共产党一大代表早期文稿选编 1917.11-1923.7》（上），上海人民出版社，2011。

[7] 中国共产党二大史料编纂委员会编《中国共产党第二次全国代表大会》，中国共产党党史出版社，2006。

[8] 中国人民解放军海军学院政治研究室编《新民学会资料选辑》，中国人民解放军海军政治学院政治理论研究室，1979。

[9] 中华全国妇女联合会妇女运动历史研究室编《中国近代妇女运动历史资料（1840-1918）》，中国妇女出版社，1991。

[10] 中华全国妇女联合会妇女运动历史研究室编《五四时期妇女问题文选》，三联书店，1981。

[11] 中华全国妇女联合会妇女运动历史研究室编《中国妇女运动历史资料（1921-1927）》，人民出版社，1986。

[12] 朱有瓛编《中国近代学制史料》第 1、2 辑，华东师范大学出版

社，1986、1989。

[13] 林忠佳，张添喜：《〈申报〉广东资料选辑（1910.4－1913.12）》，广东资料选辑编辑组，1995。

[14] 庄建平：《近代史资料文库》第5卷，上海书店出版社，2009。

[15] 李天纲：《万国公报文选》，中西书局，2012。

[16] 全国民主妇女联合会筹备委员会：《马克思恩格斯列斯论妇女解放》，新华书店，1949。

[17] 陈独秀：《陈独秀文集》第1卷，人民出版社，2013。

[18] 孙中山：《孙中山全集》，中华书局，1982。

[19] 怀恩：《周总理青少年时代诗文书信集》（下），四川人民出版社，1980。

[20] 《向警予文集》，湖南人民出版社，1980。

[21] 《向警予纪念文集》，湖南人民出版社，2005。

[22] 《向警予文集》，人民出版社，2011。

[23] 《蔡和森文集》全2册，人民出版社，2013。

[24] 《蔡和森的十二篇文章》，人民出版社，1980。

[25] 《恽代英文集》（下），人民出版社，1984。

[26] 《陶行知全集》第3卷，四川教育出版社，2005。

[27] 《章开沅文集》第5卷，华中师范大学出版社，2015。

[28] 《杨昌济集》，湖南教育出版社，2008。

[29] 《杨昌济文集》，湖南教育出版社，1983。

[30] 《鲁迅全集》第1卷，人民文学出版社，1981。

[31] 《梁启超选集》，上海人民出版社，1984。

[32] 《谭嗣同集》，岳麓书社，2012。

[33] 《秋瑾集》，上海古籍出版社，1991。

[34] 《秋瑾诗文集》，浙江古籍出版社，2013。

[35] 郭延礼、郭箐：《秋瑾集　徐自华集》，中华书局，2015。

[36] 宋恩荣编《晏阳初全集》第1卷，天津教育出版社，2013。

［37］《郑观应集》（下），上海人民出版社，1988。

［38］康有为：《大同书》，华夏出版社，2002。

［39］金天翮：《女界钟》，上海古籍出版社，2003。

［40］《柳亚子诗词选》，广东人民出版社，1981。

［41］朱修春：《严复学术档案》，武汉大学出版社，2015。

［42］龚育之、逄先知等《毛泽东的读书生活》，三联书店，2009。

［43］李锐：《毛泽东早年读书生活》，辽宁人民出版社，1992。

［44］邓颖超：《妇女运动的先驱—蔡畅》，中国妇女出版社，1984。

［45］刘茂舒主编《向警予：传记·纪念与回忆·论述·资料》，武汉出版社，1995。

［46］《纪念向警予同志英勇就义五十周年》，人民出版社，1978。

［47］胡华主编《中国共产党党史人物传》第 6 卷，陕西人民出版社，1982。

［48］戴绪恭：《向警予传》，人民出版社，1981。

［49］何鹄志：《向警予传》，上海人民出版社，1990。

［50］徐方平：《蔡和森与〈向导〉周报》，中国社会科学出版社，2006。

［51］徐方平：《蔡和森评传》，中国社会科学出版社，2013。

［52］李永春：《蔡和森思想研究》，湘潭大学出版社，2011。

［53］李永春：《蔡和森年谱》，湘潭大学出版社，2008。

［54］郭延礼：《解读秋瑾》，山东教育出版社，2013。

［55］郑保卫：《中国共产党新闻思想史》，福建人民出版社，2004。

［56］林之达：《中国共产党宣传史》，四川人民出版社，1990。

［57］方汉奇：《中国新闻事业通史》第 2 卷，中国人民大学出版社，1996。

［58］中华全国妇女联合会：《中国妇女运动史》（新民主主义时期），春秋出版社，1989。

［59］卢燕贞：《中国近代女子教育史》，文史哲出版社，1990。

［60］王晓慧：《近代中国女子教育论争史研究：1895－1949》，中国社会科学出版社，2015。

［61］熊贤君：《中国女子教育史》，山西教育出版社，2006。

［62］车树实：《马克思主义教育思想史初编》，广西教育出版社，1990。

［63］李华兴：《民国教育史》，上海教育出版社，1997。

［64］贺国庆等《外国教育史》，高等教育出版社，2009。

［65］张传燧：《中国教育史》，高等教育出版社，2010。

［66］周德昌等《中国教育史纲》，广东高等教育出版社，2000。

［67］杨晓：《中日近代教育关系史》，人民教育出版社，2004。

［68］舒新城：《近代中国教育思想史》，福建教育出版社，2007。

［69］郑永福、吕美颐：《中国妇女通史·民国卷》，杭州出版社2010。

［70］陈家新：《中华女杰》（近代卷），四川人民出版社，2013。

［71］田景昆等编《中国妇女领袖传》，海洋出版社，1989。

［72］段红英编：《女性教育沉思录》，中国社会科学出版社，2013。

［73］胡适：《不受人惑 胡适谈人生问题》，当代中国出版社，2013。

［74］陈碧兰：《我的回忆：一个中国革命者的回顾》，十月书屋，1994。

［75］杜祥培：《中国女子大学办学思潮与实践演化研究》，中央民族大学出版社，2011。

［76］万琼华：《近代女子教育思潮与女性主体身份建构：以周南女校（1905－1938）为中心的考察》，中国社会科学出版社，2010。

［77］刘长林主编《自由的限度与解放的底线：民国初期关于"妇女解放"的社会舆论》，上海大学出版社，2014。

［78］张素玲：《革命与限制：中国共产党早期妇女领袖（1921－1927)》，河南大学出版社，2011。

［79］李静之：《中国妇女运动研究文集》，北京社会科学文献出版社，2011。

［80］沈智：《性别·社会·人生》，上海三联书店，2010。

［81］陈文联：《冲决男权传统的罗网 五四时期妇女解放思潮研究》，中南大学出版社，2003。

［82］张莲波：《中国近代妇女解放思想历程：1840－1921》，河南大学

出版社，2006。

［83］韩贺南：《平等与差异的双重建构　五四时期妇女解放思潮研究》，吉林大学出版社，2005。

［84］贺正时：《社会主义与妇女解放》，湖南师范大学出版社，1998。

［85］罗琼：《改革开放与妇女解放》，中国妇女出版社，1995。

［86］罗琼：《妇女解放论丛》，中国妇女出版社，1990。

［87］胡树芳：《妇女解放的主旋律》，中央文献出版社，1995。

［88］李丹：《马克思主义妇女解放理论及其当代价值》，黑龙江大学出版社，2013。

［89］揭爱花：《国家、组织与妇女：中国妇女解放实践的运作机制研究》，学林出版社，2012。

［90］宋素红：《女性媒介：历史与传统》，中国传媒大学出版社，2006。

［91］王涛：《世界社会主义运动视阈下的中国妇女解放》，中国社会科学出版社，2015。

［92］张念：《性别政治与国家：论中国妇女解放》，商务印书馆，2014。

［93］刘慧英：《遭遇解放：1890 - 1930 年代的中国》，中央编译出版社，2005。

［94］史界：《新时期中国妇女解放理论与实践研究》，科学技术文献出版社，2014。

［95］罗萍：《女性沉思录》，广西民族出版社，1992。

［96］林吉玲：《20 世纪中国女性发展史论》，山东人民出版社，2001。

［97］张文灿：《解放的限界：中国共产党的妇女运动（1921 - 1949）》，中国政法大学出版社，2013。

［98］杜芳琴、王政：《社会性别》（第 2 辑），天津人民出版社，2004。

［99］徐信华：《中国共产党早期报刊与马克思主义中国化》，人民出版社，2013。

［100］王天根：《近代报刊与辛亥革命的舆论动员》，黄山书社，2011。

［101］张丽萍：《报刊与文化身份：1898 - 1981 中国妇女报刊研究》，中

国古籍出版社，2012。

[102] 王晓岚：《中国共产党报刊发行史：中国共产党新闻思想与时俱进的历史考察之一》，中国社会科学出版社，2009。

[103] 徐新平：《维新派新闻思想研究》，湖南人民出版社，2010。

[104] 钱承军：《建国前中国共产党报刊研究》，中国文联出版社，2009。

[105] 黄泽存：《对外宣传的理论与实践》，山东友谊出版社，1992。

[106] 严帆：《万里播火者 红军昌盛岁月的新闻宣传》，江西高校出版社，2005。

[107] 史和等编：《中国近代报刊名录》，福建人民出版社，1991。

[108] 倪祖敏、张骏德：《报刊发行学概论》，复旦大学出版社，2005。

[109] 李小江：《关于女人的问答》，江苏人民出版社，1997。

[110] 〔英〕罗素：《婚姻革命》，东方出版社，1988。

[111] 〔日〕中村三登志：《中国工人运动史》，王玉平译，中国工人出版社，1989。

[112] 〔美〕埃德加·斯诺：《西行漫记》，董乐山译，东方出版社，2005。

[113] 〔美〕尼姆·威尔斯：《续西行漫记》，陶宜、徐复译，解放军文艺出版社，2002。

[114] 〔澳〕李木兰：《性别、政治与民主：近代中国的妇女参政》，江苏人民出版社，2014。

学术论文

[1] 贺正时：《论当今中国实现男女平等的三大要素》，《妇女研究论丛》1995年第4期。

[2] 黄新：《向警予的女子教育实践和主张探讨》，《松辽学刊》1990年第2期。

[3] 李惠康、朱海：《论向警予的早期教育救国思想与实践》，《江西社会科学》2012年第10期。

[4] 张萍：《试论向警予女子教育思想》，《深圳大学学报》2001年第

4 期。

［5］ 李卫平：向警予论妇女运动的统一战线》，《求索》1985 年第 5 期。

［6］ 张利民：《向警予对中国妇女解放运动的理论贡献》，《西南交通大学学报》2002 年第 2 期。

［7］ 李惠康等：《论向警予妇女运动之阶层分析》，《湖南科技大学学报》2010 年第 6 期。

［8］ 韩未名：《论向警予的妇女解放思想》，《湖南社会科学》1996 年第 3 期。

［9］ 任武雄：《向警予和〈大江〉报》，《湖南党史》1995 年第 5 期。

［10］ 任武雄：《向警予对统一战线事业和工人运动的贡献》，《上海革命史资料与研究》2004 年第 4 辑。

［11］ 宋艳丽：《向警予的妇女解放思想》，《北京党史》2004 年第 2 期。

［12］ 刘蓉宝：《向警予妇女运动统一战线的思想与策略》，《湖南社院学报》2009 年第 2 期。

［13］ 宋少鹏：《向警予的女性主义思想》，《山西师大学报》2005 年第 6 期。

［14］ 刘华清：《试论向警予妇女解放思想的体系》，《中华女子学院学报》1997 年第 1 期。

［15］ 丁俊萍：《李达在党的创建时期对中国妇女解放运动的贡献》，《妇女研究论丛》2010 年第 6 期。

［16］ 王友妹：《知识妇女必须和劳动妇女相结合》，《锦江师专学报》1992 年第 4 期。

［17］ 余丽芬：《向警予妇女解放思想刍议》，《浙江学刊》1995 年第 4 期。

［18］ 高辉、张枝叶：《五四时期向警予对争取妇女解放的途径的探索》，《湘潮》2015 年 3 期。

［19］ 沈波濒、刘荣华：《试论向警予的妇女解放思想》，《伊犁教育学院学报》2005 年第 4 期。

[20] 曹关平：《向警予对马克思主义妇女解放理论中国化的贡献》，《湘潮》2015 年第 3 期。

[21] 陈文联：《向警予在妇女解放运动中的理论贡献》，《船山学刊》2003 年第 2 期。

[22] 陈德諟：《试论向警予关于妇女运动的思想》，《贵州师大学报》1986 年第 2 期。

[23] 孙晓芹：《向警予——中国妇女的楷模》，《南都学坛》1987 年第 2 期。

[24] 王萌萌：《向蔡同盟的社会性别分析》，《湘潮》2015 年第 3 期。

[25] 叶成林：《"模范妇女领袖"——向警予》，《湘潮》2015 年第 3 期。

[26] 雷国珍：《论向警予的人生价值取向》，《中华女子学院学报》1996 年第 1 期。

[27] 刘长英：《论向警予对马克思主义的认识和实践》，《中华女子学院学报》2004 年第 6 期。

[28] 彭秀珍：《论向警予由教育救国论者向马克思主义者转变的原因》，《湘潭大学社会科学学报》2001 年第 4 期。

[29] 陈建洲：《蔡和森和向警予在五四时期是怎样接受和宣传马克思主义的》，《淮阴师专学报》1983 年第 1 期。

[30] 马红：《向警予与〈大江报〉》，《求索》1985 年第 5 期。

[31] 刘婕：《向警予由民主主义者转变为马克思主义者的过程》，《党史文苑》2007 年第 24 期。

[32] 韩阳环：《向警予可贵的时代精神及其形成原因探析》，《内蒙古农业大学学报》2011 年第 3 期。

[33] 李沂靖：《向警予女子教育思想评析》，《中华女子学院山东分院学报》2003 年第 3 期。

[34] 莫志斌、胡建红：《向警予马克思主义观的形成、发展及其特点》，《求索》1996 年第 5 期。

[35] 刘霞：《向警予对妇女解放的探索》，《党史文苑》2006 年第 3 期。

［36］刘红：《五四时期向警予的妇女解放思想》，《湖南城市学院学报》2008 年第 2 期。

［37］赵朝峰、宋艳丽：《秋瑾与向警予妇女观之比较》，《唐山师范学院学报》2007 年第 4 期。

［38］何鹄志：《向警予早期思想初探》，《求索》1987 年第 4 期。

［39］唐振南：《论向警予的成长道路》，《怀化师专学报》1996 年第 2 期。

［40］李吉：《向警予的"四观"转变及其特点》，《怀化师专学报》1996 年第 1 期。

［41］姜朝晖：《民国时期学潮问题的别样解读：关于教育与救国关系的再思考》，《历史教学》2008 年第 12 期。

［42］吴二持：《近代"教育救国论"述辩》，《汕头大学学报》1994 年第 2 期。

［43］吴玉伦：《教育救国思潮的形成与发展》，《湖南科技大学学报》2005 年第 5 期。

［44］张天宝、姚辉：《我国近现代"教育救国思想"述评》，《河北师范大学学报》2001 年第 3 期。

［45］张良才、孙传宏：《从"教育救国"到"科教兴国"：中国教育社会价值观的百年嬗变》，《华东师范大学学报》2001 年第 1 期。

［46］熊贤君：《"教育救国论"论衡》，《河北师范大学学报》2012 年第 11 期。

［47］朱成甲：《北京大学与五四运动：兼论北大与教育救国、文化救国思潮的内在联系，北京大学学报》2000 年第 3 期。

［48］黄克利：《"教育救国论"的历史发展》，《教育评论》2014 年第 1 期。

［49］丁守和：《实业救国、教育救国、科学救国思潮的再认识》1993 年第 5 期。

［50］俞国宁：《"教育救国"与中国近代教育的现代化》，《南昌教育学院学报》2001 年第 1 期。

［51］周贝隆：《百年回首 试论"教育救国"》，《教育发展研究》1999
年第 4 期。

［52］秦晓红：《女性教育视角的向警予精神传承》，《湘潮》2015 年第
10 期。

［53］戴安林：《论向警予的妇女教育思想》，《湘潮》2016 年第 4 期。

［54］杨必军：《浅析向警予从教育救国到革命救国的转变》，《湘潮》
2015 年第 10 期。

［55］李国忠：《向警予女子教育思想论述》，《湘潮》2015 年第 3 期。

［56］马藜、陈群：《以教育求解放，以革命求平权——向警予女性解放
思想略论》，《湘潮》2015 年第 10 期。

［57］周亚平：《向警予女子教育思想探微》，《吉首大学学报》（社会科
学版）1996 年第 2 期。

［58］陈朝霞：《向警予的师德及其素质教育思想研究》，《求索》2014
年第 1 期。

［59］黄新宪：《向警予的女子教育实践和主张探讨》，《松辽学刊》1990
年第 2 期。

［60］张萍：《试论向警予女子教育思想》，《深圳大学学报》2001 年第
4 期。

［61］杨雄、刘程：《关于学校、家庭、社会"三位一体"教育合作的思
考》，《社会科学》2013 年第 1 期。

［62］戴钢书、易立新：《环境对学生的思想道德素质的影响》，《当代青
年研究》2003 年第 1 期。

［63］张卫东：《论社会环境对大学生道德观念和道德行为的影响》，《山
东省青年管理干部学院学报》2006 年第 4 期。

［64］熊吕茂：《论杨昌济的教育思想》，《河北师范大学学报》2007 年
第 4 期。

［65］郑娟：《品格教育的追寻——社会、家庭与学校在品格教育中的作
用探析》，《福建论坛年第社科教育版）》2010 年第 8 期。

［66］梁堂华:《浅谈徐特立的创造教育思想》,《湖南第一师范学报》2006年第3期。

［67］梁堂华:《徐特立对湖南近代女子教育的贡献》,《湖南师范大学教育科学学报》2010年第3期。

［68］梁堂华:《徐特立与辛亥革命》,《长沙大学学报》2011年第4期。

［69］王连花:《杨昌济中西文化观对青年毛泽东的影响》,《河北理工大学学报》(社会科学版)2008年第4期。

［70］张金荣、李兴国:《朱剑凡"兴女学"与近代湖南妇女解放》,《长沙铁道学院学报》(社会科学版)2010年第1期。

［71］夏卫东:《性别与革命:近代以来秋瑾形象转换的考察年第1907－1945)》,《民国档案》2016年第1期。

［72］黄华:《始信英雄亦有雌——中日学者笔下的秋瑾装束》,《妇女研究论丛》2015年第2期。

［73］孙晶,王晓洪:《秋瑾:性别越界的"骚客"精神》,《当代文坛》2015年第4期。

［74］易惠莉:《秋瑾1904年入读和退学东京实践女学校之原因》,《社会科学》2012年第2期。

［75］郭辉:《秋瑾的文化身份与文化心理变迁》,《求索》2012年第8期。

［76］王雅平:《新时期以来秋瑾诗词研究综述》,《湘潭大学学报》(哲学社会科学版)2011年第3期。

［77］李玉洁:《刘马青霞与秋瑾比较研究》,《中州学刊》2011年第5期。

［78］黄春华:《浅析秋瑾的女性解放思想》,《社会科学战线》2011年第12期。

［79］欧阳云梓:《秋瑾的妇女人权思想述略》,《江西社会科学》2008年第3期。

［80］郭辉:《思想史视野中的秋瑾》,《兰州大学学报》(社科版)2008

年第 3 期。

［81］夏晓虹：《秋瑾之死与晚清的"秋瑾文学"》，《山西大学学报》（哲社版）2004 年第 2 期。

［82］夏晓虹：《秋瑾北京时期思想研究》，《浙江社会科学》2000 年第 4 期。

［83］夏晓虹：《秋瑾与谢道韫》，《北京大学学报》（哲社版）1999 年第 1 期。

［84］邵雍：《论秋瑾与会党的关系》，《上海师范大学学报》（哲学社会科学版）2006 年第 5 期。

［85］常彬：《从婉约闺阁到鉴侠革命：秋瑾诗文与早期女性自觉》，《河北学刊》2006 年第 6 期。

［86］马自毅：《冤哉，秋瑾女士——析时论对秋瑾案的评说》，《安徽史学》2005 年第 2 期。

［87］李细珠：《秋瑾女性革命家形象的历史建构》，《社会科学研究》2007 年第 5 期。

［88］李嘉郁：《试论五四运动与妇女解放》，《内蒙古民族师院学报》1991 年第 1 期。

学位论文：

［1］王婧：《在革命与女权之间：向警予女性解放思想探析》，湘潭大学 2013。

［2］王霞：《向警予的马克思主义观研究》，山东大学 2013。

［3］朱海：《向警予重要思想研究》，湖南科技大学 2012。

［4］武侠：《向警予妇女解放思想演变论述》，华东师范大学 2013。

［5］马娇：《向警予妇女解放思想研究》，西南交通大学 2011。

［6］刘婕：《向警予妇女解放思想研究》，湖南科技大学 2009。

外文文献：

［1］Andrea McElderry，"Woman Revolutionary：Xiang Jingyu，" *The China*

Quarterly, No. 105, 1986.

[2] Louise Edwards, "Coopting the Chinese women's suffrage movement for the Fifth Modernisation-Democracy," *Asian Studies Review*, No. 3, 2002.

[3] Christina Gilmartin, "Gender in the Formation of a Communist Body Politic," *Modern China*, Vol. 19, No. 3, 1993.

[4] Emily Honig, Burning Incense, "Pledging Sisterhood: Communities of Women Workers in the Shanghai Cotton Mills, 1919 – 1949. Signs, Vol. 10, No. 4, Communities of Women, 1985.

后 记

  本书是在我的博士学位论文的基础上修改完成的，从题目拟定到出版成书，历时近4年，提笔写"后记"，勾起了我对往事的回忆。

  2014年秋季，我有幸跟随武汉大学马克思主义学院丁俊萍教授攻读博士学位。初见导师，内心惶恐不安，然而导师的平易近人很快消除了我内心的紧张，她和蔼可亲、心直口快、细致周到。导师像妈妈一样关心我的生活，像小姑娘一样迷恋校园的锦簇繁花；同时她也是一位严格的导师，对学习、科研一丝不苟、精而又精。入学时，导师对我寄予殷切厚望，鼓励我读书做科研。二年级时，我因怀孕回家休养，提前与导师初步商定以"向警予思想研究"为博士论文的选题。向警予是中国共产党创始人之一，是无产阶级妇女解放运动的先驱，为妇女解放和广大劳动人民的解放事业做出了重要贡献。但由于她牺牲较早，遗留的文章著述相对也较少，学术界对向警予的研究相对薄弱。导师希望我能够利用自己的党史基础，将这一选题做扎实。回家后，我搜集了大量与向警予有关的文献资料。三年级时，我返回学校，全身心投入博士论文的撰写并在年后写出了初稿。导师看过论文后，从框架设计到内容撰写，提出了大量修改意见。我的邮箱中依然保存着带有导师密密麻麻批注的修改文稿。每当看到这些邮件，我总能想起高度近视的导师对着电脑键盘一个字一个字敲打的场景。对比论文的初稿与终稿，已是面目全非。由于时间和精力问题，论文中仍有很多不足之处，导师的很多修改意见尚未融入文章，看着这份凝聚导师心血的论文，对于导师，心中只有愧疚与感激。导师学问深厚，而我万不及其一；导师品德高尚，而我尚未来得及认真学习。导师的一言一行，令人如沐春风，"其志洁，其守贞，其行止言动循循然莫不中规矩，愿乎蔼如一君子之容也"（向警予：《致体操音乐专科毕业赠辞》）。听闻本书即将出版，导师欣然提笔作序，使本书陡然增色。

同时，我要感谢武汉大学马克思主义学院的各位老师，他们渊博的知识，使我受益匪浅。在论文的写作过程中，他们提出了多方面的修改意见，感谢他们的辛勤付出和无私帮助！

我要感谢我的师兄弟、师姐妹，感谢李向勇老师、张燚老师对我的关心、帮助和指导，感谢付克新、代洪凯、王占可帮我修改论文，感谢易振龙、吕惠东、聂继红、高喜平、谭晓玲、苏星鸿、阎颖、张敏、赵同良、魏婷、张克荣、沈鹏、孙冲亚、柳洋、林建雄、嵇丈羽、张甲哲、罗晶、李莹、许洪位、江潮……感谢他们对我的鼓励和帮助。永干师兄说："同门如兄弟。"丁老师和诸位同门说："你有什么困难，跟我们说。"春涛、力源、李磊、雅晴、白雪说："师姐，你要相信自己，压力不要太大。"回想起那段时光，内心感慨不已。感谢丁老师及各位兄弟姐妹给予我家一样的温暖和亲人般的关怀，谢谢他们在我焦虑不安、自卑低落时期，对我的鼓励、支持和帮助，感谢他们陪我一起走过那段艰难困苦的时期。

感谢马克思主义学院的博士研究生和硕士研究生，与他们共同在马克思主义学院学习，是莫大的幸福。在激情飞扬的青春和紧张忙碌的求学中，与他们留下的欢声笑语，是人生美好的回忆。

感谢我的家人给予的大力支持。我的父母，不仅抚育我长大成人，还帮我照看年幼的孩子。我的爱人殷党跃，在繁忙的工作之余，全力支持我攻读博士学位。为了迁就我的工作，他辞去河南的工作，来陕西重新打拼。

此外，我要感谢陕西师范大学马克思主义学院的各位老师同仁，正是他们的关心和厚爱，使我工作和学习在一个友爱的大家庭中。感谢硕士研究生崔细雨帮助校对文稿。

感谢陕西师范大学马克思主义学院出版基金的资助！

感谢社会科学文献出版社的曹义恒、吕霞云老师的辛勤付出，正是他们的辛苦工作，才得以促成本书的尽快出版！

三年求学路，一生武大情。浩渺东湖水，郁郁珞珈山。诚所谓"山不在高，有仙则名。水不在深，有龙则灵。斯是陋室，惟吾德馨。苔痕上阶绿，草色入帘青。谈笑有鸿儒，往来无白丁。可以调素琴，阅金经。无丝竹之乱耳，无案牍之劳形。南阳诸葛庐，西蜀子云亭"。能够在武汉大学求学，能够跟随丁老师学习，是我一生的幸事！

袁玉梅

2018 年 12 月 9 日于陕西师范大学

图书在版编目（CIP）数据

向警予思想研究 / 袁玉梅著. —— 北京：社会科学
文献出版社，2018.12
ISBN 978 - 7 - 5201 - 4026 - 3

Ⅰ.①向… Ⅱ.①袁… Ⅲ.①向警予（1895 - 1928）
- 政治思想 - 思想评论 Ⅳ.①D092.6

中国版本图书馆 CIP 数据核字（2018）第 273506 号

向警予思想研究

著　　者／袁玉梅

出 版 人／谢寿光
项目统筹／曹义恒
责任编辑／吕霞云　王京美

出　　版／社会科学文献出版社·社会政法分社（010）59367156
　　　　　　地址：北京市北三环中路甲29号院华龙大厦　邮编：100029
　　　　　　网址：www.ssap.com.cn
发　　行／市场营销中心（010）59367081　59367083
印　　装／三河市尚艺印装有限公司

规　　格／开　本：787mm×1092mm　1/16
　　　　　　印　张：15　字　数：216千字
版　　次／2018年12月第1版　2018年12月第1次印刷
书　　号／ISBN 978 - 7 - 5201 - 4026 - 3
定　　价／79.00元

本书如有印装质量问题，请与读者服务中心（010 - 59367028）联系